魅力女人
會說話

長得漂亮
不如把話　說得漂亮

俞姿婷，潘鴻生 —— 著

妳可以不漂亮，可以不性感，但妳不可以不會說話

談吐得體、察言觀色、巧言妙語……
會說話不是嘴甜就好！
一本書教妳魅力女人說話術，鬥嘴也能成為愛的溝通方式

崧燁文化

目錄

前言

第一章　談吐得體 —— 當一個能說會道的聰明女人

會說話讓女人更有魅力 …………………………10

微笑是女人最動聽的語言 …………………………14

先聲奪人，聰明女人用聲音打動人心 …………19

聰明的女人會說更會傾聽 …………………………24

肢體語言讓女人變得優雅 …………………………29

打造妳的親和力 …………………………………34

會說話的眼睛可以代替嘴 …………………………38

第二章　舌粲蓮花 —— 聰明的女人說話恰到好處

聰明的女人善於說服他人 …………………………46

委婉說話的女人不傷人 …………………………50

聰明的女人會說「不」 …………………………55

批評他人要有分寸 …………………………………60

會讚美的女人惹人愛 …………………………………63

讓道歉成為一種習慣 …………………………………70

幽默的女人更聰慧 …………………………………75

目錄

善良的女人懂得勸慰他人……………………………81

第三章　人際交流 —— 聰明的女人說話左右逢源

寒暄是人際關係的第一句……………………………88

聰明的女人要管好自己的嘴…………………………96

有禮走遍天下，無禮寸步難行………………………103

好人緣從恰當的稱呼開始……………………………109

聰明的女人不做無謂的爭辯…………………………112

聰明女人善於巧言妙語化解尷尬……………………117

第四章　察言觀色 —— 聰明的女人說話圓融通達

聽其說話知其性情……………………………………124

出門觀天色，進門看臉色……………………………130

聰明的女人聽得出「弦外之音」……………………135

見人說人話，見鬼說鬼話……………………………139

什麼場合做什麼事……………………………………144

聰明的女人親君子，遠小人…………………………148

會說話的女人懂得迎合他人…………………………152

第五章　笑傲職場 —— 聰明的女人說話滴水不漏

會說話的女人輕鬆闖過面試關………………………158

不當說閒話的「長舌婦」……………………………165

會說話的女人受同事歡迎……………………………170

會說話的女人智鬥「魔鬼上司」 …………………… 174

女上司與下屬說話的心理戰術 …………………… 180

搞定客戶的說話技巧 …………………… 185

第六章　巧言妙語 —— 聰明的女人這樣說話做事

聰明的女人會說話做事 …………………… 194

看人說話，因人而異 …………………… 197

求人做事的說話技巧 …………………… 202

順耳之言好做事 …………………… 211

會說話的女人會激將 …………………… 217

揣其所思，投其所好 …………………… 220

第七章　甜言蜜語 —— 聰明的女人這樣談情說愛

愛要大聲說出來 …………………… 226

做個會撒嬌的小女人 …………………… 231

巧妙的拒絕男性的追求 …………………… 234

分手時說話的藝術 …………………… 239

「鬥嘴」也是一種溝通方式 …………………… 244

女人也要學會對男人說情話 …………………… 247

第八章　家庭簡說 —— 聰明的女人用言語營造家庭的溫馨

愛嘮叨的女人最不幸 …………………… 254

家不是吵架的地方 …………………… 258

目錄

讚美成就好男人 …………………………………………262

跟婆婆講話的藝術 ………………………………………267

教育孩子也要講究語言藝術……………………………271

前言

俗話說：「一句話說得人家跳，一句話說得人家笑。」說話，作為一種語言藝術，具有巨大的美感與魅力。它是人際交流中最不可缺少的工具，更是連接人們之間關係的紐帶。

聰明的女人和愚蠢的女人的最主要區別就是會不會說話。當今社會，會不會說話已經成為一個女人是否成功的關鍵之一，也是衡量一個女人能否贏得幸福的關鍵之一。美國人類行為科學研究者指出：「發生在成功人物身上的奇蹟，一半是出口才創造的。」的確如此，會說話是聰明女人一生的財富，把話說得好，將使人際關係變得更加融洽，事業發展更加順利，生活過得更加幸福。

說話是女人的內在。會說話的女人最有女人味，她猶如一杯芬芳的咖啡，越聞越香濃，越品越醇厚；會說話的女人最好命，因為她善解人意，溫柔善良，簡單的一句話就贏得所有人的心。所以，一個會說話、善說話的聰明女人，相信沒有任何人能阻擋她在生活道路上前進的步伐。

一個女人可以長得不漂亮，但是話一定要說得漂亮。生活中，有些女人往往過於重視外在的美麗，而容易忽視說話的重要性，但聰明的女人卻不一樣，她們不僅注重穿衣打扮，更注重提升自己的語言魅力。一些女人雖然外貌漂亮標緻，服飾更是時尚華麗，但卻毫無氣質、孤陋寡聞，不僅談話時毫無魅力可言，其外表的美貌也因此而喪

前言

失了光彩。而有些女人則是天生的社交高手，這不一定是因為她們擁有多麼出眾的外貌，而是因為她們無論在什麼場合都能妙語連珠，從而為自己增添了人格魅力。所以，身為女人，如果妳沒有傲人的外貌，也別為此耿耿於懷，妳可以透過不斷修煉、完善自己的口才，來為妳的美麗加分，為妳的魅力加分！

　　如果妳已經很漂亮，會說話可以讓妳更有氣質；如果妳很有氣質，會說話可以讓妳更有魅力；如果妳已經魅力四射，會說話會讓妳持久發光；而如果妳既漂亮又有氣質，魅力四射而又會說話，毋庸置疑，妳就是人見人愛的天使了！

　　說話是女人後天的一門必修課，沒有任何女人一生下來就能說會道。能夠把話說得準確，說到重點上，並且說得動聽的本領，是在不斷的磨礪中練就的。身為女人，妳只要用心去學，就能成為說話的高手，擁有一副妙語連珠、舌粲蓮花的好口才。

　　本書以女人的視角，結合女性實際情況，用通俗流暢的語言，從多個方面為妳揭示了造就完美口才的所有祕密，讓妳學會做女人必備的說話技巧。透過語言的修煉變得人見人愛，魅力四射，更加迷人！

第一章

談吐得體 —— 當一個能說會道的聰明女人

　　會說話是女人必備的一種能力、一種資本，更是必須
精通的一門藝術。對於女人來說，擁有卓越的口才是增加
自身人格魅力的砝碼，是事業上披荊斬棘的利劍，是生活
上安身立命的資本。誰能擁有良好的口才，誰便能在社
交中左右逢源、出類拔萃，成為愛情、事業和婚姻中的
大贏家。

會說話讓女人更有魅力

對於現代人的社會生活來說，人與人之間及人與社會之間的關係是相當密切的，所以社交更是不可缺少的。隨著人們互相合作機會的進一步增加，我們的說話表達能力顯得更加重要了。尤其對於女人來說，卓越的口才、有技巧的說話方式，不僅是家庭幸福的法寶，也是增加自身個性魅力的砝碼，更是事業上披荊斬棘的利劍。

齊小姐是一家電梯公司的業務代表。這家公司和北市一家五星級飯店簽有合約，負責維修這家飯店的電梯。飯店經理為了盡量減少旅客的不便，每次維修的時候，最多只准許電梯停開兩個小時。但是修理至少要八個小時，而在旅館方便停開電梯的時段，電梯公司也不一定能夠派出技工。

這次，這家旅館的電梯又壞了。齊小姐在派出一位技工修理電梯之前，她需要先打電話給這家旅館的經理。打電話的時候，齊小姐並不去和這位經理爭辯，她只說：「經理，我知道你們旅館的客人很多，你要盡量減少電梯停開的時間。我了解你很重視這一點，我們會盡量配合你的要求。不過，我們檢查你們的電梯之後，發現如果我們現在不徹底把電梯修理好，電梯損壞的情形可能會更加嚴重，到時候停開時間可能會更長。我知道你不會願意將來給客人帶來好幾天的不方便。」經理不得不同意電梯停開八個小時。因為這樣總比停開幾天要好。

由於齊小姐懂得說話的技巧，她從內心表示理解這位經理要使客人愉快的願望，因此更容易的贏得了經理的同意。所以說，一個聰明的女人懂得善加利用語言當工具，讓自己成為一個吐氣如蘭、妙語連珠的職場新女性。這樣的女人自然能夠博得老闆、同事、客戶、家人、朋友的青睞，必然可在職場生涯中獲得好人氣、好運氣、好福氣。

女人的聰明在嘴上

說話，作為一種語言藝術，具有巨大的美感與魅力。它能締造友情、密切親情、尋覓伴侶、調和關係等，是人際交流中最不可缺少的工具，更是連接人與人之間關係的紐帶。談話能力的好壞，直接決定了一個女人的人際關係和諧與否，進而會影響到她事業的發展以及人生的幸福。

對於女性而言，說話是妳的風度、氣質和優雅的一種重要表現。一個會說話的女人，她的口才、語氣、表情、姿態等都在體現著一種藝術的美感，她會是眾人關注的焦點和亮點。可以說，女人的溫柔、善良、睿智、才情，都是透過說話中的語氣表現出來的。

在一場「香港小姐」決賽中，競爭進入了白熱化階段。現場主持人問入圍的楊小姐：「假如要妳在下面兩個人中選擇一個作為妳的終身伴侶，妳會選誰？一個是蕭邦，一個是希特勒。」楊小姐心想，回答蕭邦，便會落入俗套；選擇希特勒，又難免挨人罵。沉吟片刻，她乾脆的回答：「我會選擇希特勒。」在主持人的追問下，她巧妙的解釋說：「我希望自己能感化希特勒。如果我嫁給他，也許第二次世界大戰就不會發生，也不會死那麼多人了。」

這種「柳暗花明」式的回答，不但使自己擺脫了困境，而且暗示了自己的不同凡響，是女中豪傑。果然，楊小姐妙語一出，臺下掌聲雷動。

由此可見，會說話是一個女人在生存和競爭中獲勝的必備本領。一個會說話的女人，必定能夠將自己的智慧、優雅、博學、能力透過自己的口才展示在眾人面前，從而使自己受到周圍人的喜愛。如果妳能掌握說話的技巧，妳就擁有了成功人生的資本，就一定能在事業上取得成功，在人生中找到幸福。

長得漂亮不如說得漂亮

　　良好的語言表達能力是社交的需要，是事業的需要。一個不會說話的女人，無疑是一個不受歡迎的失敗者。不會說話的女人是不幸的，是可悲和可憐的，所以在生活中，千萬不要因為自己的一張嘴，而讓自己成為不幸的女人。

　　雯靚是一個人見人愛的女子，她的美麗讓不少女孩子感到既羨慕又忌妒。像她這樣的女孩子毫無疑問會成為不少男性的心儀對象，她的身邊肯定也會圍滿大獻殷勤的男孩子。可是事實卻相反，她的身邊不僅沒有圍滿大獻殷勤的男孩子，就連主動跟她接觸的人都很少，不論是同性還是異性。

　　剛開始的時候，外表漂亮的雯靚的確很受人歡迎，但是發生了幾件事情之後，她身邊的人便漸漸的遠離她了。

　　雯靚剛到現在就職的公司上班的第一天，她的出現就像在平靜的湖面投下一顆石頭，她的美麗吸引了所有人的目光。其中一位單身的年輕異性同事更是想要追求她，於是，他開始尋找各式各樣的藉口與雯靚接觸，不是問雯靚在工作上有什麼需要幫忙的，就是在工作閒暇之時跟雯靚說一些自己聽到的趣事。

　　剛開始的時候，雯靚表現愛理不理的，但也沒有多說什麼，直到有一天，當這位同事向她講述一個笑話時，她感到有些煩了。同事講完笑話後自己笑得前俯後仰，可是雯靚臉上卻沒有絲毫表情，這讓他感到有些尷尬，問雯靚是不是覺得這個笑話不好笑，並且要求再講一個。沒想到，雯靚卻說出這樣一句話：「確實很好笑，不過還沒你好笑！」雯靚的聲音很大，幾乎全辦公室的人都聽見了。在眾人異樣目光的注視下，那位同事的臉紅得像豬肝一樣。從那之後，他再也沒有主動跟雯靚說過一句話。

　　或許有些人會覺得，雯靚的那句話並沒什麼，那位同事也是活該，如果不是他老是糾纏著雯靚，雯靚就不會說出那樣的話。可是，接下來所發生的事，就讓人覺得有些不可思議了，讓所有人對她敬而遠之。

　　坐在她隔壁的同事問雯靚這是怎麼回事，雯靚白了他一眼，說：「關你什麼事，你要問就去問他啊！」一句話就把身邊的那位同事給噎住了。

　　中午休息時，一個平時跟她關係不錯的同事在私下勸雯靚，沒想到反而被她訓斥了一頓。

　　由此可見，一個女人不會說話，就注定不會有良好的人際關係，還會影響妳周圍的人。同時，事業上也是一路阻礙，四處碰壁。

　　愛美之心人皆有之。亞里斯多德曾經說過，美麗比一封介紹信更具有推薦力，也更容易被人們所接受。事實上也的確如此。可以說，出色的美貌是女人的一種競爭力。誠然，大家都喜歡清新宜人的女性形象，但如果一個女人不懂得如何讓別人感受到她的關懷，缺少良好的溝通能力，即使外表美麗、出身高貴，那她也一定無法受到大家的喜愛。在與人交流的過程中，對方的外在形象，只能給我們一個初步的印象和感覺，並不能讓我們真正了解對方、接受對方。所以，一個女人除了要讓人注意到妳外在的美麗，還要讓人了解妳靈魂的優雅。這種優雅，很多的時候會自然而然的在女人的言語中流露出來。

　　優雅的談吐是女人魅力的泉源，是魅力的展現方式。一個人的談吐折射出一個人的成長環境，也反映一個人的人格。一個人的言語談吐是心靈的流露，是文化修養和思想修養的外在表現。假如妳是一個容貌美麗的女人，優雅的談吐會讓妳更加美麗；如果妳是一個相貌平平的女人，優雅的談吐可以為妳增添光彩。總之，會說話的女人本身就具有一種超能力，她可以透過口

才將自己更好的展示給眾人，從而提升自己的魅力指數，並最終成為集萬千寵愛於一身的女人！

微笑是女人最動聽的語言

在這個世界上，有一種全人類的共同語言，它就是「微笑」。笑容是有魔力的，它會感染給身邊的人，使得說話做事過程中，人與人之間的關係更加融洽。拿破崙‧希爾這樣總結微笑的力量：「真誠的微笑，其效用如同神奇的按鈕，能立即接通他人友善的感情，因為它在告訴對方：我喜歡你，我願意做你的朋友。同時也在說：我認為你也會喜歡我的。」

善珠是某公司老闆的祕書，她年輕貌美，身材又好，而且她還有明確的人生目標，做事乾脆俐落，富有朝氣。她對於生活的認真與投入是有口皆碑的，同時，她對於同事也很真誠，講求公平，與她深交的人都為擁有這樣一個好朋友而自豪。但初次見到她的人卻對她少有好感。這令熟知她的人大為吃驚。為什麼呢？仔細觀察後才發現，原來她的臉上幾乎沒有笑容。

平日裡，善珠總是以一張深沉嚴峻的臉示人，緊閉著嘴唇和緊咬著牙關。即便在輕鬆的社交場合也是如此。她在舞池中優美的舞姿幾乎迷倒了所有男士的心，但卻很少有人與她跳舞。公司的女員工見了她更是如同山羊見了虎豹，女同事對她的支持與認同也不是很多。而事實上她只是缺少了一樣東西 —— 一副動人的、微笑的面孔。

可見，整天板著一張面孔的人是沒有人喜歡的。每個人都喜歡看到一張微笑的臉，它透露著親和，陽光，也帶給自己一個輕鬆的心情，帶給別人一個輕鬆的感覺。所以，假如妳想成為一個受別人歡迎的女人，請給人以真心的微笑。

微笑拉近彼此的距離

　　微笑是女人最動聽的語言。真誠自然的微笑，會讓一個女人變得魅力十足；是最有力量的武器，它瓦解心靈的黑暗，照亮情緒的陰霾，驅走恐懼的籠罩，點燃新生的希望；積極的人生態度給人們以熱情、信心、勇氣，讓人與人之間更親近、真誠的溝通。

　　瑪麗結婚已經 10 年了，每天早上起來都要去上班。忙碌的生活讓她顧不上自己的老公和孩子，她很少對家人微笑。在朋友面前，瑪麗也總是疲憊愁苦的樣子。

　　瑪麗的朋友都建議她每天多笑笑，瑪麗決定嘗試著改變一下。有天早上，瑪麗梳頭照鏡子時，就對著鏡子微笑起來，她臉上的愁容一掃而空。當她坐下來吃早餐的時候，她微笑著跟老公和孩子打招呼。他們驚愕不已，非常興奮。從此以後，她們家的氣氛變得輕鬆愉快多了。

　　現在，瑪麗上班時，就會對著大樓門口的電梯管理員微笑；她微笑著跟大樓門口的警衛打招呼；接待客戶時，她也對著客戶微笑。瑪麗很快就發現，她對著別人微笑的同時，別人也對著她微笑。這一切真的改變了她的生活，她收獲了更多的快樂和友誼。她的工作開展起來更順利了，人際關係也更融洽了。

　　無論在家裡、在辦公室，甚至在途中遇見朋友，只要妳有微笑的習慣，肯定會收到意想不到的良好效果。

　　一位成功人士曾道出自己的成功祕訣：「如果長相不好，就讓自己有才氣；如果才氣也沒有，那就總是微笑。」微笑不僅能夠展示自己的自信，也傳遞了一種樂觀積極的態度，可以顯示出一個人的思想、性格和感情。微笑是富有感染力的，一個微笑往往能帶來另一個微笑，能使雙方得以溝通，建立友

誼、融洽關係。這樣，人與人之間的關係可能會單純得多、輕鬆得多。

微笑是最好的溝通方式

微笑是人與人進行交流的最快的方式，它能縮短彼此間的距離，使人願意和妳接近。喜歡微笑著面對他人的人，往往更容易走入對方的天地。難怪有人說溝通要從微笑開始。

微笑，將為妳打開通向友誼之門，如果我們想要發展良好的人際關係，建立積極的心態，那麼我們必須養成微笑的習慣。

在 20 年前的美國，曾經發生過一個真實的故事。

美國加州一位六歲的小女孩，在一次偶然的機會中，遇到一個陌生的路人，陌生人一下子給了她 4 萬美元的現金。

一個女孩突然得到這麼大金額的饋贈，消息一傳出，整個加州都為之瘋狂騷動起來。

記者紛紛找上門，訪問這個小女孩：「小妹妹，妳在路上遇到的那位陌生人，妳真不認識他嗎？他是妳的一位遠房親戚嗎？他為什麼給妳那麼多錢？4 萬美元，那是一筆很大的數目啊！那位給妳錢的先生，他是不是腦子有問題……」

小女孩露出甜美的微笑，回答說：「不，我不認識他，他也不是我的什麼遠房親戚，我想……他腦子應該也沒有問題！為什麼給我這麼多錢，我也不知道啊……」儘管記者用盡一切方法追問，仍然無法探個究竟。

這位小女孩努力的想了又想，大約過了十分鐘，她若有所悟的告訴父親：「就在那一天，我剛好在外面玩，在路上碰到那個人，當時我對他笑了笑，就只是這樣啊！」

父親接著問：「那麼，對方有沒有說什麼話呢？」

小女孩想了想，答道：「他好像說了句『妳天使般的微笑，化解了我多年的苦悶！』爸爸，什麼是苦悶啊？」

原來那個路人是一個富豪，一個不是很快樂的有錢人。他臉上的表情一直是非常冷酷而嚴肅的，整個小鎮根本沒有人敢對他笑。他偶然遇到這個小女孩，對他露出了真誠的微笑，使他心中不自覺的溫暖了起來，讓他塵封了不知多少年的心扉打開了。

於是，富豪決定給予小女孩 4 萬美元，這是他對那時候他所獲得的那種感覺定出的價格。

看，這就是微笑的魅力。微笑，是最好的溝通工具，微笑是友好的標誌，是融合的橋梁。微笑可以化干戈為玉帛，協調人與人之間的關係，更可以創造快樂的氣氛，微笑在社交中是能發揮極大效果的。

在我們的生活中不能沒有微笑。一位詩人曾經這樣寫道：「你需要的話，可以拿走我的麵包，可以拿走我的空氣，可是別把你的微笑拿走。因為生活需要微笑，也正因為有了微笑，生活便有了生氣。」的確，在我們的生活中不能沒有微笑。微笑是一縷春風，化開久凍的堅冰；微笑是一滴甘露，滋潤久旱的心田；微笑是人們臉上高尚的表情，溫馨而怡人！每天給自己一個微笑，妳會趕走生活中所有的煩惱。

用微笑化解彼此的矛盾

世界名模辛蒂．克勞馥曾說過這樣一句話：「女人出門時若忘了化妝，最好的補救方法便是亮出妳的微笑。」真誠的微笑透出的是寬容、是善意、是溫柔、是愛意，更是自信和力量。微笑是一個了不起的表情，無論是妳的客

17

戶，還是妳的朋友，甚或是陌生人，只要看到妳的微笑，都不會拒絕妳。微笑給這個生硬的世界帶來了嫵媚和溫柔，也給人的心靈帶來了陽光和感動。

飛機起飛前，一位乘客請求空姐為他倒一杯水好吃藥。空姐很有禮貌的說：「先生，為了您的安全，請稍等片刻，等飛機進入平穩飛行後，我會立刻把水給您送過來。好嗎？」

15 分鐘後，飛機早已進入了平穩飛行狀態。突然，乘客服務鈴急促的響了起來，空姐猛然意識到：糟了，由於太忙，忘記給那位乘客倒水了！空姐連忙來到客艙，小心翼翼的把水送到那位乘客跟前，面帶微笑的說：「先生，實在是對不起，由於我的疏忽，延誤了您吃藥的時間，我感到非常抱歉。」這位乘客抬起左手，指著手錶說道：「怎麼回事？有妳這樣服務的嗎？妳看看，都過了多久了？」空姐手裡端著水，心裡感到很委屈。但是，無論她怎麼解釋，這位挑剔的乘客都不肯原諒她的疏忽。

接下來的飛行途中，為了補償自己的過失，空姐每次去客艙給乘客服務時，都會特意走到那位乘客面前，面帶微笑的詢問他是否需要水，或者別的什麼幫助。然而，那位乘客餘怒未消，擺出一副不合作的樣子，並不理會空姐。

臨到目的地前，那位乘客要求空姐把乘客意見單給他送過去。很顯然，他要投訴這名空姐。此時，空姐心裡雖然很委屈，但是仍然不失職業道德，顯得非常有禮貌，而且面帶微笑的說道：「先生，請允許我再次向您表示真誠的歉意，無論你提出什麼意見，我都將欣然接受您的批評！」那位乘客臉色一緊，嘴巴準備說什麼，可是卻沒有開口。他接過乘客意見單，在上面寫了起來。

飛機安全降落。所有的乘客陸續離開後，空姐拿出乘客意見單，驚奇

的發現，那位乘客在單子上寫下的並不是投訴信，而是一封熱情洋溢的表揚信。

是什麼使得這位挑剔的乘客最終放棄了投訴呢？在信中，空姐讀到這樣一句話：「在整個過程中，妳表現出的真誠的歉意，特別是妳的十二次微笑，深深打動了我，使我最終決定將投訴信寫成表揚信！妳的服務品質很高。下次如果有機會，我還將乘坐妳們的航班！」

由此可見，微笑是一種武器，是一種尋求和解的武器。微笑能將怒氣擋在對方體內，阻止他的進攻。無論是在生活，還是在工作中，只要妳不吝惜微笑，往往就能夠左右逢源、順心如意。這是因為微笑表現著自己友善、謙恭、渴望友誼的美好的感情因素，是向他人發射出的理解、寬容、信任的訊號。

微笑是人與人之間良好溝通的重要前提，它是人們相互溝通、相互理解、建立感情的重要手段。英國詩人雪萊說：「微笑，實在是仁愛的象徵、快樂的泉源、親近別人的媒介，有了微笑，人類的感情就得以溝通了。」的確如此，微笑如同一座美麗的木橋，架在彼此心靈的溪流上，因為燦爛的微笑，人與人之間的溝通不再有距離。

笑是一朵綻放的花，是女人最美麗的表情，使女人更添光彩，也是女人最有力的武器。一張燦爛的女人笑臉，不但點亮了整個天空，也照耀了女人的整個世界。

先聲奪人，聰明女人用聲音打動人心

在社交場合中，如果一位女性擁有良好的舉止儀態，說話的聲音也很甜美，那就會更加增添她的女性氣質，使她的語言充滿感染力。

　　一個天氣晴朗的上午，主婦王曉麗獨自在家做家事，當聽到門鈴聲後打開門時，眼前的一幕讓她愣住了，一位彪形大漢手拿一把菜刀凶神惡煞的站在門口，王曉麗見此情形，很快就鎮定下來，面帶微笑溫和的說道：「先生！您賣刀啊！請進吧！」進屋後，王曉麗請他坐下，又熱情的為他倒茶，這一意外之舉令本想來搶劫的男子不知所措，接著王曉麗又坐下來溫和的與男子談論刀，還時不時討價還價。整個過程，王曉麗始終用一種親切的語氣和這位男子說話，一切都顯得如此的親切與從容。男子緊張的心情慢慢平靜下來，心中本要搶劫的念頭漸漸消散了，借機把刀賣給王曉麗後就趕快跑掉了。

　　聲音的魅力竟是如此神奇，王曉麗憑著那溫和而親切的聲音打動了一個本來打算搶劫的男子，讓他迷途知返。所以說，好聽的聲音像一道難以抗拒的磁場，將人們的心緊緊的牽住。如果女性朋友要使自己的聲音有吸引力、讓人愛聽，就要「包裝」聲音，塑造出美的聲音。

好聲音是女人自然天成的樂器

　　聲音是語言的載體，是我們了解外面世界的媒介，美妙的聲音能帶給人美的享受。

　　在美國有個有很多鴿子的廣場，常常會有很多歌手在廣場上露天而歌，可是有一個很奇怪的現象，每當一位女歌手來唱歌時，廣場上的鴿子和鳥就會陸續飛走，等她唱完歌，那些鳥又會陸續回來。開始時人們很不解，後來一位醫生揭開了其中的奧妙。原來是這位女歌手的聲音有問題，她唱歌時的聲音及其分貝可歸屬於噪音一類。看來對美好聲音的追求和識別能力是動物與生俱來的。動物尚且知道追求美妙的聲音，更何況我們人呢！

聲音和人類有著緊密的連繫。我們透過聲音表達思想、情感、觀點等，是我們的內在感覺的再現。希臘哲學家蘇格拉底說：「請開口說話，我才能看清你。」正因為他了解，人的聲音是個性的表達，聲音來自人體內在，是一種內在的剖白。慷慨激昂的演講，如泣如訴的哀求，聲情並茂的朗讀都會給人留下深刻的印象。

心理學家認為，聲音決定了人類 38％ 的第一印象，而音質、音調、語速變化和表達能力則占了說話可信度的 85％。說話是一種有聲語言的表達，因此，說話聲音的品質顯得尤為重要。

一個女人動聽的聲音應該是飽滿而充滿活力的。既能充分傳遞自己的感情，又能調動他人的感情。音質寬厚醇美、語調抑揚頓挫，可以放射出獨特的女性魅力，美化你的形象，保持人們對你的積極注意力，並且提高交流的效果。

美妙的聲音可以穿越心靈，聰明的女人應該懂得駕馭自己的聲音；很多女人對自己的樣貌、服飾、能力都很有信心，但她們容易忽略自己的聲音。

一個女人體形胖一點、皮膚黑一點，甚至五官長得不是很美，時間長了都可以被人習以為常，但一個人說話聲音難聽，卻很難讓人接受。一個女人天生就有天使的面容，魔鬼的身材，穿著高貴、舉止高雅，但如果開口說話，嗓音乾澀，或節奏急切、像機關槍似的，那實在是一個悲劇：也許她的美會因為她難聽的聲音而大打折扣。

一個人的聲音，是有神而無形的文字，是一份比外貌更能持久的迷人魅力。好聽的聲音，就像天籟之音，又如一幅美麗的畫卷，更是女人自然天成的樂器。

好聲音改變女人的一生

有一句民間諺語說得好：「嗓音好，是個寶；嗓音壞，事業敗。」嗓音 —— 更準確的應該說是一個人說話的聲音、語音，對於這個人在職場裡、社會上成功與否是一個攸關成敗的因素，對其事業的開展有著重要作用。

英國教育社會學家格萊斯頓，在評論大多數人不能實現自己的理想目標的原因時說：「99％的人不能出類拔萃是因為他們忽略了對嗓音的訓練，他們認為這種訓練不具有任何意義。」

有個女孩大學畢業時，應徵幾家外資企業都慘遭碰壁。原因是她講話、說笑總是用很大的嗓門。一家外資公司人力資源主任認為，聲音很重要，它是文化素養的一種綜合體現，有時候它比容貌更重要，因為公司的很多工作都是透過電話聯絡的，你和客戶見面的機會倒沒有很多。所以，她希望她的員工不但要有優雅的儀態，還要有優美的聲音。

雅芳和筱麗同在一個公司的同一部門做了幾年的打字員，雅芳的性格活潑好動，筱麗的性格文靜勤勉而內向，她們兩人都想鍛鍊自己、有所發展，先後離開了原先的穩定工作。雅芳覺得直接找貿易公司做代理最實惠，託朋友透過關係先後找了幾家貿易公司實習，看能留在哪家；而筱麗卻感覺自己最欠缺與人說話交流的能力，先後到兩個公司打工並主動要求學做電話銷售服務，從中練習說話的合適狀態、調整了自己的說話聲音；一年後，筱麗被一家中等規模且頗具規模的技術開發公司聘為總經理助理，負責對內協調與對外聯絡，而一心想做代理的雅芳卻還遲遲沒有著落。

聲音是修養和優雅的體現。聲音缺乏魅力，會大大損傷女人美好的特質。相反，充滿魅力的聲音可以增加女人的自信、氣質和人氣，並能在關鍵時刻幫助女人改變命運！

讓妳的聲音美妙起來

　　一個人的聲音雖然是天生的，但是並非不能改變。女人的聲音是可以訓練的，這跟女人的體態一樣。透過平時的練習，可以讓聲音更加充滿韻味。很多播音員、歌唱家的聲音都是訓練出來的。我們不需要像專業主持人那樣，達到純正、專業的國語標準，但是需要在發聲上多注意。要注意控制氣息、音色、音量，言談中要口齒流利，就能塑造出優雅迷人的形象。所以，如果妳要想自己的聲音優美動聽，需要注意以下幾點。

1.　咬字清楚，層次分明。俗話說：「咬字千斤重，聽者自動容。」說話最怕咬字不清，層次不明，這麼一來，不但對方無法了解妳的意思，而且會給別人帶來壓迫感。要糾正此缺點，最好的方法就是練習大聲的朗誦，久而久之就會有效果。

2.　說話的快慢運用得當。說話速度不要太快或太慢，應追求一種有快有慢的音樂感。在主要的詞句上放慢速度以示強調，在一般的內容上稍微加快變化。無變化的聲音是單調的，如同催眠曲，令人進入精神抑制狀態。

3.　注意控制說話的音量。我們每個人的說話聲音大小有其範圍，聲音過大，會讓人感覺你是一個無禮、魯莽的人。聲音過小，往往會影響交流。應該找到一種大小最為合適的聲音來和別人交談。說話的音量也應隨著內容和情緒的變換而變換，時而侃侃而談，如淙淙流水；時而慷慨激昂，似奔瀉的瀑布。在不同聲音段裡，要有高潮、有舒緩、有喜憂，才能引人入勝，扣人心弦。

4.　注意控制說話的音調。說話時，音調的高低也要妥善安排，借此引起對方的注意與興趣。任何一次的談話，抑揚頓挫，速度的變化與音調的高

低，必須像一支交響樂團一樣，搭配得宜，才能成功的演奏出和諧動人的樂章。

聰明的女人會說更會傾聽

在社會交流中，聰明的女人不僅要學會交談，還要學會傾聽。傾聽是一門藝術，是尊重別人的表現，是打好人際關係的必需。

多聽少說好處多

在這個人與人之間無時無刻都在進行著各式各樣的交際的社會，傾聽是一種非常重要的溝通技巧。

古代曾經有個小國到中國來，進貢了三個金碧輝煌的金人，把皇帝高興壞了。可是這小國同時出了一道題目：「這三個一模一樣的金人哪個最有價值？」

皇帝想了許多的辦法，請來珠寶匠檢查，稱重量，看做工，都是一模一樣的。怎麼辦？使者還等著回去彙報呢。泱泱大國，不會連這個小事都不懂吧？

最後，有一位退休的老臣子說他有辦法。

皇帝將使者請到大殿，老臣胸有成竹的拿著三根稻草，插入第一個金人的耳朵裡，這根稻草從另一邊耳朵出來了。第二個金人的稻草從嘴巴裡直接掉出來，而第三個金人，稻草進去後掉進了肚子，什麼響動也沒有。老臣說：「第三個金人最有價值！」使者默默無語，答案正確。

雖然三個金人都有各自的價值，但是第三個金人卻因為善於傾聽別人的

意見而價值最大。這個故事告訴我們：最能說的人，不一定是最有價值的人。老天給我們兩隻耳朵一個嘴巴，本來就是讓我們多聽少說的。

　　人與人生活在同一個世界上，需要溝通、交流、協作、共事。心理學研究表明，在人的內心深處，都有一種希望得到別人尊重的渴望。善於傾聽，不僅是關愛、理解，更是調和人際關係的潤滑劑。在很多時候，我們更需要的往往不是口腹之欲，而是一方可以棲息心靈的芳草地。

　　很多人總是認為，人際場合上能說會道的人才是善交際的人，其實，善於傾聽的人才是真正會交際的人。會說的人，有鋒芒畢露的時候，也常有言過其實之嫌，話說多了，被當成誇誇其談，油嘴滑舌，說過分了還導致言多必有失，禍從口出。靜心傾聽就沒有這些弊病，倒有兼聽則明的好處。注意聽，給人的印象是謙虛好學，是專心穩重，誠實可靠。認真聽，能減少不成熟的評論，避免不必要的誤解。

　　在人際交流中，一個善於傾聽的女人，總會與他人融洽相處的。因為傾聽本身就是對對方的一種褒獎，妳能耐心傾聽對方的談話，等於告訴對方「妳是一個值得我尊敬的人」，對方又怎能不積極回應、表現出對妳的好感呢！

　　在小說《傲慢與偏見》中，伊莉莎白在一次茶會上專注的聽著一位剛剛從非洲旅行回來的男士講非洲的所見所聞，幾乎沒有說什麼話，但分手時那位紳士卻對別人說，伊莉莎白是個多麼擅言談的女孩啊！看，這就是傾聽別人說話的效果。它能讓妳更快的交到朋友，贏得別人的喜歡。

　　人們都喜歡善於傾聽的人，傾聽是使人受歡迎的基本技巧。人們被傾聽的需要，遠遠大於傾聽別人的需要。一位偉人曾經說過「喜歡傾聽的民族，是一個智慧的民族，不喜歡傾聽的民族，永遠不會進步。」傾聽是心與心的

交流。善於傾聽的女人，總會有很多朋友。

善傾聽的女人最受歡迎

在人與人的交流中，傾聽是一項非常重要的技能。如果妳是一位善於傾聽的女人，妳就會發現別人自然而然的被妳吸引。

有不少研究表明，也有大量事實證明，人際關係失敗的原因，很多時候不在於妳說錯了什麼，或是應該說什麼，而是因為妳聽的太少，或者不注意聽所致。比如，別人的話還沒有說完，妳就搶過話說，講出些不得要領和不著邊際的話，別人的話還沒有聽清，妳就迫不及待的發表自己的見解和意見，對方興致勃勃的與妳說話，妳卻心不在焉目光斜視，手上還在不斷撥弄這個那個，有誰願意與這樣的人在一起交談？有誰喜歡和這樣的人做朋友？一位心理學家曾說：「以同情和理解的心情傾聽別人的談話，我認為這是維繫人際關係，保持友誼的最有效的方法。」

瑪麗是愛麗絲見到的最受歡迎的女士之一。她總能受到邀請。經常有人請她參加聚會、共進晚餐。

一天晚上，愛麗絲碰巧到一個朋友家參加一次小型社交活動。她發現瑪麗和一個帥氣的男孩坐在一個角落裡。出於好奇，愛麗絲遠遠的注意了一段時間。愛麗絲發現那位年輕男士一直在說，而瑪麗好像一句話也沒說。她只是有時笑一笑，點一點頭，僅此而已。幾小時後，她們起身，謝過男女主人，走了。

第二天，愛麗絲見到瑪麗時忍不住問道：

「昨天晚上我看見妳和一個帥氣的男孩在一起。他好像完全被妳吸引住了。妳怎麼抓住他的注意力的？」

「很簡單。」瑪麗說，「男主人把他介紹給我，我只對他說：『你的皮膚晒得真漂亮，在冬季也這麼漂亮，是怎麼做的？你去哪晒的呢？阿卡普科還是夏威夷？』」

「夏威夷，夏威夷永遠都風景如畫。」。

「你能把一切都告訴我嗎？」我說。

「當然。」他回答。我們就找了個安靜的角落，接下去的兩個小時他一直在談夏威夷。

「今天早晨，那個男士打電話給我，說他很喜歡我陪他。他說很想再見到我，因為我是最有意思的談伴。但說實話，我整個晚上沒說幾句話。」

看出瑪麗受歡迎的祕訣了嗎？很簡單，瑪麗只是讓那個男士談自己。她對每個人都這樣 —— 對他人說：「請告訴我這一切。」這足以讓一般人激動好幾個小時。人們喜歡瑪麗就因為她注意他們。

由此可見，專注認真的傾聽別人談話，向對方表示妳的友善和興趣，這樣做的最大價值就是深得人心，能使雙方感情相通、休戚與共，增加信任度。

在談話過程中，妳若耐心傾聽對方談話，等於告訴對方：「你說得東西很有價值」或「你值得我結交」，等於表示妳對對方有興趣。同時，這也使對方感到他的自尊得到了滿足。由此，說者對聽者的感情也更進一步了，「她能理解我」、「她真的成了我的知己」。於是，二人心靈的距離縮短了，只要時機成熟，兩個人就會很談得來。

所以說，善於傾聽是一個聰明的女人不可缺少的素養之一，是與他人交流的一個必要前提，學會傾聽不但能正確完整的聽取自己所要的資訊，而且還會給人留下認真、踏實、尊重他人的印象。

第一章　談吐得體─當一個能說會道的聰明女人

學會傾聽的藝術

有一次，美國知名主持人林克雷特訪問一名小朋友，問他說：「你長大後想要當什麼呀？」小朋友天真的回答：「嗯，我要當飛機駕駛員！」林克雷特接著問：「如果有一天，你的飛機飛到太平洋上空，所有引擎都熄火了，你會怎麼辦？」小朋友想了想：「我會先告訴坐在飛機上的人綁好安全帶，然後我掛上我的降落傘先跳出去。」

當現場的觀眾笑得東倒西歪時，林克雷特卻繼續注視著這孩子。

沒想到，接著孩子的兩行熱淚奪眶而出，這才使得林克雷特發覺這孩子的悲憫之情遠非筆墨所能形容。於是林克雷特問他：「為什麼要這麼做呢？」小孩的回答透露出一個孩子真摯的想法：「我要去拿燃料，我還要回來！我還要回來！」

透過這個故事，你認為自己真的明白了傾聽的藝術了嗎？在與他人交談中，我們只有透過傾聽了解對方的想法，相對應的做出恰當的回應，才能使彼此之間的利益達成一致，融洽交際氛圍。

傾聽的能力是一種藝術，也是一種技巧。傾聽需要專心，每個人都可以透過耐心和練習來發展這項能力。傾聽是了解別人的重要途徑，為了獲得良好的效果，女性朋友們有必要了解一下傾聽的藝術。

1.　專注認真的傾聽。當別人跟妳談話時，應該正視對方以示專注傾聽，妳可以透過直視的兩眼、讚許的點頭或手勢，表示在認真的傾聽，從而鼓勵談話者說下去。一個善於傾聽的女人，具有一種強大的感染力，她能使說話的人感到自己說話的重要性。

2.　適時適度的提問。適時適度的提出問題是一種傾聽的方法，它能夠給講話者以鼓勵，有助於雙方的相互溝通。

3. 透過傾聽捕捉資訊。傾聽是捕捉資訊、處理資訊、回饋資訊的方法。一般來說，談話是在傳遞資訊，聽別人談話是接受資訊。一個善於傾聽的女性應當善於透過交談捕捉資訊。聽比說快，在聆聽的空隙時間裡，妳應思索、回味、分析對方的話，從中得到有效的資訊。

4. 學會察言觀色。在人際交流中，很多人口中所道並非肺腑之言，他們的真實想法往往隱藏起來，所以在聽話時，妳就需要注意領會對方話中的微妙感情，細細咀嚼品味，以便弄清其真正意圖。

5. 適時的做出回饋。聽人說話雖要專心靜聽，但並不是完全被動的、靜止的聽，而是要不時的透過表情、手勢、點頭，向對方表示妳在認真的傾聽。若能適時插入一兩句話，效果更好。如「你說得對」、「請你繼續說下去」等。這樣便使對方感到妳對他的談話很感興趣，因而會很高興的將談話繼續下去。

6. 不要隨便打斷別人講話。千萬不要在別人沒有表達完自己的意思時，隨意的打斷別人的話語。當別人流暢的談話時，隨便插話打岔，改變說話人的思路和話題，或者任意發表評論，都被認為是一種沒有教養或不禮貌的行為。

肢體語言讓女人變得優雅

生活中，很多女人妝化得很美，可是一接觸就露了餡，她們跟人交流時肢體語言卻極度匱乏，對於女人來說反而是更大的敗筆。很多人相信肢體語言能揭示人的內在世界，比語言表達更真實、更可信。心理學家發現：我們與人的交流70%以上是透過肢體語言，優雅而有魅力的肢體語言更具有吸引力，肢體語言比幾個小時的彩妝和華麗服飾更有說服力。肢體語言可以幫妳

抒發、表達自己。

肢體語言是一種無聲的交流

肢體語言又稱身體語言，是指經由身體的各種動作來傳達人物的思想，從而代替語言藉以達到表情達意的溝通目的。

在某些情況下肢體語言甚至可以取代話語的位置，發揮傳遞資訊的功效。例如，一位女士無須開口說話，僅僅透過「可以殺人的眼神」，就可以向某位男士傳遞出一種非常明確的資訊。

也許妳還沒意識到妳的每一個動作會有這麼大的影響，但是不要忘了，每個觀察妳的人都是業餘心理學家，他們會不由自主的、準確的分析妳的每一個動作，正如我們也常常不經意的在分析別人一樣。

無論妳是進入會議室，還是宴會廳，無論是高爾夫球場，還是董事會，妳的身體語言就已經悄然的和別人進行交流了。透過妳的走路姿勢、站姿、坐姿、神態、表情、目光等等，妳已經用無聲的、豐富的語言在告訴人們妳是誰、妳有什麼心態，妳是領導者還是被領導者，是對生活充滿自信的成功者，還是消極對待人生的失敗者。

剛畢業的李小姐某外資公司的面試時，主考官讓她將椅子挪近一點坐時，她並沒有在意細節，放椅子時發出了較大的響聲，結果使她失去了這份工作機會。事後，這位李小姐深有感觸的說：「我當時把面試應該注意的細節全都注意了，當時衣著整潔乾淨，履歷作品等資料製作精美，回答問題也可以說是乾淨俐落，但萬萬沒有想到主考官要我挪椅子竟然是一個考題。」

無獨有偶。某知名大學的一個畢業生到一家公司求職。在面試時，這位自我感覺良好的大學生一進門就坐在沙發上，翹起二郎腿，還不時的搖動。

如果在家裡，這是個再平常不過的姿勢，但在面試的情境中，則非常不恰當。結果，負責面試的人連半個問題也沒有問，只是客氣的說：「回去等消息吧！」最終的結果可想而知，他失去了一個很好的工作機會。

心理學教授認為，肢體語言可以用於理解交流者之間的關係、條件和處境，是職業型的、親朋型的，還是上下級、師生或其他的關係。透過肢體語言我們可以表達語言所不能表達的內容，尤其是與那些地位高於我們的人交流時，肢體語言可以展示我們自己，消融我們之間的距離，可見肢體語言是多麼的微妙！

目前，有許多公司在招募自己需要的人才時，都設置了一定的「門檻」，他們不僅要求人才具備較高的學歷、專業知識以及技能，同時還要求人才具有較好的修養和心態。肢體語言的魅力提醒許多求職者在面試時要格外注意每一個細節。

一位應屆畢業生在應徵一家廣告公司時，就很好的掌握了這一點，事後他說：「應徵不同於談判，不能用眼睛逼視對方，這樣會使對方產生一種戒備心理，不利於面對面的進行交流和溝通思想。因此，面試時，我的眼睛通常只盯住對著主考官鼻尖下方到嘴唇上方的那個位置，這樣一來，對方在說話時我能夠集中注意力去聽，並能夠快速的思考，做到準確及時的回答問題；而且我的表情不會過於拘謹，可以始終保持自然，再不時配以真誠的微笑，表示我對他所說得話能夠理解和認可，結果我們之間談得很融洽，應徵很順利。」最後，這位應屆畢業生很順利的跨進了這家公司的門檻。

在西方的商業領域和政治領域，領導者們深刻理解肢體語言在領導中的作用。肢體語言的這種作用被美國作家威廉姆·丹福思所描述過：「當我經過一個昂首、收下顎、放平肩膀、收腹的人面前時，他對於我來說是一個激

勵，我也會不由自主的站直。」

在黛安娜葬禮的電視節目中，大家會很快的區分出皇室人員和非皇族的社會名流。因為皇族成員從小就經受了正規、傳統的皇家標準禮儀訓練，他們的每一個舉止都流露著自豪、高貴和優雅。無論你多麼不喜歡查理斯王子，也不得不承認他確實能夠從普通人中脫穎而出。他沒有太多的動作，但是他與眾不同。他的雙手永遠不會防範的放在腹前，而這個微妙的動作，可以把久經風雲的大政治家、皇族們和普通人區分開，把一個自信的人和一個靦腆的人區分開。

法國的戴高樂在發表演講時總是聳起肩，作出要抓住天空的手勢，用來有效的煽動人們的情緒。這種利用各種「手的表情」來增強說服力的方法並不只限於政界或演講中，在人際交流中要想增強說服力或得到對方肯定時，手可以說是一個十分重要的「小道具」。

因此，很多優雅的女士都會將肢體語言的培養當作一項重要的功課，並透過這種良好而有意識的訓練，培養了她們優雅的舉止。

學會「秒殺」他人的肢體語言

在日常生活的工作中，為了讓別人對妳有一個更好的印象，一定要注意用一些良好的手勢、表情幫助妳的交流，因為好的肢體語言會幫助妳的溝通。

下面，為大家介紹一下肢體語言的特徵和象徵意義，以便在與人的交流中能夠更好的利用。

1. 目光與臉部表情

眼睛可以反映人的情緒、態度和情感變化。情緒變化首先反應在瞳孔變

化上。情緒由中性向愉悅改變，瞳孔會不自覺變大；對使人厭惡的刺激，瞳孔會明顯縮小。情緒狀態由「晴」轉「陰」時，亦有同樣反應。俗話說「眼睛是心靈的視窗」，身體其他部位的溝通也與目光接觸有關，人際溝通中如果缺少目光交流的支持，將會使人際溝通過程變得不愉快，而且很困難。

臉部借助數十塊肌肉的運動來準確傳達不同的心態和情感。任何一種臉部表情都是由臉部肌肉整體功能所致，但臉部某些特定部位的肌肉對於表達某些特殊情感的作用更明顯。嘴、頰、眉、額是表現愉悅的關鍵部位；鼻、頰、嘴表現厭惡；眉、額、眼睛、眼瞼表現哀傷；眼睛和眼瞼表現恐懼。當目光與臉部表情不一致時，目光是表達個體真實心態的有效線索。

2. 握手

握手是人際交流中最常見的禮節，善於觀察人的人，透過與對方的握手之禮，也可以得到一些來自對方的資訊。

握手時，緊抓對方手掌，用力擠握，令對方痛楚難忍。此類人精力充沛，自信心強，為人則偏於專斷專行，但組織能力及領導才能都很突出。

握手時力度適中，動作穩實，雙目注視對方。此類人個性堅毅坦率，有責任感而且可靠，思維縝密，善於推理，經常能為人提供建設性的意見。每當困難出現時，總是能迅速的提出可行的應付方法，很得他人的信懶。

握手時只輕柔的觸握。此類人平和豁達，絕不偏執，頗有遊戲人間的灑脫，謙和待人。

握手時習慣雙手握住對方的手，此類人熱忱溫厚，心地良善，對朋友最能推心置腹，喜怒形於色而愛恨分明。

握手時握持對方的手久久不放。此類人情感豐富，喜歡結交朋友，一旦建立友誼，則忠實不渝。

握手時只有手指抓握對方而手掌不與對方接觸，此類人個性平和而敏感，情緒易激動。不過這樣的人心地善良而富有同情心。

握手時緊抓對方，不斷上搖動，此類人極度樂觀，對人生充滿希望。他們因積極熱誠而成為大家愛戴傾慕的對象。

有些人從不願意與人握手，他們個性內向羞怯，保守但卻真摯。

如果不是刻意去改變的話，每個人的手勢都不會有太大的變化，固此手勢也就成了每個人外在特質之一，也是固有的個性特點之一。

3. 頭部的姿態

習慣頭部上揚的女人通常自視甚高、傲慢而唯我獨尊。或許是因為她們的條件一般都不錯而追求她的男人又較多，所以她們對男人的要求雖高，卻很少能夠真正體諒男人的苦心。

頭總是低俯的女人通常內向而溫柔，雖然有時顯得缺乏熱情，但
是能細心體貼的關照男人。

頭部側偏的女人通常充滿好奇心，但偏於固執。她們很容易與男
人一見鍾情，卻沒有相伴一生的忍耐力。

以上介紹了幾種常見的肢體語言，實際上，只要我們和人交流，每時每刻都會用到肢體語言，只有不斷的提高自己的修養，注意生活中的細節，我們就能讓自己優雅起來。

打造妳的親和力

親和力是發自內心的一種感染力，是一個人生性隨和、性格淡然、保持

平常心的一種表現。社交場合中，有親和力的女人更有人緣，因為她讓人感覺面目親善，相處起來舒服、自然，所以總能營造出一種和諧的交際意境。

做有親和力的女人

當妳與陌生人交流時，如果妳總給對方以拒對方於千里之外的感覺，誰願與妳交談下去呢？這個道理很簡單，春天般溫暖的臉總讓人捨不得離開，而那冰冷刺骨的容顏只會讓人望而止步。

法國作家拉封丹寫過的這樣一則寓言：

北風和南風比威力，看誰能把行人身上的大衣脫掉。北風首先來了一個冷風凜冽寒冷刺骨，結果行人為了抵禦北風的侵襲，便把大衣裹得緊緊的。南風則徐徐吹動，頓時風和日麗，行人因為覺得春暖上身，開始解開鈕扣，繼而脫掉大衣，南風獲得了勝利。

可見，親和力多麼重要，一個微笑、一句貼心的話、一個力所能及的幫助、卻能給人以親切、舒服的感覺。很多事情只有別人從心裡願意去做，才會去做，像太陽一樣給人以溫暖，別人才牢牢的圍在妳的周圍，所以，親和力在與人交際中有著極其重要的作用。

曾看過這樣的一個報導：

美國電視脫口秀明星歐普拉，一次主持與幾位曾有吸毒經歷的母親的說話節目，其中一位母親講到，她是因為害怕失去男友才染上毒癮的；另一位母親則說，自己之所以來參加節目，公開自己的隱私，是因為歐普拉從來不說假話。這時候，歐普拉再也忍不住了，衝口而道：「我也吸過古柯鹼的，我們同病相憐！」話音剛落，一旁的同事驚慌不已，她卻坦然道：「沒事，一切都過去了，一切都會好的。」正是在她的帶動下，說話者才都坦然道出自己

的真實感情來。歐普拉的坦率之言，簡直有些「肆無忌憚」了 ── 然而，正因為如此，她的話才給人一種親切之感，一種可信賴之感，才能得到對方同樣爽快而真誠的回應。

親和力是人與人之間資訊溝通，情感交流的一種能力。具有親和力的女人，會每天都保持自信樂觀向上的心情去面對每一個人，對每一個人都不覺得陌生，會視他們為熟人朋友親人，這將使別人加深對其的信任感。

親和力能夠方便妳與陌生人之間的溝通和交流，人都是有感情的，陌生人當然也不例外，感情的溝通和交流能夠讓妳和陌生人之間建立一座信任的橋梁。信任的建立將會有效的消除人的交流的難度。所以，聰明的女人善於建立自己的親和力。

親和力是贏取他人好感的重要手段

親和力是親切、友善、易於被別人接受的一種力量，就如同美好的事物令人無法拒絕一樣。親和力不是靠嚴肅的說話態度來產生的，而是一種自然而然的力量，它讓與妳交流的人感覺到快樂。

語言的親和力首先來自語言的親近感。很難設想，說些冠冕堂皇、虛情假意的話就可以產生親切感。因此，即使對話雙方身分不同，處境各異，只要說得是坦率的、真誠的、發自肺腑的話，往往都能起到增加親切感的作用。

一家工廠招聘廠長，其中一位四十多歲的女士獲得了大家的一致好評，最後勝出。讓我們看看她在面試過程中的表現：

問：「妳是個外行，靠什麼治廠，怎樣調動起大家的積極性？」

答：「論管理企業我並不認為自己是外行，何況我們廠還有那麼多懂管理

的幹部和技術高超的老工人，有許多朝氣蓬勃、勇於上進的年輕人。我上任後，把老師傅請回來，把年輕人的工作、學習和生活安排好，讓每個人都工作的有勁，玩得舒暢，把工廠當成自己的家。」

問：「我們廠不景氣，去年一整年沒發獎金，我要求調走，你上任後能放我走嗎？」

答：「你要求調走，是因為工廠經營得不好，如果把工廠經營好了，我相信你就不走了。如果你選我當廠長，我先請你留下看半年有沒有起色再說。」

話音剛落，全場立即掌聲四起。

問：「現在正議論部門和人員精簡，妳來了以後要減多少人？」

答：「調整幹部結構是大勢所趨，現在部門的幹部顯得人多，原因是事少，如果事情多了，人手就不夠了。我來以後，第一目的不是減人，而是擴大業務、發展事業……」

問：「我是一名女工，現在懷孕七個多月了，還讓我在工廠裡站著工作，妳說這合理嗎？」

答：「我也是女人，也懷孕生過孩子，知道哪個合理，哪個不合理，合理的要堅持，不合理的一定改正。」

女工們立即活躍了起來。有的激動的說：「我們大多是女工，真需要一位體貼、關心我們疾苦的廠長啊！」

可見，擁有親和力的女人就像一塊磁鐵一樣，格外能吸引他人。

一個有超強親善力的女性，無論何時都是廣受歡迎的。那麼，如何提升這種親和力，使別人願意和妳交流呢？

1. 學會溝通打開心門

說理解的話來增強語言的共鳴感，如果與人對話時，多從溝通的角度出發，多一點將心比心的理解，多說一點善解人意的話，那麼語言表達就容易引起對方的共鳴，一種獨特的親和力也就寄於其中了。

2. 學會對人微笑

生活中，妳應該先學會對每一個人微笑，因為笑容是傳達友善的信使。當氣氛顯得有點沉悶時，最有效的方法便是主動出擊，熱情襲人。與人聊天時，多說說小笑話。小笑話是消除緊張感、增進親密度的潤滑油。他人在哈哈一笑之後，不會不對妳留下好印象。

3. 學會讚美他人

建立和保持良好的關係，別忘記經常讚美別人。一句讚美在拉近雙方距離同時，也為良好關係的建立打下了堅實的基礎。讚美除了直接用語言表達外，還有其他的方式。比如，表達自己的思念、喜歡、快樂，但是注意強調是對方帶給妳的。這是一種無形的讚美。

會說話的眼睛可以代替嘴

人們常常用「會說話」來形容眼睛，所以眼睛傳達的訊息永遠比嘴巴說得話更有殺傷力。每雙眼睛都具有神奇的力量，能賦予雙眼不同的情緒和個性。世界著名的時裝大師喬治‧亞曼尼曾經說過：「一個女人最吸引我的地方，在於自信。這種自信 —— 來自於眼神的力量！」

從眼神中讀出更多的含義

有一則膾炙人口的故事：

某一年冬天，在美國北維吉尼亞州，有一位老人站在河邊想要過河。當時氣溫很能冷，河上也沒有橋，老人只有設法跟別人共騎一匹馬，才能順利過河抵達彼岸。

等候良久，老人終於看到六個人騎六匹馬到來。

第一個人騎馬過河了。接著第二個、第三個、第四個、第五個也都順利過河了。老人眼看這五個人先後過河，都默不出聲。

第六個人來到時，老人望著他並對他說：「先生，我是否能跟您共騎一匹馬過河呢？」

騎馬者欣然答應說：「沒有問題，請上來吧！」

過河之後，老人下馬站好。

騎馬者好奇的問道：「老人家，您讓前面五個騎馬者逐一過通過，並沒向他們要求共騎一馬。可是當我騎馬通過時，您立刻要求跟我共騎一馬。為什麼您不向他們五個人開口，而只要求我呢？」

老人笑了笑道：「我一看他們五個人的眼神，我看見了冷漠、孤僻、自私，我知道他們對我共騎一馬的要求一定會拒絕。然而當我一看你的眼神，我看見了熱誠、友善、助人。我知道你必定樂於跟我共騎一馬。」

騎馬者謙卑的答道：「真的是這樣嗎？我非常感謝您這一席話。」

眼神是最誠實的，會表現出內心的真實反應。任何一個眼神，都能發出千萬個不同的資訊，它隨時都在表達著豐富的情感和意向，洩露心底深處的祕密；眼睛的一張一合、隨著視線的轉移和方向，都會產生出奇妙複雜的眉

目語言，也在相互傳遞著資訊，和外界進行著交流。

人就是神奇得讓人自己都琢磨不清。就拿人的意願的表達來說吧，嘴巴一張一合可以把人的意願表達清楚，而人的眼睛似乎上天賦予它更多的意蘊，一個眼神，深不可測，可以有太多的意思。

一雙會說話的大眼睛，往往能表現許多種感情，下面我們來看一看。

眼睛正視：表示莊重、尊敬、器重；

眼睛斜視：表示輕蔑、蔑視、譏諷、嘲笑；

眼睛仰視：表示思索、沉思；

眼睛上挑：表示注意、興奮；

目光對視：表示心靈在相互交流，正所謂「仇人相見，分外眼紅；情侶相見，相知相惜。

總之，眼睛是心靈的窗戶，很多微妙的感情，都可以從眼睛裡得到明確的答案。眼睛包容了無窮的情意，蘊含了更多的深沉意義，眼睛充滿了生活的活力，會說話的眼睛更能代替嘴。

讓妳的眼睛會說話

女人的眼睛千姿百態，一個有非凡魅力的女人的眼睛也許並不一定很大，但顯得清亮深遠，像一泓泉水深不可測，常能給人以某種神祕感以及極大的親和力和吸附力。在社交場合中，如果目光和藹、溫暖真誠的投射和處事，就能充分的讓對方感到妳對他人的尊重、欣賞和感興趣。

「一身精神，具乎兩目。」眼睛具有反映深層心理的特殊功能。據專家們研究，眼神實際上是指瞳孔的變化行為。瞳孔是受中樞神經控制的，它如實的顯示著腦正在進行的一切活動。瞳孔放大，傳達正面資訊（如愛、喜歡、

興奮、愉快）；瞳孔縮小，則傳達負面資訊（如消沉、戒備、厭煩、憤怒）。人的喜怒哀樂、愛憎好惡等思想情緒的存在和變化，都能從眼睛這個神祕的器官中顯示出來。

因此，眼神與談話之間有一種同步效應，它忠實的顯示著說話的真正含義。與人交談，要敢於和善於與別人進行目光接觸，這既是一種禮貌，又能幫助維持一種連繫，使談話在頻頻的目光交接中持續不斷。更重要的是眼睛能幫妳說話。戀人們常常用眼神傳遞愛慕之情，特別是初戀的青年男女，使用眼神的頻率一般超過有聲語言。

有的人不懂得眼神的價值，以至於在某些時候感到眼睛成了累贅，於是總習慣於低著頭看地板或盯著對方的腳，要不就「顧左右而言他」，這是很不利於交談和發揮口才的。要知道，人們常常更相信眼睛。談話中不願進行目光接觸者，往往叫人覺得在企圖掩飾什麼或心中隱藏著什麼事；眼神閃爍不定則顯得精神上不穩定或性格上不誠實；如果幾乎不看對方，那是怯懦和缺乏自信心的表現。這些都會妨礙交談。

嚴雪萍是某外國企業的公關部經理，被邀請參加一個世界著名公司的人際關係培訓班結業典禮。嚴雪萍打算在了解公司講師的素養後再決定自己是否參加培訓。

她坐在前排右邊，看著那些結業的人用被強化訓練出來的積極熱情的語言，振奮的表達自己的體會心得。那位主講老師的臉上始終掛著一個定格的笑容，但是嚴雪萍總感到有什麼使她困惑，她無法捉摸那笑容的背後，到底是真誠還是客套，她無法相信那張臉的誠意，更無法被那個標準的笑容所感染。典禮結束時，嚴雪萍走向那位講師自我介紹，在他們握手的一剎那間，嚴雪萍與她的眼睛直視，嚴雪萍這才明白：原來困擾她的是講師的那雙眼睛。

第一章 談吐得體—當一個能說會道的聰明女人

嚴雪萍形容那雙眼睛:「看起來陰冷、高深莫測、虛實不定。那雙眼睛對我並沒有興趣,他只是漠然的在我身上掃了一遍。這雙眼睛與他的笑臉是那麼的不和諧,這雙眼睛裡沒有一絲笑意和溫暖。我的困惑終於解除了,原來他的笑是培訓出來的職業笑容。他的心中並沒有笑容,這些全都透過眼睛表現出來。眼睛是心靈的視窗,一個只有臉上微笑,心靈卻沒有微笑的人能是一個優秀的人際關係講師嗎?他不可能告訴我連他自己都不懂得的事情。」嚴雪萍最終沒有參加這個公司的培訓班。

每天人們都是用目光默默無聲的互通資訊,目光在面對面的溝通交流中有著重大的作用,它決定著妳能否有效的與對方交流。一個不能運用目光溝通的人不會是個高效率的交流者。

正確使用目光,必須掌握相關知識和要領。一般來說,包括以下內容。

1. 善於捕捉對方的目光。與人交談,要善於聽其弦外之音,善於從對方的眼神中看出其期待和需求,及時給予。如果對方的要求無理,也應立即採取或明或暗的措施,打消他們的念頭。

2. 注意凝視的部位。與人交談時應正面凝視對方的眼睛及臉部,目光宜柔和,凝視時間不宜過長,可在交談過程中不時的稍微移動一下目光,但移動次數同樣不宜過多。

3. 視線要與對方保持相應的高度。對話過程中,要盡量使自己的目光和對方正視,這樣可以顯得更有禮貌、更加誠懇,從而引起對方的好感。比如當妳站著和坐著的對象說話時,應該稍微彎下身子,以求拉平視線;和小孩對話時,則應該蹲下使自己的視線和小孩的眼睛一樣高。

4. 不能老盯著對方。人體語言學家說:「眼對眼的凝視只發生於強烈的愛或恨之時,因為大多數人在一般場合中都不習慣於被人直視。」長時間的

凝視有一種蔑視和威懾功能，有經驗的員警、法官常常利用這種手段來迫使罪犯坦白。因此，在一般社交場合不宜使用凝視。研究表明，交談時，目光接觸對方臉部的時間宜占全部談話時間的 30% ~60%，超過這一閾限，可以認為對對方本人比對談話內容更感興趣，低於這一閾限，則表示對談話內容和對對方都不怎麼感興趣。二者在一般情況下都是失禮的行為。但是集會中的獨白式發言，如演講、作報告、發布新聞、產品宣傳等則不一樣，因為在這些場合講話者與聽眾的空間距離大，必須持續不斷的將目光投向聽眾，或平視、或掃視、或點視、或虛視，才能跟聽眾建立持續不斷的連繫，以收到更好的效果。

第一章　談吐得體—當一個能說會道的聰明女人

第二章
舌粲蓮花 —— 聰明的女人說話恰到好處

　　會說話是一個聰明女人必備的素養。社會前進的步伐在加快，人與人之間的溝通和交流也多了起來。若想盡快的融入社會，融入群體，就要把說這項基本功充分的利用起來，努力做到會說、善說，說得恰到好處，說到人的心坎裡。

聰明的女人善於說服他人

在日常人際關係中，如何說服別人是十分重要的交際手法，更是一個女人邁向成功必不可少的環節。

說服勝於雄辯

伊索寓言中有這樣一則：

風與太陽為了誰的威力大而爭論不休。他們終於協商進行一次比賽：看看誰能令遊客脫掉斗篷，誰的威力就比較大。

「我會把他的斗篷吹掉而贏得比賽。」風誇口說。於是，它就使勁的吹。但是每當風一吹，遊客就拼命的抓住斗篷。顯然，風誇下的海口不能兌現。

太陽走出雲層，開始照耀那位遊客，只有幾分鐘的時間，遊客就脫掉了斗篷並去樹陰底下納涼。

伊索的結論是：說服的威力遠大於強迫的威力。

在日常的工作生活中，我們常常希望把自己的觀點與想法思路準確有效的傳達給某些人，並且需要對方能夠接受我們的意見或建議，然後付諸實施，這個過程就是說服。

二戰初期，美國一些科學家得知德國正在試製原子彈，請愛因斯坦寫了一封信，託羅斯福的私人祕書轉交給總統，希望羅斯福同意試製原子彈。但羅斯福斷然拒絕。祕書就講述了一段歷史說：「英法戰爭期間，在歐洲大陸上不可一世的拿破崙，在海上卻屢遭失敗。美國發明家富爾頓勸他撤去船上的風帆，裝上蒸汽機，把木板換上鋼板，這樣可提高戰鬥力。可拿破崙固執的認為船沒風帆不能航行，木板換成鋼板會下沉，未予理睬。當時，如果他多

動一下腦筋，18 世紀的歷史就得改寫了。」聽了私人祕書的話，羅斯福若有所思，終於同意了科學家們的建議。

在這個故事中，私人祕書巧借歷史知識成功的說服了總統。古今中外，此類事例不勝枚舉。說服別人接受自己的觀點、意見、辦法等，是一種複雜而困難的行為。而人類的社會交際中又時時、處處離不開說服。

我們每一個人都處在一定的社會關係中，幾乎每時每刻都在與別人打交道，經常會遇到勸導別人的事情，我們每個人都是勸導者和被勸導者。為了協調人際關係，把各種事情辦好，聰明的女人有必要掌握一定的勸導說服技巧。

爭取同情，說服比較強大的對手

渴望同情是人的天性，如果妳想說服比較強大的對手時，不妨採用這種爭取同情的技巧，從而以弱克強，達到目的。

有一個 15 歲的山區小女孩，不幸被拐到上海。當天晚上，天下著小雨，小女孩的房門打開了，一個中年人走了進來。小女孩的心跳到了嗓子眼。不過，她還是很快的鎮靜下來，機智的叫了聲：「伯伯！」中年人一愣，人像是被魔法定住了似的。小女孩小心翼翼的說：「我一看伯伯就是好人，看你的年齡，與我爸差不多，但我爸就比你苦多了，他在鄉下種田，去年插秧時，他熱得中暑……」說著說著，眼淚就嘩嘩的流下來。中年人的臉漲得通紅，短暫的沉默後，低低的說了一句：「謝謝你，小女孩。」然後開門走了。

面對強壯的中年人，何不讓自己顯得更弱小，來激發他的同情心呢？聰明的小女孩正是這樣做的。一句「伯伯」，一下子拉開了兩人年齡距離，讓中年人不由得想起自己那同樣處於花季的兒女。同情的種子開始在他心頭萌

發了。接著小女孩又不失時機的給他戴上一頂「好人」的帽子，誘導他的心理向「好人」的標準看齊。用「我爸」和「中年人」對比，進一步強化了中年人的同情心理。

委婉含蓄是說服技巧中的高招

一個衣冠楚楚的青年開著一輛豪華的寶馬汽車兜風。車開到十字路口遇上紅燈，青年趁機點燃了最後一支香菸，並隨手將空菸盒丟出車外。此時，一位婦女恰好從車旁經過。她撿起菸盒，走近汽車，笑容可掬的問道：「先生，你這個菸盒不要了嗎？」那個青年似乎意識到自己沒水準的行為，便不好意思的說道：「剛才一不小心，菸盒掉了下車，謝謝妳幫我撿起來。」說著，把菸盒拿了回來，帶著一份窘迫的神色匆忙開車走了。

在這個例子中，那位婦女採用的是委婉含蓄的方式，她明明親眼看見那位青年故意亂扔垃圾，但卻沒有直接揭穿他、批評他，而是替他撿起菸盒，用委婉含蓄的話問他，從而使他認識到自己的錯誤。假如這位婦女義正詞嚴的教訓那位青年沒水準，亂扔垃圾，恐怕那位青年非但聽不進去，反而會罵她多管閒事。可見，委婉含蓄是說服技巧中的高招。

由小及大，分階段去說服

在說服別人時，也可以採用由小及大的方法，分步驟分階段去分析事理，這是一種得寸進尺，招招緊跟的說服方法。此法的好處是容許被說服者在接受說服的過程中，存在一個認識過程，獲得一些全新的認識。

某電氣公司的女推銷員依蓮到一個州的鄉村去推銷電，她敲開了一所富有農家的門，戶主是位老伯。他一開門見到是電氣公司的，就猛然把

門關上。

　　依蓮再次叫門，門勉強開了一條縫。依蓮說：「很抱歉，打擾您了。我知道您對電不感興趣，所以這一次登門並不是來向您推銷的，而是向您買些雞蛋。」老伯消除了一些戒心，把門開大了一點，探出頭，用懷疑的目光望著依蓮。依蓮繼續說：「我看見您餵的雞很漂亮，想買一打新鮮的雞蛋帶回城裡。」接著充滿誠意的說：「我的雞下的蛋是白色的，做的蛋糕不好看，所以，我的丈夫就要我來買些棕色的蛋。」這時候，老伯從門裡走出來，態度比以前溫和了許多，並且和她聊起了雞蛋的事，依蓮指著院子裡的牛棚說：「老伯，我敢打賭，您養的雞肯定比您太太養得鴨子賺錢多。」老伯被說得心花怒放。長期以來，他太太都不承認這個事實。於是他把依蓮視為知己，並高興的把她帶到雞舍參觀。依蓮一邊參觀，一邊讚揚老伯的養雞經驗，並說：「您的雞舍，如果能用電燈照射，雞的產量肯定還會增加。」老伯似乎不那麼反感了，反問依蓮用電是否划算。依蓮給了她圓滿的回答。兩個星期後，依蓮在公司收到了老伯寄來的用電申請書。

　　依蓮的訣竅就在於她不急於求成，而是採用了由小到大，招招緊跟的說服方法，一步一步具體而又細緻的為對方剖析情勢，為其出謀劃策，這就一步一步的把雙方的心理距離拉近了，促使老伯態度一點一點的發生改變，就這樣由小到大的一步一步逼近預定目標，最終取得了說服的成功。

站在對方的立場去說服

　　在彼此觀點存在分歧的時候，妳也許曾試圖透過說服來解決問題，結果卻往往發現遇到了前所未有的困難。其實，導致說服不能生效的原因並不是我們沒把道理講清楚，而是由於勸說者與被勸說者固執的踞守在各自的立場之上，不替對方著想。如果換個位置，被勸說者也許就不會「拒絕」勸說者，

勸說和溝通就會容易多了。

　　有這樣一個事例，一個家庭主婦在自家的院子裡養了許多雞，她的鄰居是個獵戶，院子裡養了一群兇猛的獵狗。這些獵狗經常跳過柵欄，襲擊主婦的雞，這個家庭主婦曾多次請獵戶把狗關好，但獵戶卻不以為然。後來，她想了個辦法，她在自己雞群裡挑選了三隻可愛的小雞，分別送給獵戶的三個兒子。看到可愛的小雞，孩子們如獲至寶，每天放學後都要在院子裡同小雞玩耍嬉戲。因為怕獵狗傷害兒子們的小雞，獵戶便做了個大鐵籠，把獵狗牢牢的鎖了起來。從此，這個家庭主婦的雞群再也沒有受到侵害。

　　這個事例告訴我們：要說服一個人，最好的辦法就是替他人著想，讓他人從中受益。

委婉說話的女人不傷人

　　委婉含蓄是一種說話的藝術，他的基本要求是既能把意思表達出來，讓對方清楚的理解，又能使對方愉快的接受。聰明的女人深諳這種說話技巧。

　　有一則笑話是這樣說的：

　　有一位長得略胖的婦人一進服裝店，售貨小姐就對她說：「大媽，妳太肥了，我們沒有您可以穿的衣服。」

　　這位太太正想反駁，小姐又加了一句：「其實老了還是胖一點好。」

　　這位婦人氣得不知道如何發作才好，此時老闆娘從後面走出來，這位太太馬上告狀：「我今天是招誰惹誰了，怎麼才進店，就被妳們店員說我又胖又老。」

　　老闆娘很不好意思的趕緊賠不是，卻造成二度傷害，因為她說：「我們

這店員是從鄉下來的，特別不會說話，但說的都是真話。」

通常，說話直來直往的人說自己是說真話沒有壞意，繁華落盡見純樸。然而這種直來直去的真話確實有點「毒」，太容易傷人。

在日常生活中，有些女人說話直來直去，心裡有什麼就說什麼，完全不顧對方的反應，不分時間地點，只管自己的痛快。有時，得罪了別人，自己還不知道。這種女人雖然直率的可愛，但也顯得可憐。

英國思想家培根說過：「交流時的含蓄與得體，比口若懸河更可貴。」直爽的女人雖然坦率真誠，但缺少了點韻味和風情，女人學會了委婉，才是有女人味的女人。

直言不諱不如委婉含蓄

在語言的表達藝術中，委婉含蓄是很重要的方式。委婉含蓄的表達比直截了常的說更能體現人的語言修養。直言不諱，開門見山雖然簡單明瞭，但刺激性大，容易使別人的自尊心受到傷害。所以，在勸說他人的時候，委婉含蓄的語言是法寶，能照顧到人們的心理上的自尊感，容易產生贊同。

在美國經濟大蕭條時期，有位 17 歲的女孩好不容易才找到一份在高級珠寶店當售貨員的工作。在耶誕節前一天，店裡來了一個 30 歲左右的貧民顧客，他衣著破舊，滿臉哀愁，用一種不可企及的目光，盯著那些高級首飾。

電話響了，女孩要去接電話，一不小心把一個碟子碰翻，六枚精美絕倫的鑽石戒指落在地上。她慌忙撿起其中的五枚，但第六枚怎麼也找不著。這時，她看到那個 30 歲左右的男子正向門口走去，頓時意識到戒指被他拿去了。當男子將要觸及門柄時，她柔聲叫道：「對不起，先生！」

那男子轉過身來，兩人相視無言，足有幾十秒。

「什麼事？」男人問，臉上的肌肉在抽搐，再次問：「什麼事？」

「先生，這是我頭一份工作，現在找個工作很難，想必您也深有體會，是不是？」女孩神色黯然的說。

男子久久的審視著她，終於一絲微笑浮現在他臉上。他說：「是的，確實如此。但是我能肯定，妳在這裡會做得不錯。我可以為您祝福嗎？」他向前一步，把手伸給女孩，那枚鑽石戒指就在他的手上。

「謝謝您的祝福。」女孩立刻也伸出手，戒指戴在了她的手指上。女孩用十分柔和的聲音說，「我也祝您好運！」

故事中的這個小女孩是睿智的，她很會照顧對方的情面，沒有開門見山的要回戒指，而是委婉的指出了男子的錯誤，先說出自己的難處，找工作不容易，讓男子認識到自己的錯誤，進而主動交還戒指。那男子也很珍惜沒有出醜丟臉的時機，非常體面的改正了自己的錯誤。

委婉的說話容易被人接受

說話時，直言直語有兩種情況，要麼是一針見血，要麼是胡言亂語。一針見血的指出別人的毛病，儘管出發點是好的，但其殺傷力很強，很容易讓別人下不了臺。如果可以用婉轉一點的方式提醒別人，其效果遠遠好於直言直語。

西元前 266 年，趙惠文王死了，太子繼位，因其年幼，由母親趙太后掌權。秦國乘機攻趙，趙國向齊國求援。齊國說，一定要讓長安君到齊國做人質，齊國才能發兵。長安君是趙太后寵愛的小兒子，太后不讓他去，大臣們勸諫，趙太后生氣的說：「誰敢再勸我讓長安君去齊國，哀家就要往他臉上吐唾沫！」左師觸龍偏在這時候求見趙太后，趙太后怒氣衝衝的等著他。

　　觸龍步伐緩慢緩的來到太后面前，說：「臣最近腿腳有毛病，只能慢慢的走路，請原諒。很長時間沒有來見太后，但我常掛念著您的身體，今天特意來看看您。」太后說：「我也是靠著車子代步的。」觸龍說：「每天飲食沒有減少吧？」太后說：「吃些粥罷了。」這樣話著家常，太后臉色緩和了許多。

　　觸龍說：「我的兒子年紀小才疏學淺，我年老了，很疼愛他，希望能讓他當個王宮的衛士。我冒死稟告太后。」太后說：「可以。多大了？」觸龍說：「十五歲，希望在我死之前把他託付給您。」太后問：「男人也疼愛自己的小兒子嗎？」觸龍說：「比女人還厲害。」太后笑著說：「女人才是最厲害的。」

　　這時，觸龍慢慢把話題轉向長安君，對太后說：「父母疼愛兒子就要替他長遠打算。如果您真正疼愛長安君，就應讓他為國建立功勳，否則一旦『山陵崩』（婉言太后逝世），長安君靠什麼在趙國立足呢？」太后聽了後說：「好，長安君就聽憑你安排吧。」於是，觸龍為長安君準備了上百輛車子，到齊國作人質。接著，齊國也派兵救了趙國。

　　可以想像，假如觸龍直接就去勸說，是不可能取得好的效果的。其實，也就是說話時，在步入正題前先做一個「鋪墊」，說話「迂迴」一些，然後再一步一步導入中心，這樣就會收到良好的效果，如同遊覽古典園林，「曲徑通幽，漸入佳境。」

委婉的指出別人的錯誤

　　委婉是一種既溫和婉轉又能清晰的表達思想的談話藝術。它的顯著特點是「言在此而意在彼」，能夠誘導對方去領會妳的話，去尋找那言外之意。從心理學的角度來看，委婉含蓄的話不論是提出自己的看法還是向對方勸說，都能比較照顧到對方心理上的自尊感，使對方容易贊同、接受妳

的說法。

韓昭侯平時說話不大注意，往往在無意間將一些重大的機密洩露了出去，使得大臣們周密的計畫不能實施。大家對此很傷腦筋，卻又不好直言相告。

一位叫堂谿公的聰明人，自告奮勇到韓昭侯那裡去，對韓昭侯說：「假如這裡有一個玉做的酒器，價值千金，它的中間是空的，沒有底，它能盛水嗎？」韓昭侯說：「不能盛水。」堂谿公又說：「有一隻瓦罐子，很不值錢，但它不漏，您看，它能盛酒嗎？」韓昭侯說：「可以。」

於是，堂谿公因勢利導，接著說：「這就是了。一個瓦罐子，雖然值不了幾文錢，非常卑賤，但因為它不漏，卻可以用來裝酒；而一個玉做的酒器，儘管它十分貴重，但由於它空而無底，因此連水都不能裝，更不用說人們會將可口的飲料倒進裡面去了。人也是一樣，身為一個地位至尊、舉止至重的國君，如果經常洩露臣下商討的有關國家的機密的話，那麼他就好像一件沒有底的玉器，即使是再有才幹的人，如果他的機密總是被洩露出去了，那他的計畫就無法實施，因此就不能施展他的才幹和謀略了。」

一番話說得韓昭侯恍然大悟，他連連點頭說道：「你的話真對，你的話真對。」

從此以後，凡是要採取重要措施，大臣們在一起密謀策劃的計畫、方案，韓昭侯都小心對待，慎之又慎，連晚上睡覺都是獨自一人，因為他擔心自己在熟睡中說夢話時把計畫和策略洩露給別人聽見，以至於誤了國家大事。

所以說，故事中的堂谿公是一個善於說話的人，能從日常生活中的小事引出治國安邦的大道理，委婉的批評當權者，而不是直接指出來，以便上司

能夠接受。聰明的女人應該學會這個道理。

聰明的女人會說「不」

生活中，有些女人總是心軟的，面對他人的請求，幾乎是照單全收，害怕拒絕會給彼此的關係帶來不利影響。其實，這是一種不成熟的表現。拒絕是溝通的一門學問，也是一門人生的藝術。所以，一位哲人說：「學會了拒絕，是一個成熟的標誌之一。」

笨女人說 YES，精女人說不

拒絕是指不接受某種東西，或是某種觀點、某種行為。在我們的生活和工作中，需要與各式各樣的人打交道，也需要處理各式各樣的事務，學會拒絕的藝術，會使我們得到有益的收穫。

妍露是某公司的女職員，她平日裡少言寡語，不善言談。有一次，老闆卻派給她一個任務，去出差催款。

妍露性格內向，不善於和別人打交道，催款這種事情她肯定做不來，應該交給能說會道、善於交際的人去做才好。妍露心裡這麼想，卻不敢說出來，也沒有勇氣拒絕老闆，只好硬著頭皮答應了。

來到目的地，對方熱情招待妍露，酒桌上對方要妍露喝酒。妍露堅持自己的原則，一口也不喝，讓對方下不了臺。對方一氣之下，編了一個理由，把妍露打發走了。妍露沒有完成任務，老闆自然非常生氣。老闆說：「如果妳辦不到，為什麼還要答應？這是工作，不是遊戲，逞什麼英雄！」

該答應的時候答應，該拒絕的時候拒絕，這也是一種能力。否則，會像

妍露一樣給自己帶來很多的麻煩。

在與人的交流中，拒絕他人的要求雖然很有必要，但做起來往往又不是那麼簡單。有時候，直接了當的說出拒絕的話，很難說出口，這就需要女性朋友掌握拒絕的技巧。

首先妳要態度和藹。不要在他人開口要求時予以斷然拒絕。對他人的請求迅速採取反駁的態度，或是藐視對方，流露出不快的神色，或是堅持完全不妥協的態度等，都是不妥當的，應該以和藹可親的態度誠懇應對。

拒絕對方要開誠布公，明確的說出事實。不敢據實言明，採取模稜兩可的說法，致使對方摸不清自己的真正意思，而產生許多不必要的誤會，這就容易導致彼此關係的破裂。

拒絕時不要傷害對方的自尊心。特別是對妳有恩的人，來拜託妳做事，的確是非常難以拒絕的。不過，只要妳能表示尊重對方的意願，率直的講出自己的難處，相信對方也是會諒解的。

拒絕對方，要給對方留一個退路，也就是給對方留面子，要能讓他自己下梯子。妳必須自始自終很有耐心的把對方的話聽完，當妳完全聽完對方的話後，心裡應該有了主意，這時再來說服對方，就不會使對方難堪了。

聰明出色的女人明白，拒絕是一門藝術，它最核心的原則就是無論用什麼樣的方法，一定要讓對方感受到妳的真誠和善意，從而取得理解和共識。

有一種拒絕叫幽默

交流中，有時會遇到不好正面拒絕對方，或者對方堅絕不肯要求或提出條件，妳並不直接加以拒絕，相反的還全盤接受。然後根據對方的要求或條件給出一些荒謬的，不現實的結論來，從而加以否定。這種拒絕法，往往能

產生幽默的效果。

有一個時期，蘇聯與挪威曾經就購買挪威鯡魚進行了長時間的談判。在談判中，深知貿易談判訣竅的挪威人，開價高得出奇。蘇聯的談判代表與挪威人進行了艱苦的討價還價，挪威人就是堅持不讓步。談判進行了一輪又一輪，代表換了一個又一個，還是沒有結果。

為了解決這一貿易難題，蘇聯政府派了一個叫柯倫泰的女性為全權貿易代表。柯倫泰面對挪威人報出的高價，針鋒相對的提了一個極低的價格，談判像以往一樣陷入僵局。挪威人並不在乎僵局。因為不管怎樣，蘇聯人要吃鯡魚，就得找他們買，這是「姜太公釣魚，願者上鉤。」而柯倫泰是拖不起也讓不起，而且還非成功不可，情急之餘，柯倫泰使用了幽默法來拒絕挪威人。

她對挪威人說：「好吧！我同意你們提出的價格。如果我的政府不同意這個價格，我願意用自己的薪資來支付差額。但是，這自然要分期付款。」

堂堂的紳士能把女士逼到這種地步嗎？所以，在大家忍不住笑場之餘，就一致同意將鯡魚的價格降到一定標準。柯倫泰用幽默法完成了她的前任們歷盡千辛萬苦也未能完成的工作。

將錯就錯的拒絕

所謂「將錯就錯的拒絕」，就是先假設對方是正確的，然後按照這個思路做出一個新的結論，而這個新結論又明顯是錯誤的，這樣，後者的顯然不成立也就證明了前者的錯誤，從而實現否定的目的。

甘羅的爺爺是秦朝的宰相。一天，甘羅看見爺爺在後花園走來走去，不停的唉聲嘆氣。

「爺爺，您遇到什麼麻煩了？」甘羅問。

「唉，孩子呀，大王不知聽了誰的挑唆，要吃公雞下的蛋，命令滿朝文武去找，要是三天內找不到，大家都得受罰。」爺爺垂頭喪氣的說。

「秦王太不講理了。」甘羅氣呼呼的說。

突然他眼睛一眨，想了個主意，說：「不過，爺爺您別急，我有辦法，明天我替您上朝好了。」

第二天早上，甘羅真替爺爺上朝了。他不慌不忙的走進宮殿，向秦王施禮。秦王很不高興的問道：「小娃娃來這裡做什麼？你爺爺呢？」

甘羅不急不慌的說：「大王，我爺爺今天來不了啦。他正在家生孩子呢，託我替他上朝來了。」

秦王聽了哈哈大笑：「你這孩子簡直是胡言亂語！男人哪能生孩子？」

甘羅趁機說道：「既然大王知道男人不能生孩子，那公雞怎麼能下蛋呢？」

甘羅就是利用將錯就錯的否定方法，沒有直接揭露秦王的荒誕，而是「順竿而上」，引出一個更為錯誤的結論，讓秦王自己去攻破自己的觀點，並在巧妙的回答中暗示其荒謬性。

另指出路，學會轉移問題

當妳對朋友的要求感到力不從心或者不樂意接受的時候，妳可以採用另指出路的辦法，來解決問題。

妍謹當上某銀行人事處處長後，就忙了起來，很多人都登門來求她幫忙，讓她很是頭痛。有一天，又有人來到妍謹家，這次來的人正好還是她的老同學。老同學開門見山的說：「我兒子大學畢業一年了，工作一直不順心，

想換工作，所以來找老朋友想想辦法。」「他學的是什麼專業？」老同學把兒子的資料遞給妍謹，看過資料後，妍謹知道自己幫不了，因為不僅專業不適合，這個孩子的外語能力也不行，這明顯不符合銀行的要求。但是妍謹也清楚，不能直接拒絕，否則就太不給老同學面子了。「真是不巧，我們最近沒有徵人的計畫，不過妳別擔心，我認識一個朋友，他那裡似乎在徵人。」說完，妍謹把朋友的聯繫方式抄了一份交給老同學。雖然沒有辦成事，但那個老同學還是很感謝妍謹。

含蓄委婉的拒絕

有時候，我們對一些不合情理或不妥的做法必須回絕。但為了避免衝突或由於某些原因不便明確表示，聰明的女人通常會採用較隱晦曲折的語言向對方暗示，達到拒絕的目的。比如：

甲：「我們希望下一次會議能在紐約召開，不知貴國政府是否答應？」

乙：「貴國飯菜的味道不好，尤其是我上次去時住的那個旅館更糟糕。」

甲：「那麼您覺得我今天用來招待您的法國小吃味道如何？」

乙：「還算可以，不過我更喜歡吃英國菜。」

乙方用「美國飯菜不好」、「法國的飯菜還可以」、「喜歡吃英國菜」，委婉含蓄的拒絕了在美國、法國開會的建議，暗示希望在英國舉行會議的想法。

如果明確直言的拒絕會讓雙反感到比較尷尬的話，不妨採用一些巧妙委婉的拒絕方式，既表達了自己的願望，又將對方失望與不快的情緒控制在最小範圍內，不至於影響彼此間的關係。

批評他人要有分寸

批評別人是一件很得罪人的事，而得罪人是人際交流中的大忌，但如果妳是一個會說話的聰明女性，那麼，怎樣讓別人誠心接受妳的批評，並不會產生對立的情緒，就是妳要注意的事。

委婉批評，讓忠言不再逆耳

人都是有自尊心和榮譽感的，有的人之所以不願接受批評或建議，主要是由於怕觸傷自己的自尊心和榮譽感。為此，在給他人批評和建議時，聰明的女人會用一種含蓄委婉的方法，既能達到使其改正錯誤的目的，又能讓忠言不再變得逆耳。

戰國時，齊景公讓馬夫飼養自己的愛馬，那匹馬突然得了急病死了，齊景公大怒，讓人用刀肢解養馬的人。

當時晏子在跟前，侍衛持刀上前，晏子阻止了他們並問齊景公說：「堯舜肢解犯人，從哪個部位開始？」齊景公恍然大悟的說：「從我開始。」於是下令取消肢解馬夫。齊景公說：「交給獄吏（讓他坐牢）。」晏子說：「這個馬夫不知道自己犯了什麼罪而死，我替您列舉出來，讓他知道自己犯了什麼罪，然後您再把他關進監獄。」齊景公說：「可以。」

晏子斥責馬夫說：「你的罪名有三條：國王讓你養馬你卻把牠養死了，這是第一條死罪；養死了國王最好的馬，這是第二條死罪；讓國王因為一匹馬的緣故而殺人，百姓聽說以後肯定抱怨我們的王，諸侯聽說以後必然輕視我國。你養死了國王的馬，使百姓積怨，鄰國輕視我們，這是你的第三條死罪。所以現在要把你關進牢獄。」齊景公長嘆一聲說：「把他放了吧！你把他放了吧！不要損害我所實行的仁政。」

　　批評是一門藝術，有益的批評會使對方虛心接受，並認識到自己的錯誤，及時加以改正。但是，批評也要講究方法，切記不要當面指責別人的錯誤，這樣會造成對方強烈的反抗。巧妙的暗示對方注意自己的缺點，往往會贏得他人和贊同。批評的方式多種多樣，聰明的女人懂得委婉的指出別人的錯誤。間接、委婉的指出別人的錯誤，要比直接脫口而出的批評溫和得多，並且不使人反感。

不要把別人的錯誤當眾曝光

　　生活中，有些女人得理不饒人，喜歡當眾批評對方的錯處，這樣做是非常錯誤的。心理學研究表明：誰都不願把自己的錯處或隱私在大眾面前「曝光」，一旦被人曝光，就會感到難堪而惱怒。

　　某學校的一位女大學生李某與校外的一名男生發生了不正當的男女關係，這件事讓學校的一位女教導主任知道了。這位女教導主任就抓住這點，將李某狠狠批評了一通。當然，李某也認識到了自己的錯誤，並很誠懇的向教導主任認錯。這件事本該到此為止，但女教導主任卻不肯善罷甘休，非要李某寫下書面保證，並公開在系上認錯。書面保證可以寫，但公開認錯就有點勉為其難了。這種事本來就不怎麼光彩，如果讓系上師生知道了，一個女孩子以後還怎麼見人啊？李某難以接受這女教導主任的要求，只好離校出走了。

　　在批評他人的過程中，如果不是為了某種特殊需要，一般應該盡量避免接觸敏感問題，避免使對方當眾出醜。必要時可採用委婉的話，暗示妳已知道他的錯處或隱私，讓他感到有壓力而不得不改。知趣的、懂得權衡的人只須「點到為止」，別人一般是會顧全自己的臉面而悄悄收場的。當面揭人短處，讓對方出了醜，說不定會惱羞成怒，或者乾脆耍賴，出現很難堪的局

面。至於一些純屬隱私、非原則性的錯處，最好的辦法是私下批評，千萬別當眾曝光。

「三明治」式批評法則

某酒店總經理無論要批評員工什麼事情，都必須找出一點值得表揚的事情留在批評之前和批評之後說，而絕不可只批評不表揚。他說：「批評應對事不對人。在批評員工前，要先設法表揚一番；在批評後，也要再設法表揚一番。總之，應力爭用一種友好的氣氛開始和結束談話。」

有一次，她的一名女祕書調離別處，接任的是一位剛剛畢業的女大學生。新來的女大學生打字總是不注意標點符號，總經理很苦惱。有一天酒店總經理對她說：「妳今天穿了的衣服，更顯示了妳的美麗大方。」

那位女祕書突然聽到對她的稱讚，受寵若驚。總經理於是接著說：「尤其是妳衣服上的這排鈕扣，點綴的恰到好處。所以我要告訴妳，文章中的標點符號，就如同衣服上的扣子一樣，注意到它的作用，文章才會易懂並條理清楚。妳很聰明，相信妳以後一定會更加注意這方面的！」

從那以後，那個女孩做事明顯的變得有條理了，也不再那麼馬虎，一個月後，她的工作基本上能令總經理滿意了。

故事中的經理在批評女祕書時，運用的是「三明治」式批評法則。在批評別人時，先找出對方的長處讚美一番，然後再提出批評，而且力圖使談話在友好的氣氛中結束，同時再使用一些讚揚的詞語。由於這種方式是兩頭讚揚、中間批評，很像三明治，故由此得名。

其實，這種方式也比較符合人的心理適應能力。人往往喜歡被別人讚許與肯定，而不喜歡受到責備與批評，這是人的本性。人在本能上對批評都有

一種抵觸心理，人們總是喜歡為自己的行為辯解，尤其是一個人在工作中已付出很大努力時，對批評就更敏感，也更喜歡為自己辯解。而採用「三明治」批評法，讓批評者在誠懇而客觀的讚揚之後再進行批評時，他們會因為讚揚這個初始效應的作用，而覺得批評不那麼刺耳。

幽默是一種睿智的批評方式

幽默是一種睿智的溝通方式，也是個人素養比較成熟的表現。當妳批評別人時，如果採用幽默的語言，就可以緩和批評時的緊張氣氛，讓被批評的人在相對輕鬆的氛圍中意識到自己的錯誤所在，這樣一來不傷害被批評人的自尊，他心裡就容易接受。

美國開國總統華盛頓有一個年輕祕書，一天早上遲到了。她發現華盛頓正在等他，心裡感到很內疚，便說自己手錶出了問題。華盛頓沒有直接批評這位祕書，他平靜的提醒說：「恐怕妳得換一塊錶，否則我就得換一位祕書了。」一句話讓這位祕書心知肚明，從此再沒有遲到過。

可見，幽默的語言比當面直接批評效果更好，因為這樣保護了祕書的自尊，同樣達到批評的效果。聰明的女人一定要學會這種幽默的批評方式。

會讚美的女人惹人愛

在這個社會上，人人都喜歡讚美。人們總是自覺或不自覺的在他人那裡尋找自身存在的價值，其內心深處都有被重視、被肯定、被尊敬的渴望。當這種渴望實現時，人的許多潛能和真善美的情感便會被奇蹟般的激發出來。一句鼓勵的話語，一陣讚賞的掌聲，都會使一顆疲憊的困頓的心靈感受到一股陽光般的溫暖。這股溫暖，會轉化成蓬勃向上的動力，許多奇蹟就是這樣

被激發出來的。所以，聰明的女人要學會真誠的讚美別人。

　　北宋宰相寇準請一個理髮師為他理髮。理髮師理到一半時，因過度緊張，將其頭髮剃禿了一塊。他嚇壞了，情急之下，忽生一計。他放下剃刀，兩眼直直的看著宰相的肚子。寇準見狀，好奇的問：「你不理髮，看我肚子做什麼？」理髮師連忙說：「人人都說宰相肚裡能撐船，我看您的肚子並不大，如何撐得了船？」寇準聞此言後哈哈大笑：「宰相肚裡能撐船，是指宰相的氣量大，對小事能容忍、不計較，懂了嗎？」話音剛落，理髮師「撲通」一聲跪在地上，戰戰兢兢的說：「小的該死，剛剛給大人剃髮之時，不小心將頭髮剃禿一塊，宰相您氣量大，請饒恕小的吧！」寇準摸摸頭髮，果然禿了一塊，剛要發火，但轉念一想，自己剛剛說過宰相氣量大，不計較小事，現在怎麼能怪罪於人呢？於是，笑著說：「好了，你起來吧！誰讓宰相肚裡能撐船呢？」

　　從這個故事裡，我們看到了理髮師善用讚美的策略。他掌握了讚美的藝術，抓住了一般人「伸手不打笑臉人」和「盛讚之下，怒氣全無」的心理。

　　莎士比亞曾經這樣說過：「讚美是照在人心靈上的陽光。沒有陽光，我們就不能生長。」讚美作為一種與他人社交的技巧，其可謂是具有神奇的魔力，它不但可以消除人際間的意見不合和怨恨，滿足人的虛榮心，還可以輕易說服對方接受妳的觀點，有時甚至足以改變一個人的一生。

　　在人類的天性中，有一點是共同的，那就是希望得到別人的喜歡，希望能在別人的讚揚聲中感受到自我價值的實現。而在人類身上，值得讚揚的地方也的確很多。暫且先不說優秀的、傑出的人物身上有許多的亮點，即使是普通人身上，也有許多優秀特質、優良品格值得我們去讚美。因此，在日常交流中，善於發現別人身上的優點，恰到好處的讚揚別人，不僅能起到鼓舞

他人的作用，而且也能密切人與人之間的關係。

真誠的讚美給人以溫暖

大千世界，芸芸眾生，誰不希望得到他人的誇獎？誰不希望被他人讚美？喜歡聽讚美似乎是人的一種天性。威廉‧詹姆士曾精闢的指出：「人性中最為根深蒂固的本性就是渴望別人的讚賞。」

成功的讚美，能給他人帶來愉悅，能使他人受到鼓舞，不僅如此，讚美者也能從中獲得快樂和幸福。讚美，就像春天般的溫暖，使兩顆陌生的心彼此吸引，彼此靠近；讚美，就像林中的汩汩甘泉，使友誼之樹長青，使友誼之花燦爛茂盛。

美莎是某大學的老師，有一天和老公駕車去拜訪幾個親友。老公留她陪一位老姑媽聊天，自己則到別處去見幾個年輕親戚。由於她不久要發表演講，演講的題目是《如何運用讚賞原則》，於是她覺得不妨以這位老姑媽為對象，體驗一下使用讚賞的效果。美莎環顧四周，看看有什麼值得稱讚的。

「這棟房子是在 1890 年建造的吧？」美莎問道。

「是的，正是那年建造的。」老姑媽回答。

「這使我想起我以前的老房子，我是在那裡出生的。」美莎說道：「那房子很漂亮，蓋得很好，有很多房間。現在已經很少有這種房子了。」

「妳說得很對。」老姑媽表示同意，「現在年輕的一代，已經不在乎房子漂不漂亮了。他們只要那種小公寓就夠了，然後開著車子到處跑。」

「這是一棟像夢一般的房子。這是一棟用愛造成的房子。我的丈夫和我夢想了好幾年，我們沒有請建築師，這完全是我們自己設計的。」老姑媽的聲音因回憶而顫抖了。

　　老姑媽帶著美莎到處參觀，美莎也真誠的發出讚美。室內有很多漂亮的陳設，都是她四處旅行搜集來的 ── 小毛毯、老式的英國茶具、有名的英國威奇伍德瓷器、法國床和椅子、義大利圖畫及曾經掛在法國一座城堡裡的絲質窗幔。

　　看完了房子，老姑媽領美莎到車庫去。那裡停著一輛幾乎沒使用過的本田轎車。

　　「這是我丈夫去世前沒多久買給我的。」她輕聲說道：「他死後，我就沒有動過它……妳懂得鑒賞好東西，我就把它送給妳吧！」

　　「啊，姑媽！」美莎叫道：「別嚇壞我了。我知道妳很慷慨，但是，我卻不能接受。我已經有了一部新車，而且我們並不算是真正的親戚。我相信妳有許多親戚會很喜歡這部車，他們會很願意得到妳的饋贈的。」

　　「親戚！」她叫起來：「不錯，我是有很多親戚。但是，他們只是在等我死掉好得到這部車子。哼，我永遠也不會給他們！」

　　「如果妳不想送給他們，也可以賣給汽車商啊！」美莎建議道。

　　「賣給汽車商？」她大叫：「妳以為我會把這部車子賣掉嗎？妳以為我可以忍受讓陌生人開著它到處跑嗎？這是我丈夫給我買的車子啊！我說什麼都不會把它給賣掉的。我想把它送給妳，是因為妳懂得欣賞好東西。」

　　美莎想謝絕這份好意，卻又怕傷了這位老姑媽的心。

　　其實這樣的心情我們不難理解。這位老姑媽的生活圈子本來就很小，也就很少受到別人的讚賞。她獨自住在這棟大屋子裡，成天就與小毛毯、法國古董為伍。她活在往日的記憶裡，渴望的就是這一點小小的讚賞。她也曾經年輕貌美，為許多人所追求。她用愛心築起一個溫暖的家，並且遠赴歐洲去搜集東西來裝扮它。現在，她年老孤單，渴望的就是一點誠意的讚賞 ── 但

是沒有人願意給她。一旦她找到了，就像在沙漠中得到泉水一樣，感激之情無法表達，只有用她最珍愛的本田轎車來表示心意了。這就是讚賞的巨大魅力所在！

不要吝嗇對別人的讚美

受到讚美是人們心理上的需要，人們有受到尊重、被欣賞、被鼓勵、被肯定的心理需求。願意得到讚美，是人的一般心理需求；而善於讚美他人，則是一種重要的美德。

生活中，一個時機恰當的讚美，可以讓一個人從困境中重新振作，逆境中的讚美往往比正常條件下的讚美有更大的效果。當別人處於困境時，我們不要吝嗇我們的語言，要誠心的去讚美別人，從精神上給鼓舞別人。

有一個年輕人，因為沒有很高的學歷，所以工作也不好找，最後好不容易在一家公司找到了一份上門推銷的工作。可是，令他沒有想到的是，這份工作是如此的難做，在上班的第一天，他一個人跑了將近 50 戶人家，大多都拒絕她了。但是他不想放棄這份工作，他想只要努力也許明天或後天自己一定可以推銷出去的。但是，第二天，第三天，一個星期過去了，他依然一無所獲。

當他又跑了一個上午，拜訪了一家又一家，而收到的又是一次次的拒絕與冷漠後，他心想自己也許真的不適合這份工作，於是決定如果下午再沒有推銷出去產品，他就要放棄這份工作了。

當他又敲開一戶人家的房門時，開門的是一位六十多歲的老婦人。當她看到這個年輕人一臉疲倦的站在門口時，她沒有像別的人那樣用冷漠的表情拒絕他，而是讓這個年輕人進到屋裡，給他倒了杯水。

　　年輕人那天最終也沒有賣出產品，可是因為老婦人的善良，他卻情不自禁的和老婦人說了自己這幾天的工作，並且說了要放棄的想法。老婦人沒有多勸他什麼，只是說：「年輕人，你是沒有推銷出去一件產品，可是你很敬業，所以，你會有成功的一天。」

　　從老婦人家出來，年輕人不再想辭去這份工作了，因為老婦人的一句讚揚的話：「你工作很敬業」。這個年輕人想，是啊，雖然自己還沒有推銷出去產品，但只要自己一直這麼敬業的工作，一定會有成功的一天。

　　老婦人的話鼓舞著這個年輕人，後來，經過努力，這個年輕人終於業績越做越好，兩年之後，因為他的出色表現，被晉升為市場部的經理。三年之後，這個年輕人離開公司，開始自己創業。

　　這個年輕人一直記得那位老婦人在那種環境下對自己的那句讚揚的話。是老婦人的那句讚美，肯定了自己那麼多天的付出，是老婦人的讚美，讓那位年輕人在困境中又燃起了希望，並且取得了最後的成功。

　　可見，一句簡單讚美的話，從我們嘴裡說出來，也許算不了什麼，但對於被讚美者來說，意義卻非同凡響。它可以使人精神振奮，甚至會由此改變他的一生。所以，聰明的女人要學會讚美他人。

讚美不等於拍馬屁

　　讚美會令對方產生好感，從而使相互之間的關係融洽，這一作用是不言而喻的。但是我們必須明白，讚美並不是拍馬屁，讚美也不等同於阿諛奉承。

　　讚美是一種說話的藝術，拍馬屁是為了達到某些目的，而刻意的說一些讚美的話，二者的區別就是在於，真誠與是否有目的性、刻意性的。

一句讚美的話能給人帶來愉悅的心情，這是一件很值得高興的事。讚美不等於拍馬屁，讚美是一門藝術，要想滿足人們對於讚美的渴望，我們需要掌握下面幾個小要點：

1. 讚美具體化。人都有自動把局部誇大為整體的趨勢，因此，我們讚美的時候只要從某個局部、某件具體的事情入手就可以了，而且局部、具體的讚美會顯得更真誠、更可信。比如某人工作出色，那麼表揚的時候也要指出具體的事情，比如：善珠在企劃案上表現出色等等，而不是泛泛而談。

韓小姐是一家大型企業的總裁祕書，她說：「有三個客人都和我說要見我的上司，但前兩個沒有見著，因為他們不會說話，只有最後一位用恰當的讚美之辭為自己贏得了商機。「第一個客人說：『韓小姐，妳的名字挺好的。』我心裡特別想聽聽我的名字好在哪裡？結果，那位客人不再說了，連巴結我也不真誠，令人失望。第二個客人說：『韓小姐，妳的衣服挺漂亮的。』我立刻想聽自己的衣服哪裡漂亮？結果也沒有了下文，話還是沒有說到位。第三個客人說：『韓小姐，妳挺有個性的。』我想知道自己有什麼樣的個性？他接著說：『妳看，一般人手錶戴在左手腕，而妳的手錶戴在右手腕上……』我一聽，還真的覺得自己有點與眾不同，挺高興的，就讓他見了我們總經理，結果簽成一筆十萬元的訂單。

2. 讚美要恰如其分。恰如其分就是避免空泛、含混、誇大，而要具體、確切。讚美不一定非是一件大事不可，即使是別人一個很小的優點或長處，只要能給予恰如其分的讚美，同樣能收到好的效果。

一次會議上，何處長在檢討工作時提到發表文章比較多的小楊時表揚道：「小楊肯動腦子，好鑽研，近來成果很多，發表了 7 篇文章，其他年輕人要向他學習，做些成果出來。」話音未落，就有一位年輕的部下插話說：「水

準不能以文章來定，文章的好壞不能以發表的多少來定。發表文章多並不一定水準高，那有可能是垃圾文字多。有的人一輩子就發表一篇或幾篇文章，影響卻很大，難道就要被說是水準低嗎？」處長被問了個瞠目結舌，不得不解釋一番。結果弄得誰都掃興而歸。

這個何處長的尷尬不在於他沒有根據，而是有據卻無理，他的表揚經不起推敲，有水分，太誇張，所以其他人心裡會不痛快，把他的讚美給堵了回去。

3. 實事求是，措詞適當。實事求是是指讚揚應以事實為依據，這是與「阿諛奉承」的本質區別。「阿諛奉承」是出自主觀的願望，是為了一己之私，有著明顯的巴結奉迎的目的，即俗話所說的「拍馬屁」。而真誠的讚揚應是在客觀事實的基礎上，是一種真情的流露，旨在使人快樂，與人進行感情的溝通。此外，真誠的讚揚除了要以事實為依據外，措詞也要適當。主要應注意兩個方面：一是不要誇張，二是不要過分。

不要誇張，就是說讚揚的話應該要樸實、自然，不要有任何修飾的成分，不要誇大其辭。

不要過分，指的是讚揚的話要適度，有的話讚揚一次兩次，一句兩句就足以使對方歡樂，而且如果讚揚的話說過多次或者對某個人堆上許多溢美之辭，那麼對方會認為自己不配，或者會疑心妳的動機不純。

讓道歉成為一種習慣

古語云：「人非聖賢，孰能無過？」在人際交流中，倘若自己的言行有失禮不當之處，或是打擾、麻煩、妨礙了別人，最聰明的方法，就是及時向對方道歉。衷心道歉不但可以彌補被損傷了的關係，而且還可以增進感情。

但在現實生活中，卻有不少人不願放下面子主動去道歉的，以至於誤解越來越深。這大概是人生來就有的缺點吧？為了「面子」，不敢承擔自己應該承擔的責任；這可能也是人們心靈脆弱的一面，不願面對自己的錯誤。

在某公司的一次會議上，一位年資較淺的副總裁對管理團隊中一位高階總裁提出了反對意見而且固執己見，引起這位總裁的強烈不滿。這位高階總裁於是就當著團隊其他人的面對副總裁進行了攻擊，對她冷嘲熱諷，指責她智商有問題，批評她在公司遇到困難時動搖決心等等。當團隊的其他成員向他指出應該為此道歉時，他卻不予理睬，說什麼：「她不高興我很遺憾，但我並沒有錯。她應該學會如何承受壓力。」結果，事態更加惡化。

當一個人因冒犯他人而倍感尷尬並擔心會失去顏面時，往往會這樣避重就輕、閃爍其辭。實際上，道歉並不表示妳的軟弱，也不等於妳就退縮了。相反，道歉是挽救名譽的一劑特效藥。

道歉，並不意味著丟臉，反而，在一定意義上，它意味著勇於改正錯誤。畢竟「人誰無過，過而能改，善莫大焉。」學會正確的道歉，對一個女人來說是很重要的。道歉的好處在於，它可以冰釋前嫌，消除他人對自己的非好感，也可以防患於未然，為自己留住知己，贏得朋友。

錯了就要道歉

真誠的向別人道歉，是一個明智之人的明智之舉。這就意味著，他要改正自己的錯誤。因為一個人生下來就不斷犯錯，有的是有意識的，有的是無意識的，人只有在不斷犯錯誤、不斷改正錯誤過程中成長、發展，才能成為一個完善、健康和高尚的人。

道歉並非恥辱，而是真摯和誠懇的表現。解鈴還須繫鈴人，化被動為主

動道歉的效果更好一些。做錯了事主動道歉，遠比那些千方百計找理由為自己辯護的人更能得到諒解，甚至是尊敬。而且這類人通常擁有寬闊大度的胸懷，比較理性，能認識到矛盾對雙方關係的不利影響。因此，主動道歉不僅是一種智慧，更是一種品格、一種膽識。

　　某公司召開部門例會，會上主要討論下個季度的市場專案和預算，一個女同事在給大家報告了自己的專案和預算後，忍不住抱怨了公司的網路財務系統，說財務部為了自己工作方便，讓軟體公司設計了那麼複雜的系統，人為的給其他部門增加了工作量。說完她才意識到，那次例會上坐著一個財務部的同事，而且那套財務軟體系統就是那位同事負責建立起來的。

　　在大家的目光暗示下，該同事立刻注意到了財務部同事尷尬的表情，立刻當眾向財務部同事道歉說：「對不起，剛才那麼說是開玩笑的，我實在是被這套系統整暈了，我也知道財務部的同事肯定不是故意為難大家的。可能平時大家工作中溝通比較少，如果能問問大家對這套系統的意見，讓軟體公司改進一下就好了。」

　　財務部的同事臉色立刻緩解，馬上點頭同意：「是啊，各部門的要求都不一樣，我們是準備大家用一陣子後就搜集意見讓軟體公司改進呢。」後來財務部的同事果然很認真的開始搜集各部門的意見，最後讓軟體公司把系統調整到大家都比較認可的狀態，不僅解決了矛盾，也促進了工作效率。

　　主動道歉是打開通向原諒和恢復關係大門的最有效的鑰匙。公關專家曾說：「學會道歉是一個重要的社會技能，真誠的道歉將會使人們感受到人與人之間最美好的情感。」所以，聰明的女人要學會真誠的向別人道歉。

　　但是，道歉不僅僅只是說句「對不起」，如果道歉的方式欠妥，反而會錯上加錯，甚至會造成不堪設想的嚴重後果。所以，女性朋友們必須掌握道

歉的藝術，因人、因事解決問題，化解矛盾。

主動認錯要比爭辯好得多

　　認錯是道歉的表現，只有認錯了，人們才會相信妳會改錯；只有認錯才能取得他人的諒解，使矛盾和糾葛在互謙互讓中得到圓滿解決，而良好的人際關係和氛圍也會得以維持。

　　伊蒂絲小姐住在紐約一個森林公園附近，因此她經常帶著她的蜜雪兒 —— 一隻小沙皮狗去散步，蜜雪兒是一隻和善而不傷人的小狗；因為在公園裡很少碰到人，伊蒂絲時常不給蜜雪兒拴狗鏈或戴口罩。

　　一天，伊蒂絲正牽著她的狗散步時，碰到一位騎馬的員警，他好像迫不急待的要表現出他的權威。

　　那位員警向伊蒂絲喝斥道：「妳為什麼讓妳的狗跑來跑去，不給牠拴上鏈子或戴上口罩，難道妳不曉得這是違法的嗎？」

　　伊蒂絲輕柔的回答：「是的，我曉得，不過我認為牠不至於在這裡咬人。」

　　「妳不認為！妳不認為！法律是不管妳怎麼認為的，牠可能在這裡咬死松鼠，或咬傷孩子。這次我不追究，但假如下回再給我看到這隻狗沒有拴上鏈子或套上口罩在公園裡的話，妳就必須跟法官解釋啦。」

　　伊蒂絲客客氣氣的答應照辦。

　　伊蒂絲確實照辦了，並且是好幾次都乖乖照做。但是，她的小狗不喜歡戴口罩，因此，她們決定碰碰運氣。事情很順利，但接著她們撞上了暗礁。

　　一天下午，伊蒂絲和蜜雪兒在小山坡上賽跑。突然間，很不幸的是，伊蒂絲看到之前那位騎馬的員警。蜜雪兒跑在前面，逕直向那位員警跑去。

第二章　舌粲蓮花—聰明的女人說話恰到好處

　　這下糟了，伊蒂絲決定不等那位員警開口就先發制人。她說：「警察先生，這下你當場逮住我了。我有罪，我沒有其他藉口了。你上星期警告過我，若是再帶小狗出來而不替牠戴上口罩你就要罰我。」

　　「好說，好說。我知道在沒有人的時候，誰都忍不住要放這麼一條小狗自由。」員警回答的聲調很柔和。

　　伊蒂絲回答：「的確是忍不住，但這是違法的。」

　　員警反而為伊蒂絲開脫道：「像這樣的小狗大概不會咬傷別人吧！」

　　「不，它可能會咬死松鼠。」伊蒂絲說。

　　「哦，你大概把事情看得太嚴重了。我們這樣辦吧！妳只要帶牠跑過小山，到我看不到的地方，事情就算了。」那位員警告訴伊蒂絲。

　　那位員警同樣也是人，他要的是一種被當作重要人物的感覺；因此，當伊蒂絲自責的時候，唯一增強他的自尊心的方法，就是以寬容的態度表現慈悲。

　　但如果伊蒂絲有意為自己辯護的話 —— 嗯，妳是否跟警察爭辯過呢？結果可想而知。

　　不過，伊蒂絲不和他正面交鋒，她爽快的、坦白的、熱誠的承認那位員警沒錯，而是自己錯了。因為伊蒂絲站在那位員警那邊說話，所以他反而為伊蒂絲說話，整個事情就在和諧的氣氛上結束了。

　　伊蒂絲的親身經歷告訴我們，迅速而熱誠的承認自己錯了，比妳去爭辯有效得多，而且能夠得到他人的諒解。

　　妳要是知道有某人想要或是準備責備妳，就自己先把對方要責備妳的話說出來，那他就拿妳沒有辦法了。十之八九他會以寬大、諒解的態度對待妳，忽視妳的錯誤 —— 正如那位員警對待伊蒂絲和蜜雪兒那樣。

因此，當我們知道免不了會遭受責備時，何不搶先一步，自己先認錯呢？聽自己譴責自己比挨人家的批評要好受得多！用爭鬥的方法，妳絕不會得到好的結果，但用主動認錯的方法，收穫會比預期的高出許多。

幽默的女人更聰慧

幽默是溝通最好的調解劑，培養幽默感有助於彼此的溝通。在通常情況下，真正精於溝通藝術的人，其實就是那些既善於引導話題，同時又善於使無意義的談話轉變得風趣幽默者。這種人在社交場合上往往如魚得水、左右逢源，可算是人際溝通中的幽默大師。

幽默並不是男性的專利，女性也應當適度展現幽默的天賦。幽默是展示女性的靈性和智慧的一扇窗戶，幽默會讓女性顯得更為可貴和可愛。

幽默是一種優美的、健康的特質，更是一種生活的智慧和情趣。通常，女人都喜歡幽默的男人，因為跟他們在一起會心情放鬆，同樣男人通常也喜歡幽默的女人，因為跟她們在一起沒有壓抑的感覺，更不會感覺到死板。

三位女人到一間公司面試一份祕書工作，面試的最後一個問題是：「如果妳發現妳這個月的薪水多出一百美元，妳會怎麼處理？」

第一位答道：「我會直接通知有關部門，先生！」

第二位答道：「我會寫一張通知到有關部門，低調處理！先生！」

第三位答道：「先生，坦白的告訴妳，我會當作什麼事都沒發生過，然後給自己買一件上衣。」

妳猜誰會被錄用？

答案是買上衣的女人！

可見，幽默的女人會給人留下深刻的印象，因為她是一個熱愛生活的人，讓人時刻能感受到她身上那種淡淡的從容和無懼，感受到她對生活的熱情。

幽默的女人更具魅力

幽默能給別人帶來快樂，更能讓妳在社交場合大受歡迎。生活中，幽默的男人很多，而幽默的女人卻不多見。其實，女人幽默一點，會成為她身上的一個亮點，讓她變得與眾不同，更加出色。

什麼樣的女人更容易贏得成功，生活品質更高呢？答案是：富有幽默感的女人。正如一個女孩問男友：「你是喜歡我的溫柔可愛呢，還是喜歡我的聰明美麗？」男友回答說：「我喜歡妳的幽默感！」

每個女人都需要培養自己的幽默感，女人一旦喪失了幽默感，雖然外表美麗迷人，卻會讓人覺得感覺上有所欠缺。就好像有人說過的一句話：「沒有幽默感的女人，就像鮮花沒有香味，只有形，沒有神，可惜了光鮮的外表，看上去，總是差那麼一口氣。」

有一個剛畢業的大學生，求職經歷很是不順利。一次，她求職一家公司的祕書職位，在網路上把履歷發出去以後，對方很快將未能錄用她的通知用電子郵件發給了她。但可能是系統出現了什麼錯誤，對方接連發了兩封電子郵件給她。她於是就幽默了一把，根本沒有想到這把幽默還能夠給她帶來什麼好運，她這樣回信說：「既然您對沒有錄用我表示如此的遺憾和內疚，那麼為什麼就不能給我一次面試的機會呢？」然而，她萬萬沒有想到，可能就是由於那封信的原因，對方給了她一個更好職位的面試機會，並且她順利通過了。

在後來與外國經理的相處過程中，她也總能夠抓住機會幽默一下，使得本來尷尬的氣氛變得緩和，而且，結局永遠是快樂的。

例如，有一次，外國經理不小心把一杯可樂打翻在辦公室裡的地毯上，他很不好意思的對這個女孩說：「一會兒蟑螂部隊肯定會大規模的襲擊辦公室。」這個女孩想了想，微笑著看著經理說：「絕對不會，因為亞洲的蟑螂只喜歡吃中式料理。」經理很愉快的看著他，放聲大笑，在以後的日子裡，她很得到這位經理的器重，工作也非常順利。

一個說話處處流露出幽默感的女人是可愛的。她詼諧的談吐和可愛的表情，會讓每一個與之交談的人都開心、愉快，更會給眾人留下極深刻的印象。這樣的女人必然會在眾人之中脫穎而出，成為人們經常提起的熱門人物。

幽默是化解尷尬的祕密武器

曾經有人把幽默歸結為一種魅力商數，一個女人如果擁有了幽默的特質，她不僅能在不知不覺中增加自己的魅力，而且能為她周圍的環境帶來和諧的氣氛，因為幽默的女人往往透過會心一笑來填補人際間的思想溝通，聯結人與人之間的情感，增進彼此間的相互信任，只要幽默得體適時，就能放鬆神經，活躍氣氛，創造出和諧美好的環境，置身於這種環境，我們交流起來才能心情舒暢，精力充沛。

筱麗是個快樂的農村女孩，她在一家飯店工作。一天，一個顧客把她叫到自己桌前，怒氣衝衝的對她說道：「那桌客人點的是烤雞，我要的也是烤雞，為什麼他的比我的大很多？妳們是不是有兩種烤雞？還是看人上菜？」

「噢！是這樣的，先生，這隻雞前不久自主減肥了，這可是萬裡挑一的

77

啊。」筱麗一邊不慌不忙的說著，一邊做了一個健身的動作，逗得一邊的顧客都笑了。

「是嗎？這麼說我還挺有福氣的啊？哈哈」顧客也被筱麗的說辭逗得忍俊不禁，一場投訴就這樣化解了。

適當的幽默能幫助女性與他人建立和諧的關係，贏得別人的信任和喜愛。一個女人無論從事什麼工作，無論處在何種地位，與人交流是不可避免的。幽默不僅能幫女性更好的與他人進行有效的溝通和交流，還能幫助她們處理一些特殊的人際關係問題，讓她們能順利的擺脫困境。

一位女鋼琴家一次在美國邁阿密演奏，結果發現到場的觀眾不到五成。這讓她既失望又尷尬。但她並未因此就取消演奏，而是以幽默的語言打破了僵局。女鋼琴家微笑著走上舞臺，對前來的觀眾說：「我想這個城市的人一定很有錢，因為我看到你們每個人都買了兩三張票。」話音一落，大廳裡立即充滿了笑聲。

幽默的女人是充滿智慧的，並且到處受人歡迎，她們可以化解許多人際間的尷尬和衝突，更可以帶給人歡樂，甚至可以化腐朽為神奇。

蘇菲亞是一位著名的喜劇女演員，一次她正坐在某餐廳裡用午餐。這時有一位老婦人走向她的餐桌。舉起手來摸摸蘇菲亞的臉龐。老婦人的手指滑過她的五官，帶著歉意說：「我看不出它有多好。」、「省省妳的祝福吧！」蘇菲亞說，「我自己看也沒覺得多好看。」

蘇菲亞的這一妙語，打破了雙方的尷尬局面。如果妳想在與人交流時給人留下一個良好的印象，就要善於運用幽默的力量。

幽默是女人心靈的光輝與智慧的結晶，每當遭遇到尷尬時，幽默的女人會進行調劑。這不但會使她與周圍的人氣氛輕鬆活躍，還能為她的生活和工

作帶來意想不到的收穫。

女人要善於培養自己的幽默感

幽默是上天賜予每個人的法寶，只是有的人總是找不到使用的正確方法，讓這件法寶變得一無是處，但是一個聰明的女人，是知道如何運用這一個法寶的。因為她知道自己很溫柔，很嫵媚，並且善於交際，也很有智慧，但是如果缺少了幽默，也就缺少了一份魅力，一份吸引別人注意自己的機會。

幽默的女人是有智慧的女人。幽默是真正的智慧結晶，經過生活的歷練，仍然保持了一份豁達、自信，絕不輕言放棄的生活態度。生活可以從另一個角度去解讀，女性的魅力就在這輕鬆愉悅的語言中，變得清晰起來，變得生動而有韻味，這樣的女人無時無刻不散發真正的魅力。

幽默的女人是豁達的。她們對事物看的很透徹，不會因為困難而退縮。因為看得通透，所以無論遇到什麼樣的事情，她們一直都很樂觀。她們早就知道，生活原本就是那個樣子的，妳為難也好，困苦也罷，其實都可以一笑了之。和這樣的女人交流很是輕鬆自如，總會讓妳有一種如沐春風的感覺。

幽默是女人的祕密武器，每個女人都想成為幽默的人，但是並非每個女人都能成為幽默的人，因為，學會幽默對於女性來說，並非一件容易的事情。

那麼，怎樣培養幽默感呢？

1. 不斷豐富自己的知識。

幽默是一種智慧的表現，它必須建立在豐富知識的基礎上。一個人只有有審時度勢的能力，廣博的知識，才能做到談資豐富，妙言成趣，從而做出

恰當的比喻。因此，要培養幽默感必須廣泛涉獵，充實自我，不斷的從浩如煙海的書籍中收集幽默的浪花，從名人趣事的精華中擷取幽默的寶石。

2. 靈活運用修辭手法。

極度的誇張、反常的妙喻、順口拈來的借代、含蓄的反話，以及對比、擬人、對偶……都能構成幽默。另外，選詞的俏皮、句式的奇特也能構成幽默。表達時，特殊的語氣、語調、語速以及半遮半掩、濃淡相宜或委婉巧妙、引而不發 —— 甚至一個姿勢、一個心照不宣的微笑，都能表達意味深長的幽默和風趣。

3. 培養高雅的情趣。

幽默是有雅俗之分的。好的幽默不但令人笑，笑之後精神還為之振奮，情操得到陶冶，感情得到滿足，得到美的享受，而且也表現了幽默人的修養、氣質的高超。而低俗的幽默，是智力貧賤的產物，使人覺得荒唐、無聊與庸俗，低俗的幽默者是不會得到真正的朋友的。

在一家飯店，一位顧客生氣的對服務生嚷道：「這是怎麼回事？這隻雞的腿怎麼一條比另一條還要短一截？」服務員故作幽默的說：「那有什麼關係！你到底是要吃牠，還是要和牠跳舞？」顧客聽了十分生氣，一場本來可以化為烏有的爭吵便發生了。

所以，幽默應高雅得體，態度應謹慎和善，不傷害對方。幽默且不失分寸，才能促使人際關係和諧融洽。

幽默不應只是為笑而笑，它應該是在嚴肅和趣味之間達到一種平衡，它應該使人睜開眼睛更好的認識世界，認識自己，調整錯誤的觀念，使我們的身心和周圍的一切均衡成長，實現更高級的文明。

　　總之，培養自己的幽默感，並非是一朝一夕的事情，只有在日常生活中處處留心，經常向幽默高手學習、互動，妳才有可能成為一個有幽默感的女性。那樣的話，妳也一定能贏得更多人的喜歡。

善良的女人懂得勸慰他人

　　給予不幸者以安慰，是善良女人的一種美德；當妳周圍的人遭到不幸時，及時送上真誠的安慰，是妳應盡的責任和義務。

　　生活中難免會需要我們去安慰人，也難免會有需要接受別人安慰的時候。安慰人其實是一門藝術，很多人不得其法往往安慰不成，反而增添其煩惱。

　　當有人在工作、生活、情感出現問題而傷心難過時，很多人就會好言相勸「沒關係，堅強一點」。不然就幫忙分析問題，告訴他「你應該怎麼做」，還有些人會批評對方：「我早就跟你說過……」其實，這些做法不僅不能使人得到安慰，還會使對方更加傷心。

　　殊不知，每個被苦惱折磨的人，在尋求安慰之前，幾乎都有過一連串不斷嘗試、不斷失敗的探尋經歷。所以，我們所要做的就是，探索對方走過的路，了解其抗爭的經歷，讓他被聽、被懂、被認可，並告訴他已經做得夠多、夠好了，這就是一種安慰。

　　因此，安慰人要講一些技巧，要根據對方的心理活動，隨時敏銳的掌握被安慰者心理微妙的變化，適時的說出吻合當時狀態的話或採取行動，給予最貼心的撫慰。

　　一個朋友生病了，你到醫院或到他家裡去看他，你也許會說：「安心的休

養一些時候吧！不久一定會康復的。」很多人也都這麼說，你大概以為這是最妥當的安慰了吧？但從實際效果看來，這兩句話不過是一種善意的祝願，卻不能算是安慰。「你不久一定會康復的」，除了醫生，病人不會因為從任何人口裡聽到這話而感到寬心。所以，看望病人應以不提或少提病情為好。

有人去探望一年中因舊病頻頻復發而第五次住院的老朋友，以自己戰勝病魔的經歷，做風趣的現身說法：

「這家監獄（醫院）我非常熟悉，因我曾經是這裡的『老犯人』，被『關押』在此總共 12 個月，對這裡的各種『監規』瞭若指掌。我『沉著應戰』，毫不氣餒。有時，我自己提著點滴上廁所，被病友稱作是『蘇三起解』；有時三天不吃飯，被醫生稱作為『絕食抗議』；有時接連幾天睡不著覺，就乾脆在床上『靜坐示威』。300 多個日日夜夜，我就這樣鬥爭著挺過來了。如今我不是已經『刑滿釋放』了嗎！你儘管是『五度入監』，只要像我這樣『不斷鬥爭』，就一定會大獲全勝！」

這番話說得老朋友和同室病人都樂了，大家的心情也都輕鬆起來，老朋友的病也似乎感覺輕了幾分。

你去探望病者不是一定要直接的說安慰話。因為那些安慰的話也許他聽得太厭煩了。病榻的生活是最無聊最枯燥的，給他說說外面有趣的新聞，一些幽默的生活描述，讓他從你的探視中得到一點愉快，這也許就是給他最大的安慰。他也許會將你的話進行喜悅的回味。

最好的安慰是無言的微笑

微笑總是能使傷心的人快樂，使難過的人快樂，煩惱的人快樂。笑，總是給痛苦的人最大的安慰。

現實生活中，總有很多人需要我們去安慰，比如：病人和病人的家屬、死者的親人、失戀者、失敗者。此刻，萬不可吝惜妳的微笑，用微笑去安慰他們，如此，妳就會擁有更多的朋友。

一天晚上，王濤還在辦公室裡工作。祕書劉娜急匆匆的跑進來，一副氣喘吁吁的樣子。

王濤抬頭看看她，安慰的說：「別著急，劉娜，妳有什麼事慢慢的說！」

劉娜歇了一會兒，說：「剛剛你的朋友打電話來，告訴我，你的好友雅芳病了，她住在榮總醫院！」

「謝謝你，劉娜！」

雅芳和王濤是同鄉，王濤在外地求學的時候，雅芳曾給了他很多照顧，於是，王濤決定乘著黃昏去探望她。

王濤離開辦公室後，買了一束鮮花，便立即趕到榮總醫院。然後，他敲了敲雅芳的病房，從裡邊傳來微弱的聲音：「請進！」

王濤輕輕推開門，把鮮花放在雅芳的身旁。雅芳見王濤來探望自己，心中很高興：「謝謝你，老朋友！」

王濤問：「妳現在感覺如何？」

「好多了！」

王濤繼續說：「妳真幸運，但願此刻我也能生點小病，可以不用工作多休息幾天。」

雅芳被逗笑了，便說：「你真想生病嗎，那就代替我吧！」

此刻，王濤的臉上洋溢著微笑：「但願如此，小時候，每當我一有點小毛病，媽媽總是雙手合十為我祈禱，求佛祖賜福給我！」

「那時候我也是一樣的。」

於是，兩人就開始聊起了童年，故鄉、故鄉中美麗的那條河。

王濤的這次探病是一次成功的探訪，他充分展現出了他施以同情的微笑妙計，鞏固了友誼。

微笑可以給人最大的安慰，撫平人受傷的心靈，可以說，微笑是人心靈最好的良藥。因此，在安慰他人時，我們要記住使用這個技巧。

學會安慰他人的方法

安慰人是一門技巧，是一種為別人調節心理的大學問。朋友打電話告訴你，他失業了；同事的檢查報告出爐，確定他得了癌症；大學同學正經歷婚變，可能會離婚；好朋友的媽媽得了老年痴呆症；岳父突然死亡，而老婆為來不及見最後一面而抱憾⋯⋯

面對這些傷痛或難堪，身為朋友能幫什麼忙？怎樣幫忙才有效？要幫到什麼程度？當朋友痛哭無語時，該如何按捺內心的不安與疑問，傾心聆聽並安撫他的痛苦與焦慮？

下面，我們介紹一些方法：

1. 針對不同的情況給予不同的安慰

如果被安慰者面臨事業上的不如意，妳就需要對其強烈的事業心給予充分理解、支持。這個時候，理解應多於撫慰，鼓勵應多於同情。妳不必勸慰對方忘掉憂愁、痛苦，更休想說服對方隨波逐流，放棄他的理想、追求。最好的安慰，就是幫助對方總結經驗教訓，分析所面臨的諸多有利與不利的條件，克服灰心喪氣的情緒，樹立必勝的信念，並共同探討通向事業頂峰的光明之路。

如果被安慰者不幸身患重病，則不必過多談論病情。你應該多談談病人關心、感興趣的事情，以轉移對方的注意力，減輕精神負擔。比如盡量多談點與對方有關的喜事、好消息，使他精神愉快，更有利於早日康復。

如果被安慰者因為生理缺陷或因出身、門第而被人歧視，安慰他時就應多講些有類似情況的名人的模範事蹟，鼓勵他不向命運屈服，抵制宿命論的思想，使他堅信只要充分發揮人的主觀正向作用，仍然能夠爭取人生的幸福，實現人生的價值。

2. 傾聽對方的苦惱

由於生活體驗、家庭背景、所受的教育、工作性質等不同，形成了每個人對於苦惱的不同理解。因此，當試圖去安慰一個他人時，首先要理解他的苦惱。安慰人，聽比說重要。一顆沮喪的心需要的是溫柔聆聽的耳朵，而非邏輯敏銳、條理分明的腦袋。聆聽是用我們的耳朵和心去聽對方的聲音，不要追問事情的前因後果，也不要急於做判斷，要給對方空間，讓他能夠自由的表達自己的感受。聆聽時，要感同身受，對方會察覺到我們內心的波動。如果我們對他的遭遇能夠「悲傷著他的悲傷，幸福著他的幸福。」對被安慰者而言，這就是給予他的最好的幫助。

3. 安慰是同情，但不是憐憫

同情是一種真心實意的善良心情，彼此應站在完全平等的地位上交流思想感情，給對方精神上、道義上的支持，並分擔對方的感情痛苦。與之相對的是，憐憫不是平等的思想感情交流，不是精神上、道義上的敬贈，而是一種上對下、尊對卑、強者對弱者、勝者對敗者、幸運者對不幸者的感情施捨。

說出同情的話語，帶著勸慰也帶著鼓勵，要語氣低沉而富有力量，而且

盡量不要當面說出「可憐」、「造孽」等詞語。憐憫的話語，只有一味的悲傷，語氣低沉、無力，而且把「可憐」、「造孽」等詞語經常掛在嘴邊，仿佛在欣賞、咀嚼對方的痛苦。

所以，你應該記住的是，安慰別人需要同情，但切不可憐憫。

4. 安慰需要換位思考

安慰別人最大的障礙，常常在於安慰者無法理解、體會、認同當事人所認為的苦惱。人們容易將苦惱的定義局限在自我所能理解的範圍中，一旦超過了這個範圍，就是「苦」得沒有道理了。由於對他人所講的「苦」不以為然，因此，安慰者容易在傾聽的過程中產生抗拒，迫不及待的提出自己的見解。因此，安慰者需要放棄自己根深蒂固的觀念，承認自己的偏見，真正站在對方的角度去看他所面臨的問題。

5．運用善意的謊言進行安慰

善良的謊言，有時勝過不該說的真話。在安慰別人時，適時的謊言往往就能起到意想不到的作用。

這裡所說的謊言，當然是指善良的謊言，即為了減輕不幸者的精神痛苦，幫助不幸者重振面對生活的勇氣。比如對於本來就感情脆弱、意志薄弱、身體虛弱的不幸者，其心靈已經傷痕累累，不堪重負。如果再如實的將他所面臨的噩耗講出來，對方就有可能因承受不住沉重的打擊而一蹶不振，甚至危及生命。所以，這種特殊情況下，與其立即如實相告，還不如暫時隱瞞真相。當事人以後明白了真相，只會感激、不會埋怨。即使當時半信半疑，甚至明知是謊話，通情達理者仍會感到溫暖、寬慰。因為他是被關懷、愛護，而不是被欺騙、愚弄。

第三章
人際交流 —— 聰明的女人說話左右逢源

　　說話是人際交流中必不可少的重要環節，關係到與他人交流的效果甚至成敗。日常生活中善於交際的女人往往都是談話的高手，她們總能把話說得滴水不漏，左右逢源。如果妳也想成為談話高手和交際能手，必須要掌握一些說話的技巧。

寒暄是人際關係的第一句

　　寒暄，是社交中雙方見面時互相問候的應酬話。寒暄好像是樂曲的前奏，並不是無足輕重的，實際上，巧妙的寒暄是與人繼續交流的最好的鋪墊。所以寒暄不是簡單的打招呼，也不是輕描淡寫的問候，而是一種必要的溝通。在交際過程中，與人見面開始，聰明的女人總會說上幾句應酬的話，從而溝通彼此的感情，創造出一種和諧的氣氛。

　　有些女性朋友可能都會有這樣的經歷，在與人初次見面時，由於彼此都不太了解，往往容易陷入無話可說得尷尬場面。此時，妳不妨以一些寒暄語做開頭。

　　跟初次見面的人寒暄，最標準的說法是「您好！」、「很高興能認識你」、「見到您非常榮幸」。若要比較文雅一些的話，可以說「久仰」或者「幸會」。若想隨便一些，也可以說「早聽說過您的大名」、「某某人經常跟我談起您」，或是「我早就拜讀過您的大作」等等。跟熟人寒暄，用語則不妨顯得親切具體一些。可以說「最近忙些什麼呢？」，也可以講「您氣色不錯」等。雖然這些寒暄語大部分並不重要，但它能使談話的雙方迅速擺脫尷尬的沉默。在寒暄時，妳的語氣要輕鬆柔和、充滿感情，讓對方徹底放鬆，這樣才能讓對方很順利的接受妳。

　　寒暄是人與人交談的潤滑劑，它能有效拉近雙方的距離。因此，寒暄是我們人際交流中必不可少的一部分。

　　下面是幾種比較常見的寒暄方式：

1. 問候型

問候型寒暄的用語類型比較複雜，總結起來主要有以下幾個方面：

（1）表現禮貌的問候語如「早上好」、「您好」之類。交談者可以根據不同的對象、場合、環境、進行不同的問候。

（2）表現對對方關心的問候語如「最近身體好嗎？」、「生意還可以吧？」、「最近工作進展如何，還順利吧？」

（3）表現思念之情的問候語如「好久不見，近來怎麼樣？」、「多日不見，我可想念你了」等等。

2. 顧左右而言他型

「今天天氣不錯。」這類話也是日常生活中常用的一種寒暄方式。尤其是陌生人之間見面，一時難以找到話題，就會說類似：「今天天氣很冷吧」之類的話，能夠打破尷尬的場面。言他型寒暄形式用於初次見面非常合適。

3. 觸景生情型

觸景生情型是針對具體的交談場景臨時發出的問候語，比如對方剛做完某件事，或正在做某件事以及將要做什麼，都可以作為寒暄的話題。比如，早晨在家門口或路上問：「早安，上班嗎？」，在餐廳裡問：「吃飽了嗎？」，這種寒暄隨口說來，自然得體。

4. 誇讚型

心理學家根據人的天性曾做出一個結論：可以令人們在平和的精神狀態中度過幸福人生的最簡單的準則，就是給人以讚美。身為社會中的一員，每個人都希望得到別人的肯定和承認，需要別人的誠意和讚美。比如，妳的同事新穿了一件很漂亮的衣服，妳可以用讚美的語言說：「純文，妳穿上這件洋裝更加漂亮了」，這位同事聽後自然會很高興。

打招呼也有講究

見面打招呼、問好是人們在交流中借助交談互表友好和認定的一種方式。

人與人見面，無論是與熟人擦肩而過，或是在某種場合相聚，或者出於某種目的必須與陌生人說話，就得打招呼或問候，這是一種最常見的禮貌行為。

打招呼看似簡單，實際上也有一定的講究，如果不能很好的掌握打招呼的技巧，就會造成彼此的尷尬和不快。

看看下面兩個例子：

例1：傍晚時分，李亮走在街上，迎面看到王叔叔從公共廁所出來，就熱情的打招呼：「王叔叔，您吃壞肚子啦！」王叔叔一臉的不高興的「哼」了一聲走了。

例2：張小姐身材較胖，但總喜歡別人說她瘦。有一天，她穿了一件洋裝，看樣子挺高興，李亮碰見她，就打招呼說：「張小姐，又瘦了。」她以為是說自己瘦了，就高興的說：「真的？」李亮說：「我說衣服！」張小姐一聽就生氣了，因為觸動了她的痛處。

由此可見，打招呼要注意時間、地點、場合，不同的情況說不同的話；還要注意尊重別人，不要拿人家的缺點開玩笑。

下面是打招呼的一些基本要求：

1. 主動

雙方見面，不管彼此年齡、地位有何差距，一般應先主動大方與對方打招呼，如果你是長輩，會顯得和藹可親，如果你是晚輩，則會顯得彬

彬有禮。

2. 得體

人們見面喜歡互相問候，而且越是先問候別人，越顯得熱情、有教養，知禮懂禮。例如工作中最普遍的是「你好！」、「再見！」等話，有時再加上一句恰當的稱呼，如：「王師傅，您好！」、「李老師，再見！」就會顯得親密。當然隨著社會的發展、人們觀念的變化，招呼、問候的語言越來越豐富，但其中最重要的不是說什麼，而是主動的態度。

3. 適度

(1) 與場合相符。選擇招呼的方式、語言要考慮環境、場合因素，生活化的場合、關係密切的人之間可以運用輕鬆隨意的打招呼方式和語言，而在工作、社交乃至國際交流中就應該選用較正式的招呼方式和語言。

(2) 與自己的身分相符。通常問候之後，人們會很自然的行見面禮，以示友好。這時你要注意依照自己的身分來選擇是否施禮或行哪一種的禮節。

聰明的女人敢與陌生人說話

很多女性與朋友之間進行交流溝通不會存在太大的問題，但是如果與陌生人交流的時候就會產生一些不知道如何處理的情況。與陌生人談話是說話藝術中的一大難關。處理好這一步可以使人結識很多有趣的朋友。處理不好會引起尷尬，失去很多機會。

或許你已經發現，在陌生的社交場合中，90%以上的女性都在等待別人主動向自己打招呼，只有極少數的女性會走到別人面前，一邊伸手一邊自我介紹。這種現象中，其實正包含著溝通成敗的特殊密碼。

第三章　人際交流—聰明的女人說話左右逢源

三國時代的魯肅是一位交際的能手。他跟諸葛亮初次見面時的第一句話是:「我是你哥哥諸葛瑾的好朋友。」只憑這一句話就使得交談雙方心心相印,為孫權跟劉備結盟共同抗擊曹操打好了基礎。

可見,只有當妳主動開口和陌生人交流才能消除素不相識所帶來的隔閡,才能發展成為朋友。其實,老朋友都是由新朋友發展而來的,新朋友都是從陌生人發展來的。培養自己和陌生人溝通的習慣是擴大自己的交際圈和人際關係的保障。

與陌生人交談的最大困難在於不了解對方,因此首先要盡快熟悉對方,消除陌生感。妳可以先行自我介紹,再去請教他的姓名職業,再試探性的引出彼此都感興趣的話題。如果還未提及自己的情況就開口先問對方,對方可能並不願意回答。一般情況下,若妳主動提及了自己某方面的情況,對方多半也會樂意在這些方面談他的情況。

與陌生人交談,要善於尋找話題。有人說:「交談中要學會沒話找話的本領。」所謂「找話」就是「找話題」。寫文章,有了個好題目,往往會文思泉湧,一揮而就;交談也一樣,有了個好話題,就能使談話融洽自如。那麼如何找到話題呢?

1. 留心觀察

一個人的心理狀態,精神追求,生活愛好等等,都或多或少的在他們的表情,服飾,談吐,舉止等方面有所表現,只要你善於觀察,就會發現你們的共同點。例如,他和妳一樣都穿了一雙愛迪達氣墊運動鞋,妳可以以愛迪達鞋為話題開始你們的談話。

2. 以話試探

兩個陌生人相對無言，為了打破沉默的局面，首先要開口講話，可以採用自言自語，例如「今天真是太冷了」，對方聽到這句話便可能會主動回答將談話進行下去。還可以以動作開場，隨手幫對方做點事，如推一下行李箱等；也可用發現對方口音特點，打開開口交際的局面，例如：聽出對方的口音說：「您是臺中人吧？」藉此話題便可展開。

3. 以對方為話題

人們往往千方百計的想使別人注意自己，但大部分的「成績」都令人失望，因為他不會關心你、我，他只會關心他自己。因此，以對方作為談話的開端，往往能令他人產生好感。讚美陌生人的一句「你的衣服顏色搭配得真好。」、「你的髮型很時尚。」能使他快樂而緩和彼此的生疏。也許，我們大多數人都沒有說這些話的勇氣，不過我們可以說：「您看的那本書正是我最喜歡的。」或是「我看見您走過那家便利商店，我想……」

4. 細加揣摩，仔細分析

為了發現與陌生人的共同點，應該留心那些你需要交際的人跟別人的談話，對他們的談話進行分析，揣摩。如果你能夠與要交際的人直接談話，更要認真揣摩對方的話語，從中發現共同點。

在一家大型百貨商場，一位軍官對服務員說：「請幫我找一件特大號的服裝。」

這位軍官是香港人，把「我」說成了地道的廣東話。同時，另一位在也在部隊服役的軍官，聽了這句話，也用手指著貨架上的某一商品對服務員說了一句相同的話，兩句話的字裡行間都滲透著廣東話的家鄉味。

　　兩位陌生人相視一笑，各自買了要買的東西，出門就談了起來，從家鄉問到部隊，從眼下的任務談到這些年來走過的路，並介紹著各自將來的打算。

　　身在異鄉的一對同鄉的親熱情誼，不知情的人怎麼也不會相信是因為揣摩對方的一句家鄉話而帶來的。可見，細心揣摩對方的談話確實可以找出雙方的共同點，使陌生的路人變為熟人，再發展成為朋友的。

給人留下完美的第一印象

　　我們常說「給人留下一個好印象」，一般就是指第一印象，說的是人與人第一次交流中給人留下的印象。因此，在求職、接待客戶等社交活動中，我們可以利用這種效應，展示給人一種極好的形象，為以後的交流和溝通打下良好的基礎。

　　所謂第一印象是對不熟悉的對象第一次接觸後形成的印象。初次見面時，對方的言談、儀表、風度所給我們的最初印象往往形成日後交流時的依據。一般人通常根據最初印象而將他人加以歸類，然後再從這一類別印象中對這個人加以推論與作出判斷。人與人之間的相互交流、人際關係的建立，往往是根據第一印象所形成的論斷。

　　王宏民是某公司銷售部北部的負責人，因為工作需要，他要到一家公司與經理面談。

　　王宏民到那個經理辦公室的時候，正好遇上經理在批評下屬。那個經理對著犯錯的下屬咆哮著，毫不顧及王宏民的來訪，等訓斥完了，還大聲的命令下屬「馬上滾蛋」。這個經理的行為讓王宏民感到異常的不舒服，他覺得自己來錯了地方。晚上，經理和他的下屬宴請王宏民，陪同的人員裡有一個

人不擅長喝酒。「不會喝酒的男人，哪裡是真的男人！」經理不滿的斥責下屬，就當王宏民不存在似的。這讓王宏民十分尷尬，只好靠轉移話題來化解。但是沒想到酒過三巡的時候，那個經理又開始批評飯桌上的酒菜，甚至還用帶著明顯奉承的口氣，對王宏民家鄉的飲食大加讚賞。王宏民心裡很清楚，這個經理過度的誇張，無非為了要討好他。等王宏民回去後，馬上終止了和這家公司的合作，因為在他看來，這家公司的經理給他留下了簡直是無法容忍的、糟糕透頂的第一印象。王宏民根本不敢想像要和如此沒有修養、不懂得做人基本禮貌的人進行合作的樣子，他認為這樣的人遲早會被殘酷的商場所淘汰。

有一句諺語是這樣說的：「第一印象永遠不可能有第二次機會。」可見，良好的第一印象是交流成功、和諧人際關係的良好開端。第一次與人溝通是後續成功發展的關鍵。因此，女性朋友在與人的初次交流過程中，要注意給人以良好的第一印象。

那麼，怎樣才能給人良好的第一印象呢？從根本上說，它離不開提高自己的禮貌和修養水準，離不開進行日常的心理鍛鍊。心理學家提出下面幾條建議：

1. 衣著儀表得體

大家都了解第一印象的重要性，而研究發現，50%以上的第一印象是由你的外表造成的。妳的外表是否清爽整齊，是讓身邊的人決定妳是否可信的重要條件，也是別人決定如何對待妳的首要條件。

著裝打扮的好壞與否，對一個人給別人留下怎樣的第一印象是十分重要的。首先，一定要整潔得體。無論見什麼人，穿著整潔得體，會給別人留下好的印象。其次，要根據場合選擇自己合適的服裝。比如去一家新的公司面

試就應該穿著正式大方；拜訪客戶就應該穿著成熟穩重；而如果去參加同事的派對就應該自然個性。總之，不同場合有不同的服裝標準，切忌不分場合胡亂穿衣，會給人留下很差的印象。

2. 談吐要文雅

與人交談，妳要注視對方談話，贊成就點頭，有趣就微笑，不要隨意打斷別人的話，但可以詢問，以表示妳在用心聽。不要去問、去了解自己不需要知道別人不願意講的事情。

3. 待人要真誠熱情

與人講話時，態度應該誠懇，要避免油腔滑調，高談闊論，嘩眾取寵，壟斷話題，否則會使人感到不愉快。實事求是，態度熱情，往往給人一種信賴感，親近感，這有利於交流的繼續深入；反之，如果言不由衷拐彎抹角，態度冷淡，則給人一種虛假、冷淡的感覺，交流很難再深入下去。

4. 舉止要適度

行為舉止是一個女人的內在氣質、修養的表現。動作要注意禮貌，不要莽撞，切忌不懂裝懂，盛氣凌人，指手畫腳；不要對著人打噴嚏、咳嗽；不要歪歪斜斜的坐著，蹺二郎腿，說話時手舞足蹈、唾沫四濺；不要當眾剪指甲、挖鼻孔等。

聰明的女人要管好自己的嘴

俗話說得好：「病從口入，禍從口出。」能否管好自己的嘴，是一個女人自身素養是否成熟的重要標誌。

我們每個人都有一張嘴，這張嘴除了吃飯，就是要說話了。人一生中要說很多很多的話，有些話能給別人帶來溫暖，給自己帶來好處；有些話對人對己都是煩惱，甚至有損於自己的形象。

有個人請客，時間都過了，還有一大半的客人沒來。主人心裡很焦急，便說：「怎麼搞的，該來的客人還不來？」一些敏感的客人聽到了，心想：「該來的沒來，那我們是不該來的囉？」於是悄悄的走了。主人一看又走掉好幾位客人，越發著急了，便說：「怎麼這些不該走的客人，反倒走了呢？」剩下的客人一聽，又想：「走了的是不該走的，那我們這些沒走的倒是該走的囉！」於是又都走了。最後只剩下一個跟主人較親近的朋友，看了這種尷尬的場面，就勸他說：「你說話前應該先考慮一下，否則說錯了，就不容易收回來了。」主人大叫冤枉，急忙解釋說：「我並不是叫他們走啊！」朋友聽了大為光火，說：「不是叫他們走，那就是叫我走了。」說完，頭也不回的離開了。

主人不懂得說話的藝術，不知道在什麼場合該說什麼話，反而因為自己的無意而傷人。

三思而後行，這句古語說得確實不假。我們都知道禍從口出，假如沒有經過考慮直接說出口很容易產生一些自己不想要的後果。因此，要懂得對自己說的話負責任，不要想什麼就說什麼，等說出去了再開始後悔，可是，到那時候已經晚了。

說話是學問，會說話更是學問。一個受人喜歡的人，別人往往誇獎他說這個人會說話。可見，會說話不僅是一個人的優點，還是對一個人為人處世有方法不莽撞的褒獎。相反的，不會說話就會犯下錯誤。禍從口出，言多語失，不會說話與多說話都是不智慧的行為，會招來別人的反感，甚至給你帶來沉重的打擊。

現實生活中，不少女人可能都有「禍從口出」的經驗，想斷除口禍，非要下一番工夫不可，這就需要學會下面這幾點：

1.　不妄語 —— 人要「口出有實」、「言而有信」，不能隨便承諾自己無法做到的事，說誠實的話者能取得他人的信賴尊重，而妄語者則無法取信於人。

2.　不惡口：惡口者敗壞人格，令人討厭；應該學會培養慈言愛語，理直氣柔，並得理能饒人，「話多不如話少，話少不如話好。」對別人說些好話，會令人產生舒服的感覺。

3.　不搖唇鼓舌：搬弄是非生事端，使別人之間的感情破裂，是不道德的行為，要學會不道人短，能隱惡揚善，遠離搬弄是非，這樣才會獲得好人緣。

4.　不綺語：就是指不違背良心說好聽的話，不為自己的利益用甜蜜的口舌迷惑別人，所謂「巧言令色鮮矣仁！」要懂得唯有真實的話語才能感動他人。

謹慎開口，言多必失

言多必失，古人的遺訓想來是有道理的，可是，即便說話有這麼嚴重的危險後果，相當多的女人，這一生中最大樂趣的來源還是說話。

麗萍大學畢業後，應徵到一家私營企業做銷售主管。她有種初生牛犢不怕虎的精神，在工作上很有衝勁，經常會冒出一些好點子，上司因此很器重她。

在公司召開的各種會議上，麗萍總是滔滔不絕。她不僅針對自己部門的事情提出各種看法，還對其他部門提出建議。有一次，麗萍的部門準備開

會，但到了會議室才發現另外的部門正在討論問題，麗萍就跑了進去，大談特談自己的觀點，言語間難免露出驕傲的表情。這番指手畫腳的評論引起了部門同事的反感，再加上她一貫的自負，同事聯名在經理面前告了她一狀。

由此可見，管不住自己的舌頭的人，不僅容易傷人，而且容易惹禍。可以毫不誇張的說，一張嘴很可能決定了一個人的生活及事業的優劣成敗。慎言不是不說話，慎言是當說話時就說，不該說話時永遠不要說。

如今是資訊時代，更是交際時代。每天我們都會遇到不少場合，需要我們說上幾句合適的話，解決大大小小的問題。話說得好的人受人歡迎，能消除人與人之間的隔閡，甚至醫治他人心中的苦悶。可往往很多時候，我們的嘴就管不住了，話越說越多，越說越沒有分寸了。

《三國演義》裡面，蜀漢建興十二年，諸葛亮舉兵伐魏。剛開始的時候，連站皆告捷。士氣正旺。而當時只是大將軍的司馬懿則是堅守城池。不與蜀軍正面交鋒。兩軍在五丈原形成對峙。諸葛亮屢次擊戰鼓要求應戰，司馬懿卻不理會。自此，陷入僵局。

聰明的諸葛亮，派遣了使者送信和女人的衣服給司馬懿，諷刺他像個女人一樣，畏畏縮縮，不敢決一雌雄，是一個膽小如鼠的男人。氣得司馬懿幾乎吐血。但是，這司馬懿也是一個有非凡才能的人物，他不動聲色，反而笑著問使者：「亮說我像女人，我就是女人。我像女人一樣囉嗦的問一句，不知道亮最近吃睡如何？」使者在毫無警覺心之下，說出實情：「我們丞相勤於政事。事情不管大小都要親自過問，而且吃得很少。」

平常的一句話，司馬懿聽了卻非常高興。知道如此下去，諸葛亮肯定撐不了多久。就百般忍讓諸葛亮的諸多挑釁與侮辱。甚至完全當沒有聽到。諸葛亮終於因為操勞過度，病倒在五丈原。蜀軍伐魏大業痛失好局，只能班師

回朝。最後，諸葛亮病逝，反而成全了司馬懿。送信的使者，忘記了少說話的目的，只是一句話，卻間接的幫助了敵人。如果沒有讓司馬懿得知諸葛亮的生活作息狀況，惹怒了司馬懿派兵應戰，以當時蜀軍的氣勢，結局就不至於三國盡歸司馬懿了。

很多時候，自己的嘴巴會給自己惹來不少的麻煩。古人講慎言，就是說人說話要多加考慮，切不可信口開河，不知深淺，沒有輕重。所以，聰明的女人在說話前應該三緘其口，應該說的話則說，不應該說的話絕對不能說。

開玩笑要掌握分寸

玩笑是生活的調味品，但開玩笑要掌握尺度，掌握分寸，否則就會適得其反，弄巧成拙。

有一年「愚人節」的前一天，李女士接到一個外地朋友的電話，說第二天要來臺灣，詳細的告訴了她是幾點的航班，請她去機場接他並幫他預定酒店。因為是關係很不錯的朋友，李女士儘管工作很忙，還是滿口答應了。第二天，李女士先幫這個朋友訂好了酒店，又開車趕到機場去接。但苦等四個多小時也沒見到那個朋友。直到朋友給她發來簡訊，她才想起「愚人節」的事。但李女士很生氣，認為那個朋友的玩笑開得太過分了，自此對他失去了信任，與他的關係也就疏遠了。

在與人聊天時，開個得體的玩笑，幽默一下，可以鬆弛神經，活躍氣氛，創造出一個適合融洽交談的氣氛。但是，開玩笑也要講究時機和場合，更要看對象。

雪兒是一個平時愛說愛笑，性格開朗活潑的女孩。

一次在同學聚會上，雪兒遇到了同學程鵬，程鵬是個光頭，當得知他最

近高升後，雪兒就快言快語的說道：「你可真行啊，真是熱鬧的馬路不長草，聰明的腦袋不長毛。」說得大家哄堂大笑，程鵬氣憤的反駁道：「妳的腦袋才不長毛呢。」結果原本高興的同學聚會，鬧了個不歡而散。

開玩笑原本是一件好事，恰到好處的玩笑可以讓大家開懷一笑，活躍一下嚴肅的氣氛，消除對方的緊張感和敵意，拉近人們彼此之間的距離。許多大人物都是開玩笑的高手，能在不同的場合與不同的人們交流的很融洽。然而，許多開玩笑者原本沒有惡意，但開得玩笑卻不恰當，往往弄巧成拙，搞得對方不愉快，反而影響雙方的感情。那麼，如何掌握好開玩笑的分寸呢？

1. 開玩笑要看對象

人的性格各不相同。有的人活潑開朗，有的人沉鬱寡言，有的人豁達大度，有的人則小心多疑，對不同個性的人，要做到因人而異。同樣的玩笑，對有的人可以開，對其他的人就不能開，對男性可以開，對女性就不能開，對青年可以開，對老年人就不一定能開。如果不注意各人的特點和承受能力，就會傷害別人的自尊心，影響人與人之間的感情。本來是一次比較愉快的聚會，結果也可能弄得不歡而散。

2. 開玩笑的內容要高雅

開玩笑是運用幽默的語言有技巧的進行思想和感情交流的藝術，這就要求語言必須純潔、文雅。笑料的內容取決於開玩笑者的思想情趣與文化修養。內容健康、格調高雅的玩笑，不僅給帶對方啟迪和精神的享受，也是對自己美好形象的有力塑造。如果玩笑過於汙言碎語，不僅使語言環境充滿汙濁的氣味，對聽者也是一種侮辱，至少也是一種不尊重。同時也說明自己水準不高，情趣低俗。

3. 不要以他人的缺點來開玩笑

金無足赤，人無完人。不要拿別人的缺點或不足開玩笑，那並不能讓你顯得很幽默。你以為你很熟悉對方，隨意取笑對方的缺點，但這些玩笑話卻容易被對方覺得你是在冷嘲熱諷，倘若對方又是個比較敏感的人，你會因一句無心的話而觸怒他，以至毀了兩個人之間的友誼，或使兩個人之間的關係變得緊張。而你要切記，這種玩笑話一說出去，是無法收回的，也無法鄭重的解釋。到那個時候，再後悔就來不及了。

4. 看清開玩笑的場合

在開玩笑時一定要看清場合，看這種場合是否可以開這種玩笑，一般來說，嚴肅靜謐的場合，言談要莊重，不能開玩笑。而在喜慶的場合則注意所開的玩笑能否使喜慶的環境增添喜悅的氣氛，如果因開玩笑使人掃興就不好了。整體來說，在莊重嚴肅的場合不宜開玩笑，否則極易引起誤會。

打人不打臉，罵人不揭短

說出去的話就好比潑出去的水，正所謂「覆水難收」。因此，聰明的女人話到嘴邊就要仔細思量，切忌不可出口傷人，必須時時懂得「打人不打臉，罵人不揭短」的道理。

常言道：「金無足赤，人無完人。」人人都會有缺點，都會犯一些錯誤。所以，我們在與人交談或共事時，一定不能揭別人的底細，或直指其錯誤，拆別人的臺。

某公司的一位組長利用工作之便私吞公款 600 多元。這件事被反映到管理他們的一位副科長那裡。他想：處理要考慮到維護公司幹部的威信，從輕處理為好。於是，他便以這位組長平時工作表現較好為理由，做出了免於退

款，只做檢討的處分決定。

這件事傳開後，員工們沸沸揚揚，議論紛紛，說這樣處理太輕，沒有達到真正教育那位私吞公款的組長和警告他人的目的。許多員工還親自找了那為副科長，要求加重處罰，但這位副科長還是堅持了自己的意見。

這時，科長出差回來了，科長接受了群眾的建議，召開辦公會議討論此事，但在會上卻沒有人吭聲。此前，科長已經了解了情況，會議上冷場的原因他是知道的。他想：自己的老搭檔處理那位組長的方式是不當的，但若在會上直接去說那位副科長，效果肯定不好，很有可能讓副科長認為自己是在拆他的臺。但如果寓說服於建議中，他也許會接受。所以，他首先肯定了副科長的工作動機是好的。副科長聽後，心裡為之一震，氣消了人半，開始平心靜氣的思考問題。談論了一會兒，科長用建議的口吻對副科長說：「關於處理那位組長的事，要顧及後果。如果讓這位組長退還公款，並在組內公開檢討錯誤，他今後再管理別人呢，就會有底氣了，這樣處理是不是好些呢？」副科長想了一會，緊皺的眉頭鬆開了。他想：同樣一個動機，科長的方法比自己好，達到了動機與效果的統一。他認識到自己的錯誤後，連聲稱讚科長的處理方式好，使人茅塞頓開。這時，副科長帶頭同意科長的建議，嚴肅的處理了這個問題。事後，群眾無不稱讚副科長工作管理得好。

所以，與人說話盡量要做到委婉，彼此互不拆臺，使彼此之間相互了解、親近，這樣就能達到有效說話的目的。

有禮走遍天下，無禮寸步難行

「禮」作為一種具體的行為來講，就是指人們在待人接物時的文明舉止，也就是現在所說得禮貌。

　　禮貌是社會交流中的行為規範，也是個人修養的顯現。相比其他規範來說，禮貌的約束性小一些；相對於專業技能來說，禮貌的實際應用又不那麼突出。但是，如果缺少了禮貌，一個人會被別人視為缺乏修養而排斥，甚至惹出不愉快的事情來，自己也得不到絲毫的好處。「有禮走遍天下，無禮寸步難行。」從這個意義上講，沒有禮貌的人是舉步維艱的。

　　在社會交際中，語言是必備的也是最重要的工具之一。要想交際成功，講究禮貌是在使用語言表情達意的時候要特別注意的。「言為心聲」，語言是否文雅，反映了說話人的素養。素養高，尊重別人，說話就有禮貌，說話就文雅；相反的，素養差，不尊重別人，說話自然就缺乏禮貌。

　　有兩個女孩，是一所師範學校的畢業生，模樣姣好，穿著時尚，可就是缺少了語言之美。

　　一次，這兩個女孩去一家公司找同學。這家公司的辦公室是開放式的，一個大空間裡有八名員工，平日裡大家交流、打電話都低聲靜氣的，以免相互影響。沒想到這兩個女孩一進屋卻如入曠野，大聲呼喝同學的名字，而且大大咧咧的高談闊論、左摸右摸，一副比主人還像主人的樣子。

　　兩個女孩的言談舉止在人們的心中留下不那麼美好的印象，而且這種印象有意無意間波及她們的同學，讓那位同學也因此而覺得自己矮了一截。

　　生活中有很多這樣的例子：僅僅因為一個小細節的禮貌疏忽，便使自己的形象在別人的心目中大打折扣。相反的，一個有禮貌的人很容易就會被別人認可、接受，既可以給別人帶來溫暖，也會使自己變得十分愉快。

有「禮」的女人最受歡迎

　　禮貌就是一個人的名片，說話有禮貌的女人總是更受人歡迎。說話有禮

貌，可以使對方有一種受到尊重的感覺，覺得心裡很舒服，從而樂意接受妳的建議，並順理成章的也會尊重妳這個人。有句俗話說得好，禮多人不怪，說的就是這個道理。

一個被大學錄取的女學生來學校報到，由於要趕到什麼地方填表，隨身的行李沒地方放，她感到非常著急。這時，她忽然看到一位踽踽獨行的老人，於是，連招呼都不打就說：「幫我看著行李。」老人就這麼看著這個行李，直到這個女孩回來，沒想到她輕鬆的提起了行李，連個「謝」字都沒說就走，令她萬萬想不到的是，在開學典禮上，她又看到了這位老人，老人在臺上看著莘莘學子們，主持人介紹說，這就是我們學校的校長。

在日常交流中，說話一定要有禮貌，只有這樣，才會使自己成為一個受人尊重和喜愛的人。

說話要有禮貌，以溫和的語調提出自己的要求，會讓對方覺得自己是被尊重的。這樣，他就會慎重的考慮妳的建議，就像他會認真的對待妳這個人一樣。這樣做，會使自己在對方的心中留下很深的印象，讓對方覺得妳是一個有教養容易相處的人。

張麗萍老師是某大學的教授，一天，她正在辦公室裡備課，有人敲門，她習慣性的說了聲請進。抬頭一看，是一位女生，但是她並不認識，她想也許是找別的老師的。但是那位女生四下看了看，張口就說道：「張麗萍呢？」

這話一出口，大家都愣了一下，都往張麗萍這裡看，張麗萍心裡也很納悶，在學校裡這麼多年，還沒有誰直呼其名的。她臉色微微一變，但還是有禮貌的對她說：「我就是，找我有什麼事嗎？」

那位女生大大咧咧的說：「妳就是張麗萍呀，我早就聽說過妳了，我是某某教授的學生，我的論文妳給我看一下！」

原來當時有規定，論文答辯時要請一個校外的專家來指導。這位女生是外校的學生，來找張麗萍教授給自己批閱論文。

張麗萍到底是有涵養的人，看到這個學生這麼沒有禮貌，並沒有發火，只是隨口說道：「那妳就放那裡吧！」

這名女生就把自己的論文往她的桌子上一扔，說：「妳快點看呀！後天我們要論文答辯，妳可別耽誤我的事！」

張麗萍再也無法忍受，說：「請問妳是找人做事還是下達命令呢？妳的論文拿走，我沒有時間給你看！」

在求人做事時，一定要有禮貌，要把人的心說暖。妳說話有禮貌，就是對人的尊重，而只有尊重別人的人，才會獲得別人的尊重。因為你滿足了對方的「被人尊重」的心理，就會使別人對你懷有好感，從而也會尊重你的建議，接受你的請求。

多使用禮貌用語

禮貌是人們在頻繁的交流中彼此表示尊重與友好的行為規範。而禮貌用語則是尊重他人的具體表現，是友好關係的入場券。所以我們在日常生活中，尤其在社交場合中，會使用禮貌用語十分重要。多說客氣話不僅表示對別人的尊重，而且表明自己有修養；所以多用禮貌用語，不僅有利於雙方氣氛融洽，而且有益於交際。

有這樣一個寓言故事：

涼爽的秋天到了，小河邊一群野鴨在捕小魚吃。一隻毛絨絨的小野鴨孤零零的站在一邊，牠餓極了，可是牠剛出生一個月，還不會捕魚。小野鴨只好學著媽媽的樣子，一下子跳入河中，牠深入水中好一會兒才一無所獲的上

岸。小野鴨難過極了，牠突然想是不是可以跟成年野鴨要一點吃的。

小野鴨高興的按照自己想的去做，牠先跟離自己最近的成年野鴨說：「給我點小魚吃，給我點小魚吃！」小野鴨叫了一次又一次，但是成年野鴨並沒有答應小野鴨。小野鴨又跟另一隻成年野鴨叫道：「快給我點魚吃，我好餓呀！」成年野鴨還是不答應牠，小野鴨心裡好難受，牠急切的問一隻比自己大一歲的小野鴨為什麼沒有一隻野鴨回答自己的話，那隻小野鴨悄悄的對牠說：「你在你的話前加上一個『請』試試。」小野鴨用牠的方法又試著問了一遍：「請給我點小魚吃吧！」一隻成年野鴨馬上給了小野鴨好多的魚，小野鴨高興的跟教牠的小野鴨說：「謝謝你告訴我好方法，我們一起吃魚吧！」自從那次吃魚以後，小野鴨明白了只有有禮貌的說話，別人才有可能會答應自己。

俗話說：「言為心聲，語為人鏡。」多使用禮貌用語，往往能消除誤解，緩和矛盾，也能體現出一個人的思想品德、道德修養水準。所以，在日常口語交談中，女性朋友應該多使用禮貌用語，這是博得他人好感與體諒的最為簡單易行的做法，也是交談的技巧。

所謂禮貌用語，是指約定俗成的表示謙虛恭敬的專門用語。社交中，女性朋友如果學會下述五句十字禮貌用語，並且經常加以運用，對妳的日常口語交談一定會大有幫助。

(1) 您好：

「您好」是一句標準的禮貌問候語。在口語交談中，誰都會遇到相識者與不相識者，不論是深入交談，還是只是打個招呼，都應主動向對方先問一聲「您好」。若對方先問候了自己，也要以此來回應。在有的地方，人們慣以「你吃飯了沒有」、「最近在忙什麼」、「身體怎麼樣」、「一向可好」來打招呼

或問候他人，但都沒有「您好」簡潔通行。

（2）請：

「請」是一句禮貌語。在要求他人做某件事情時，居高臨下，頤指氣使不合適，低聲下氣、百般乞求也是不對的。在此情況下，多用上一個「請」字，就可以逢山開路、遇水架橋，贏得主動並得到對方的照應。當一個人需要別人幫忙時，總是用「請」字開路。當要從人群中穿過時，要說「請借過一下」；當坐汽車嫌空氣悶熱時，要說「請把窗戶開一下」；當乘車要在中途下車時，要說「請停一下車」；總之，不管何時何地，也不管何人何事，只要妳需要別人幫忙時，就必須先說：「請」。

（3）謝謝：

「謝謝」是一句致謝的禮貌語。每逢獲得理解、得到幫助、承蒙關照、接受服務、受到禮遇之時，都應當立即向對方道一聲「謝謝」。這樣做，既是真誠的感激對方，又是一種對對方的積極肯定。

（4）對不起：

「對不起」是一句道歉的禮貌語。當打擾、妨礙、影響了別人，或是在人際交談中給他人造成不便，甚至給對方造成某種程度的損失與傷害時，務必及時向對方說一聲「對不起」。當一個人要經過別人的面前時，要說「對不起」。在公共汽車上，不小心踩了別人的腳，要說「對不起」。在離開宴會時要說「對不起」。在公共場合，無意之中打了個飽嗝要說「對不起」。無意之中打了個噴嚏也要說「對不起」。開會時無意中打了個哈欠要說「對不起」。在中途離開會議時要說「對不起」。約會時遲到了要說「對不起」。這將有助於大事化小，小事化了，並且有助於修復雙方關係。

（5）再見：

「再見」是一句道別的禮貌語，也是一種常見的禮貌用語。在交談結束、與人道別之際，說上一句「再見」，可以表達惜別之意和對他人的尊重之心。

好人緣從恰當的稱呼開始

在人際交流中，為增進人際吸引，密切彼此關係，提高雙方對交流現狀的滿意程度，聰明的女人應該懂得 —— 選擇恰當的稱呼。

對一個交談對象的稱呼至少包含了這樣幾種含義：一是確認對方的社會地位；二是現實彼此間的相互關係；三是體現稱呼者本人的自我修養。因此，在人際溝通中，歷來重視稱呼問題。

每個人對稱呼是否恰當通常都非常在意和敏感。尤其是初次交流，稱呼往往影響交流的效果。正確恰當的稱呼，體現了對對方的尊敬，體現了彼此之間關係的密切程度，也反映了一個女人的自身教養和素養。

有一個女孩從城裡到鄉下做事，在途中迷了路，正不知如何是好的時候，看見前面走來一位老爺爺。女孩由於心情焦急，脫口喊到：「喂，往王家村還有多遠？」老爺爺一看這個打扮漂亮的女孩說話怎麼一點禮貌都沒有，也就沒好氣的回答說：「還有五拐杖！」女孩心想，人家都急死了，你還有心思開別人的玩笑，就說：「哎呀，路是論里的，怎麼論拐杖呢？」「『論理』？論理你該叫我聲『爺爺』！」女孩這時才意識到自己由於心急而忘了禮貌，趕緊給老爺爺賠不是，並正確稱呼了老爺爺。這位老爺爺也就很詳細的給女孩指了去王家村的路，女孩連聲道謝後。終於達到了目的地。

可見，稱呼他人是一門極為重要的事情，若稱呼的不妥當則很容易讓他

人立即產生反感，甚至嫉恨在心久久無法釋懷。一個熱情、友好而得體的稱呼，能似妙言入耳，能如春風拂面，使對方頓生親切、溫馨之感。所以，聰明的女人懂得好人緣是從恰當的稱呼開始的。

你是誰 —— 稱呼的藝術

在人們日常交流中。稱呼有著非常重要的作用，它是言者傳遞給對方的第一資訊。恰當的稱呼能保證交際的順利進行。而不恰當的稱呼則會給交際帶來障礙，妨礙交際的正常進行。

有一位陳先生一次出差，他和朋友到一家餐廳吃飯，因為習慣，他隨口喊道：「小妹，給我們拿點紙巾。」讓他沒想到的是，不僅服務生遲遲不動，周圍所有的人都以不屑的眼光看著他，陳先生以為她沒有聽見，又高聲叫了一下，誰知這位服務生乾脆走開了，再也不搭理他了。後來，在朋友的解釋下，他才得知「小妹」這個稱呼在當地很敏感，特別是對一些外地打工的女孩來說，是一種鄙視和瞧不起的稱呼，也難怪陳先生稱呼人家「小妹」受到了冷遇。

由此可見，對於別人的稱呼的重要性。稱呼他人為一門極為重要的藝術，若稱呼得不妥當則很容易讓他人產生反感，所以，選擇稱呼要合乎常規，要照顧被稱呼者的個人習慣，入鄉隨俗。

一個公司裡的上司下屬和同事，是我們每天都要面對的，社會學裡管這叫做商務關係，在處理商務關係時，稱呼具有重要作用。

在工作職位上，人們彼此之間的稱呼是有其特殊性的，要莊重、正式、規範。

1. 職務性稱呼：以交流對象的職務相稱，以示身分有別、敬意有加，這是

一種最常見的稱呼。一般分為三種情況：稱職務、在職務前加上姓氏、在職務前加上姓名（適用於極其正式的場合）

2. 職稱性稱呼：對於具有職稱者，尤其是具有高級、中級職稱者，在工作中直接以其職稱相稱。稱職稱時可以只稱職稱、在職稱前加上姓氏、在職稱前加上姓名（適用於十分正式的場合）。

3. 行業性稱呼：在工作中，有時可按行業進行稱呼。對於從事某些特定行業的人，可直接稱呼對方的職業，如（老師、醫生、會計、律師等），也可以在職業前加上姓氏、姓名。

4. 性別性稱呼：對於從事商界、服務性行業的人，一般約定俗成的按性別的不同分別稱呼「小姐」、「女士」或「先生」，「小姐」是稱未婚女性，「女士」是稱已婚女性。

5. 姓名性稱呼：在工作職位上稱呼姓名，一般限於同事、熟人之間。

有三種情況：可以直呼其名；只呼其姓，要在姓前加上「老、大、小」等首碼；只稱其名，不呼其姓，通常限於同性之間，尤其是上司稱呼下屬、長輩稱呼晚輩，在親友、同學、鄰里之間，也可使用這種稱呼。

不恰當的稱呼令人反感

稱呼，是人與人之間在交流中一方對另一方的稱謂。在日常生活中，稱呼是一種友好的問候，是人與人交流的開始。女性朋友在使用稱呼時，一定要避免下面幾種失敬的做法。

（1）錯誤的稱呼

常見的錯誤稱呼無非就是誤讀或是誤會。

誤讀也就是念錯姓名。為了避免這種情況的發生，對於不認識的字，事先要有所準備；如果是臨時遇到，就要謙虛請教。

誤會，主要是對被稱呼的年紀、輩分、婚姻狀態以及與其他人的關係作出了錯誤判斷。比如，將未婚婦女稱為「夫人」，就屬於誤會。事實上相對年輕的女性，都可以稱為「小姐」，這樣對方也樂意聽。

（2）使用不通行的稱呼

有些稱呼，具有一定的地域性，比如中國人經常把配偶稱為「愛人」，但在外國人的意識裡，「愛人」是「第三者」的意思。

（3）使用不當的稱呼

工人可以稱呼為「師傅」，道士、和尚、尼姑可以稱為「出家人」。但如果用這些來稱呼其他人，可能會讓對方產生自己被貶低的感覺。

（4）使用庸俗的稱呼

有些稱呼在正式場合不適合使用。例如，「兄弟」、「哥們兒」等這類的稱呼，雖然聽起來親切，但顯得水準不高。

（5）稱呼外號

對於關係一般的人，不要自作主張給對方起外號，更不能用道聽塗說來的外號去稱呼對方。更不能隨便拿別人的姓名亂開玩笑。

聰明的女人不做無謂的爭辯

生活中，很多女人喜歡爭辯，針對一個問題，一個觀點，爭得臉紅脖子

粗，大有針尖對麥芒之勢，其實，跳脫出來看，有必要去爭辯嗎？有些事情根本沒有必要爭辯。

爭論或許會讓妳贏得勝利，但是即使贏了，實際上妳還是輸了。為什麼？如果妳的勝利使對方的論點被攻擊得千瘡百孔，證明他一無是處，那又怎麼樣？妳會覺得洋洋得意；但對方呢？他會自慚形穢，妳傷了他的自尊，他會怨恨妳的勝利。而且一個人即使口服，但心裡並不服。因此，爭論是要不得的，甚至連最不露痕跡的爭論也要不得。如果妳老是反駁別人，即使偶爾獲得勝利，卻永遠得不到對方的好感。真正贏得勝利的方法不是爭論，而是不要爭論。

有一天晚上，雅麗參加一次宴會。宴席中，坐在雅麗右邊的一位先生講了一段幽默笑話，並引用了一句話，意思是「謀事在人，成事在天。」

他說那句話出自聖經，但他錯了。雅麗知道正確的出處，一點疑問也沒有。

為了表現出優越感，雅麗很討人厭的糾正了他。那人立刻反唇相譏：「什麼？出自莎士比亞？不可能，絕對不可能！那句話出自聖經。」他自信的說。

那位先生坐在右邊，雅麗的閨中密友王敏在她左邊，她研究莎士比亞的著作已有多年。於是，他們倆都同意向王敏請教。王敏聽了，在桌下踢了雅麗一下，然後說：「雅麗，這位先生沒說錯，聖經裡有這句話。」

那晚回家路上，雅麗對王敏說：「妳明明知道那句話出自莎士比亞。」

「是的，當然，」王敏回答，「《哈姆雷特》第五幕第二場。可是親愛的雅麗，我們是宴會上的客人，為什麼要證明他錯了？那樣會使他喜歡妳嗎？為什麼不給他留點面子？他並沒問妳的意見啊！他不需要妳的意見，為什麼要跟他爭論？應該避免這些毫無意義的爭論。」

　　正如睿智的班傑明‧富蘭克林所說的：「如果你老是爭辯、反駁，也許偶爾能獲勝；但那是空洞的勝利，因為你永遠得不到對方的好感。」

　　是的，永遠不要與人進行無意義的爭辯，那只會引起別人的反感。如果你與人爭辯的動機，是出於想要證明自己是對的、為自己辯白、或贏得聽眾的信服，那麼你的行為太自私了，永遠不會得到別人的歡迎。

　　所以，當你們要與人爭辯前，不妨先考慮一下，你到底要什麼呢？是要一個毫無意義的「表面勝利」，還是對方的好感。

不在小事上爭執不下

　　在人際交流中，每個人都會遇到相異於自己的人。大至思想觀念，為人處事之道，小至對某人、某事的看法與評論。這些程度不同的差異都會外化成人與人之間的爭執與論辯。但如果你在爭辯中碰到一個無知的人，又怎麼能用辯論換來勝利呢？你把他的說法攻擊的體無完膚，那又能怎麼樣呢？假如碰到一個心胸狹窄的人，在辯論中輸了，必定會認為自尊心受損，日後找到機會，必然會報復。因為一個人若非自願的屈服，內心仍然會堅持己見。

　　有一次，孔子遇到了兩個樵夫正在爭辯一件事，孔子上前傾聽，兩個樵夫都爭先恐後的向孔子訴說事情的原委，他們在爭辯 3×8 是 24 還是 23。一個樵夫說是 24，一個偏偏說是 23。

　　孔子聽後，笑著對說 24 的人說：「你錯了，他是對的。」

　　說 23 的人笑呵呵的走了。

　　樵夫不服氣的對孔子說：「你是怎麼回事，明明應該是 24，這答案連小孩子都知道的，你怎麼說他是正確的呢。」

　　孔子笑著說：「既然是連小孩子都知道的事情，他卻不知道，他豈不是

連小孩子都不如，你和他爭辯著有意思嗎？說你錯了，對你又會有什麼損失呢？你和他爭辯下去不是白白浪費時間嗎？」

人生之中，何必事事都要去爭論，以贏取那無謂的勝利。但在時下這個喧囂的社會，有太多人願意參與到這樣無休止的爭論中去，發表一些自以為是的觀點，但結果呢，也許一輩子也沒有結果。更重要的是，這樣做對你毫無意義，不但為自己樹立了敵人，還對你的人生也沒有任何助益。

避免跟人爭論最聰明的方法，就是同意對方的主張，不必管他的意見是如何可笑，如何愚笨，如何淺薄，你都用禮貌應對他，你無條件的贊成他的意見，佩服他的見識和聰明。之後你就立刻迴避他，在不必要的時候，你不要跟他交流。你要獲得勝利，唯一的方法是避免爭論。

與其爭辯不如保持沉默

在日常生活和工作中，我們經常會看到一些女人為了某件小事而爭得面紅耳赤，最終鬧得不歡而散的情景。而這種無謂的爭論，既不會給自己帶來絲毫的利益，又無益於工作和事業。

爭論是完全情緒化的，非理性的。一旦爭論發生，任妳說得如何頭頭是道，對方也不會接受，伴隨著爭吵出現的，必定是叫嚷、威脅、羞辱、奚落、將雙方觀點上的衝突轉而升級為維護自尊的衝突，這正是爭論的最大弊端，如此一爭，無論輸贏，都只會傷害自己或他人。因此，我們必須盡量避免那些無謂的爭論。

晏子是春秋戰國時期一位相當有才幹的政治家。一次，齊景公命他去治理東阿，晏子非常高興的接受了這個任務。可是 3 年後，許多人都來朝廷告晏子的狀，景公非常惱怒，便將晏子召回來，準備罷免他的官職。

晏子沒有急於為自己辯解，而是擺出一副謙恭的態度「認錯」。為了有機會替自己澄清事實，晏子非常謙恭的說：「臣已知錯，請大王再給臣 3 年的時間，臣一定會讓別人對我讚賞有加。」景公見他言辭懇切，知錯必改，就答應了他的請求。

3 年過去了，果然稱讚晏子的奏摺不斷被送到景公手上。景公大為高興，召晏子入朝準備予以封賞。不料，晏子卻誠惶誠恐的不肯接受。

在景公的一再追問下，晏子道出了緣由：「第一次我去東阿，施行有利於百姓的政策，遭到壞人的指責；我主張勤儉節約，尊老愛幼，懲治貪官汙吏，於是在暗地裡備受打擊與報復；權貴犯法，我也嚴加懲治，毫不寬恕，於是權貴們嫉恨我。他們對我惡語中傷，直至在背後告我黑狀。」

晏子舒了口氣繼續說道：「第二次去的時候我就改變了做法。我拖延實施利民措施，壞人為此開心了；我釋放雞鳴狗盜之徒，無賴們為此高興了；我偏袒權貴，即使他們犯法我也不予以懲治，權貴們為此沒有怨言了。於是這些人又到處頌揚我，傳到您的耳裡，您也信以為真了。3 年前 其實我該受賞，您卻要處罰我；現在我該受罰，您卻要封賞我。所以大王，這個賞我是萬萬不能接受啊！」

齊景公聽後恍然大悟，知道了當初是自己冤枉了晏子。看到晏子是一位有德有才的良臣，就交給了他治理全國的重任。

事實勝於雄辯，我們在蒙冤時不如把爭論放在一邊，讓事實說話。俗話說：「言語傷人，勝於刀槍；刀傷易癒，舌傷難痊。」遇到意見不合引發爭執時，沉默則能緩和雙方的言辭衝突，利於化解矛盾。所以說，贏得爭論的祕訣就是不做無謂的爭論，學會保持沉默，這是以靜制動的策略，是聰明女人在人際交流中明智的表現。

聰明女人善於巧言妙語化解尷尬

現實生活中，如果妳是這樣一個女人：善於為自己或妳周圍的人解圍、化解尷尬，那麼，妳就可以獲得別人更多的賞識和信任，提升自己的人緣魅力。

在與人交流或者溝通的過程中，常常會出現各式各樣的困境。雖然因微不足道的小誤會或意見分歧而產生摩擦的確是正常的，但倘若能夠靈活應變、巧用言語化解豈不更好？不管困境因何原因產生，妳都可以憑藉舌燦蓮花的說話智慧來巧妙擺脫。

自我解嘲化解尷尬

人生在世，難免會遇到無數尷尬。這些尷尬或許是由於疏忽說錯話，或因失誤做錯事，或者由於自身的某些缺陷導致，如果不處理好，將給他人留下永遠難以抹去的不良印象。遇到這樣的尷尬，無論如何解釋、爭辯或是推脫，都可能適得其反，都不如自我解嘲來得迅速有效。

自我解嘲是一門很深的學問，它是人們心理防衛的一種方式，是一種自我安慰和自我幫助，是對人生挫折和逆境的一種積極、樂觀的態度，也是溝通的藝術。自我解嘲並非逆來順受，而是一個女人心境太平的表現。它能製造寬鬆和諧的交談氣氛，能使自己活得輕鬆灑脫，使人感到妳的可愛和人情味，從而改變對妳的看法。適時適度的「自嘲」會收到妙趣橫生、意味深長的效果。懂得自嘲的女人往往會與他人相處得更融洽，更受人歡迎。

有一位身材矮小的女老師走上講臺時，學生們有的面帶嘲諷，有的交頭接耳暗中取笑。如果這位教師這時用嚴肅的眼光掃視一下，自然也能挽回面子，再歷數自古矮個子多出奇人、偉人，或許更能奏效。然而，她說：「上帝

117

對我說：當今人們沒有計畫的在身高上盲目發展，這將有嚴重後果。我警告無效，妳先去人間做個示範吧。」

結果，學生們佩服這位女老師的詼諧，心悅誠服的忘記了她身材的缺陷。

一個人在處境困難或身臨尷尬時，用自嘲來應對，是一種十分妥善的辦法。自我解嘲是一種高超的交際與處理尷尬的藝術。可以表明妳自己能夠認識到自己的不足，給人以「有自知之明」的好感，就能獲得同情、理解和接納，給自己的交際行為加分。不管是妳的優點還是你的缺點，透過自嘲都能使妳的心靈輕鬆，你因此而昇華了自我的價值。

有些時候，我們因某些事不盡如人意而煩惱和苦悶，運用自嘲，既可寬慰自己，又能讓人刮目相看，一舉兩得。

在某俱樂部舉行的一次盛宴招待會上，服務員倒酒時，不慎將啤酒倒到一位賓客那光亮的禿頭上。服務員嚇得手足無措，其他人也都是目瞪口呆。這位賓客卻微笑的說：「老弟，你以為這種治療方法會有效嗎？」在場的人聞聲大笑，尷尬局面即刻被打破了。這位賓客借助「俏皮」的話語既展示了自己的大度胸懷，又維護了自我尊嚴，消除了挫折感。

可見，自我解嘲往往能夠製造出特別的幽默氛圍，使現場氣氛變得輕鬆愉快，給人以智慧和幽默的享受，同時也就獲得了他人的好感。

自我解嘲，需要有過人的胸懷，需要有直面缺點的勇氣。有很多女性朋友，有時講話「放不下」，總是盡力掩蓋自己的缺點，害怕別人知道自己的缺點，於是「患得患失」──這樣自然就會緊張！其實，如果能夠「放下」，如果能夠敢於拿自己的缺點自我解嘲一下，如果能夠豁達一些，其實講出來了，反而就不緊張了──而且能起到互動、幽默的效果，何樂而不為？

因此，當人際溝通中遇到難關或冷場時，如果妳能審時度勢的用好自嘲，就可以為妳解除尷尬，增添許多女性風采。

替人打圓場

所謂打圓場，是指交際雙方爭吵或處於尷尬處境時，由第三者出面進行調解的一場方法。打圓場運用得好，可以融洽氣氛、聯絡感情、消除誤會、緩和矛盾、平息爭端，還有利於打破僵局，解決問題。

有一個理髮師傅收了個徒弟。徒弟學藝 3 個月後，這天正式上線工作。他給第一位顧客理完髮，顧客照照鏡子說：「頭髮還是太長。」徒弟不語。師傅在一旁笑著解釋：「頭髮長使您顯得含蓄，這叫藏而不露，很符合您的身分。」顧客聽完，高興而去。

徒弟給第二位顧客理完髮，顧客照照鏡子說：「頭髮太短了。」徒弟不語。師傅笑著解釋：「頭髮短使您顯得精神、俐落、厚道，讓人感到親切。」顧客聽了，欣喜而去。

徒弟給第三位顧客理完髮，顧客邊交錢邊嘟囔：「剪個頭髮花這麼長的時間。」徒弟無語。師傅馬上笑著解釋：「為『首腦』多花點時間很有必要。您沒聽過：『進門蒼頭秀士，出門白面書生』嗎？」顧客聽完，大笑而去。

徒弟給第四位顧客理完髮，顧客邊付款邊埋怨：「用的時間太短了，20分鐘就剪完了。」徒弟心中慌張，不知所措。師傅馬上笑著搶答：「如今，時間就是金錢，我們的理髮師『頂上功夫』好，速戰速決，為您贏得了時間，您何樂而不為呢？」顧客聽了，歡笑告辭。

故事中的這位師傅，真是能說會道。他機智靈活，巧妙的為徒弟「打圓場」，每次得體的解說，都使徒弟擺脫了尷尬，讓顧客轉怨為喜，高興而去。

他成功的「打圓場」的經驗，給了我們諸多啟示。

一位中年男子在生意非常好的麵攤前等了半天才等到位置，點了一份自己愛吃的麵。很快麵就端了上來，他想先喝一口湯。可是，湯的味道刺激了他的呼吸道，隨著一聲噴嚏，他的唾液和著麵湯同時噴到了對面一位顧客的身上和麵碗裡。這可惹火了這位顧客，他馬上站起來吼道：「你怎麼亂打噴嚏！」

中年男子也被自己的不雅之舉驚呆了，趕緊賠禮。待他緩過神來後，馬上對著老闆喊道：「我告訴你不要放辣椒的，你幹嗎在裡邊放辣椒？你賠我麵錢，我要賠人家的麵錢！」老闆馬上問員工，員工也很委屈，他明明就沒有放辣椒。

結果顧客、老闆及周圍的群眾都開始七嘴八舌，說得不亦樂乎。最後老闆感到這樣下去不是辦法，就趕緊打圓場，對著廚房大手一揮：「算啦！再下兩碗麵，麵錢都免啦。只要大家和氣，才能生財嘛！」

兩位顧客這才平靜下來，表示接受。此後，他們還和老闆成了朋友。

由此可見，在交際中遇到的尷尬的場面時，做到審時度勢，準確掌握雙方的心理，然後運用說話技巧，借助恰到好處的話語及時出面打圓場，化解尷尬，維護交際活動的正常進行，是十分重要和寶貴，也是十分必要和值得重視的。

理智的面對別人的無禮

生活中，我們難免會遇到一些無理取鬧的事情。例如，在公共場合，有人提起一件你諱莫如深的往事，有恃無恐的讓妳出醜，或是公開妳的隱私，或是大談妳做過的傻事和鬧出的笑話。遇到這些無理的行為，妳不可以為了

一句羞辱的話，而變得失去理智。妳應遵循的一個原則就是控制情緒，保持冷靜。只有這樣，才能穩操勝券，才能巧妙的應對。

德國大詩人海涅是個猶太人，常常遭到一些無恥之徒的攻擊。在一個晚會上，一個人對他說：「我發現了一個小島，這個小島上竟然沒有猶太人和驢子。」大詩人海涅白了他一眼，不動聲色的說：「看來，只有你和我一起去那個島上，才會彌補這個缺陷。」

「驢子」在德國南方語言中，常常是「傻瓜、笨蛋」的代詞。面對是猶太人的大詩人海涅，將「猶太人與驢子」並稱，無疑是侮辱人，但德國大詩人海涅並沒有對他破口大罵，甚至對這種說法也沒有異議，相反的，他把這種並稱換上「你和我」，這樣就一下子把「你」與「驢」相等了。

對無理的行為進行語言反擊，是正義的語言與無理的語言的對抗。所以，反擊的語言一定要與對方的語言表現出某種關聯，正是在這種關聯中，才會充分表現出自己的機智與力量，使對方搬起石頭砸自己的腳。

在聊天中，對方可能會有意用犀利的語言攻擊你；如果你不夠敏捷，就會被對方擊倒。但若你能在談話中富有機智的反擊，就可能讓對方心服口服。

總之，一個女人的應變能力當然是以人生經驗為基礎的，經過多次實踐，必然會變得老練聰明。與此同時，應變能力也反映著一個女人的機智和修養。這方面功底深厚的人才有可能在情況發生變化時化險為夷，化拙為巧，使自己擺脫尷尬境地，並在交際中取得良好的效果。

第四章
察言觀色 —— 聰明的女人說話圓融通達

　　聰明的女人具有察言觀色的本領。人內心的思想，有時會不知不覺在口頭上流露出來，因此，與別人交談時，只要妳留心，就可以從談話中深知別人的內心世界。每一個擁有良好人際關係的女性，每一個善於駕馭人的女性都是察言觀色的高手。

聽其說話知其性情

　　言談是一個人品性、才智的外露，透過言談和辨聲能夠從人的欲望、抱負和經驗上進一步分析了解一個人，從而達到窺探對方的內心世界的目的。所以，聰明的女人能夠從一個人的內心煥發出來的聲音中，分辨其修養和性格以及當時的心理。

　　南北朝時，賀若敦為晉的大將，自以為功高才大，不甘心居於同僚之下，看到別人做了大將軍，唯獨自己沒有被晉升，心中十分不服氣，口中多有抱怨之詞，決心好好打它一仗。

　　不久，他奉調參加討伐平湘洲戰役，打了個勝仗之後，由於種種原因，反而被撤掉了原來的職務。為此他大為不滿，對傳令史大發怨言。晉公宇文護聽了以後，十分震怒，把他從中州刺史任上調回來，迫使他自殺。臨死之前他對兒子賀若弼說：「我有志平定江南，為國效力，而今未能實現，你一定要繼承我的遺言。我是因為這舌頭把命都丟了，這個教訓你不能不記住呀！」說完了，便拿起錐子，狠狠刺了兒子的舌頭，讓他記住這個教訓。

　　有人說，舌頭沒有一根骨頭，卻是世界上最硬的東西。且不談說話的內容，就連說話時使用的語調、聲音，往往也會給人帶來意想不到的結果。

　　明朝時，兵部左侍郎李震三年孝滿，久盼能升至兵部尚書。恰好這時兵部尚書自圭去職，機會難得。不料朝廷命令由李震的親家，刑部尚書項忠接任。滿懷希望的李震大為不滿，對他的親家埋怨說：「你在刑部已很好了，何必又鑽到此？」

　　過了些天，李震腦後生了個瘡，仍然汲汲於功名，不死其心。其實李震久不得升遷，原因是因為他素患喉疾，每逢奏事，聲音低啞，為憲宗皇帝

所惡。與李震一殿為臣的鴻臚寺卿施純，聲音洪亮，又工於詞令，憲宗對他很欣賞。

誠然，僅憑聲音便肯定或否定一個人，實在不是高明之舉。但透過與人對話，觀其聲，辨其人，還是有一定的實用性的。

常言道：「言為心聲。」一個人在說話的時候，多多少少總會反映出其內心的一些活動。

透過語速識別人的個性

記得有人曾說過：「人的表情有二，一是呈現在臉上的表情，二是表現在言談中的表情。」的確如此，語速可以很微妙的反映出一個人說話時的心理狀況。留意他的語速變化，你就留意到了他的內心變化，交談時的語速可直接反映著說話人的心理狀態。

透過語速識別人的個性，有助於我們對想要了解的人做出一個全面的判斷和評價。更重要的是，掌握了這些要領對我們的人際交流很有幫助。

生活中，有人說話速度快，有人說話速度慢；有人說話語氣緩和，有人說話則堅決果斷。其實，人的說話速度和語氣之所以呈現出千差萬別，其實都是受到他們性格的影響。

語速主要指說話的快慢，與心理活動的關聯密切，一般來說，當人比較懶怠或安逸時，語速較緩；當人情緒波動較大時，語速就會明顯加快。人們的說話速度和語氣透露出他們的真實性格，在交談過程中，女性朋友可以透過觀察對方的說話速度和語氣，將他們看得更透徹。

1. 語速稍快，說起話來仿佛在放鞭炮似的，幾乎都屬於外向型的人。外向型的人說話聲音流暢，聲音的頓挫富於變化，且能言善道，只要一想到

什麼事情，就會不假思索、恰如其分的表達出來，有時還會把自己的身體挪近對方，說到關鍵之處，口沫橫飛，有時甚至會隨意打斷對方的話語，以便貫徹自己的主張。

2. 說話速度特別快的人多性格外向，有青春活力，朝氣蓬勃，總給人一種陽光般的感覺。

3. 說話速度太快的人，會給人一種非常緊張、迫切，發生了非常重大的、緊急的事情的感覺，同時也會讓人覺得焦躁、混亂以及有些許粗魯。

4. 說話緩慢的人，會給人一種誠實、誠懇、深思熟慮的感覺，但也會顯得猶豫不決、漫不經心，甚至是悲觀消極。他們大都是性格沉穩之人，處事做人是通常所說得慢性子。

5. 說話速度較平常緩慢的人，對所談論的話題或對談話者有很多的不滿，甚至還包含著敵意，他們的談話往往得不到滿意的結果或解決不了實際問題。而說話速度較平常緩慢的人，表示此時心中存有自卑感，或者根本就是在說謊，期望借用這種方式掩飾自己的言不由衷，但這種掩飾卻欲蓋彌彰，恰好暴露了他們的真實想法。

6. 語速反常的人，這種人平時少言寡語、慢條斯理，突然之間誇誇其談、口若懸河，說明他們在內心深處有不願意被他人察知的祕密，想用快言快語作為掩飾，轉移他人的注意力。或許他們還有讓對方了解的願望，倉促之間不知道該如何表達，所以在語速上出現了反常。

7. 由自信決定語速的人。自信的人多用肯定語氣與別人進行對話；而沒有自信心和怯懦的人，說話的節奏緩慢，多半慢慢吞吞，好像沒吃飯似的沒有力氣。喜歡低聲說話的人，不是有女性化的傾向，就是缺乏自信。

8. 喜歡用含糊不清的語氣和詞語結束話題的人，非常膽小怕事，大多神經

質，明哲保身，需要承擔責任時常常推卸搪塞。比如說「這只是個人的看法」、「不能以偏概全」、「從某種意義上講」或「在某種形勢下」等等。

9. 說話輕聲細語的人，這種人生性小心謹慎，具有一定的文化修養，措辭嚴謹適當，而且謙恭有禮。他們對人很有禮貌，別人也會尊重他們；胸襟寬闊，能夠包容他人的缺點和錯誤，對人也很客氣，不輕易責怪與怨恨他人，注重交流，能夠主動與周圍的人拉近距離。

10. 經常滔滔不絕談個不休的人，一方面目中無人；另一方面好表現自己。並且，這種類型的人，一般性格外向。當話題冗長、須相當時間才能告一段落時，談論者心中必潛在著唯恐被打斷話題的不安，唯有這種人，才會以盛氣凌人的方式談個不休。至於希望盡快結束話題交談的人，也有害怕受到反駁的心理，所以試圖給予對方沒有結果的錯覺。

11. 講話時竊竊私語，或者仿佛耳語一般小聲囁嚅的人，談話聲音不知不覺中變小者一定是屬於內向型的人。內向型的人往往會在無意識之中跟對方保持一定的距離，而且還會採取封閉式的姿勢。他們對別人的戒心非常強烈，而且認為不必讓對方知道多餘的事情。正因為如此，他們連自己應該說得話也懶得說出來，一心想「隱藏」自己，聲音當然就會變成囁嚅了。這種情況不僅是在一對一的聊天時如此，在會議上的發言亦如此，因為他們並不想積極的說出自己的想法，以至欲言又止，變成了喃喃自語似的，聲音很小，又很緩慢。說話時，往往不是明確而直截了當的說出來，總是喜歡繞著圈子，使聽的人感到焦躁不安。這種人即使是對於詢問也不會做明確的答覆，態度優柔寡斷，給人一種索然無味的感覺。

這種人對別人的戒備心理固然很強烈，但是內心幾乎都很溫和，為了使

自己的發言不傷害到別人，總是經過慎重的考慮之後再說話；同時又擔心自己發表的意見將造成自己跟他人的對立。因為膽怯又容易受到傷害，而且過度害怕錯誤以及失敗，只好以較微弱的聲音娓娓而談。也許他們認為這種說話方式最安全。不過，對於能夠推心置腹的親友以及家屬就不一樣了。對於這一類特別親近的人，他們都會解除戒心，彼此間的距離也被拉近了，因此能夠以爽朗的大嗓門以及毫不掩飾的態度跟對方交談，能夠很自然的露出笑容。

從言語中分辨人的品德情操

　　一個人的言語，在一定程度上反映一個人的一些實際情況，從言語中可以分辨人的品德情操。女性朋友可以透過言語的觀察來了解和掌握一個人的德才行為，因此，言語分辨法不失為聰明女人知人識人的有效方法。

　　使用言語分辨法知人，需要有言語做基礎，沒有言語，分辨也就成為一句空話。從人們的生活實踐來看，獲取考察對象言語的方法主要有三種：

　　一是直接交談法。就是透過與被考察對象直接交談來辨別他的德才行為。這種方法是人們在知人識人中應用最為廣泛的一種。實踐也證明，這是獲取被考察者言語並能正確判斷其德行較好的一種方法。

　　有一次，日本名古屋商工會議所主席土川元夫接待一位被推薦到他那裡工作的人。談了 20 分鐘，他便作出決定：不能留用。當推薦者問他為什麼這麼短的時間就能決定的時候，土川元夫說：「這個人和我一見面就滔滔不絕的說個沒完，根本不讓我有說話的餘地，我在說話時他又毫不在乎的不注意聽，這是他的第一個缺點。其次，他很得意的宣傳他的人事背景，說某某達官貴人是他要好的朋友，另一位名人也是常常和他一起喝酒的酒友，沾沾自

喜的炫耀出來故意讓我知道；第三，我想聽的話，他又沒有說出來，真令人擔心，這種人怎麼能做同事呢？」聽了這番分析，推薦人也佩服得直點頭。

二是耳聽八方。就是在與被考察者廣泛接觸中，做善聽他們言談的有心女人。對於被考察者的話，在正式場合下說的要聽；日常生活中說的也要聽；順耳的話要聽，逆耳的話也要聽；正確的話要聽，錯誤的話也要聽。從被考察對象者的各種閒言碎語中知人識人。譬如一個人在正式場合說話的內容是滿口的政治客套話，而在私下上卻說話不負責任，甚至散布一些不滿的言論，說一些極為消極的話。這時，你就可以判斷出此人心口不一，不可信其言語。

三是委託傳輸法。就是透過第三者來獲取被考察對象的言語。由於主客觀條件的制約，被考察者說話也有一定的選擇和掩飾性。比如有的人在場時不敢說，有的脾氣不投的不願說，還有的性格內向的不善說。這時，你可以透過與被考察對象合得來的第三者與其談話，來獲取真實的言語。

識別吹拍之徒的方法

在識人的過程中，最難分辨的是他人對你奉承和吹捧的言語。善聽順耳之言是人的天性。奉承吹捧者把錯的說成對的，黑的說成白的，就會讓你聞「順言」而放棄原則。

在現實生活中，聰明的女人要注意掌握識別吹牛拍馬屁之徒的方法，常見的識別方法主要有三種：

一是自省法。就是當聽到奉承讚美之言時，要客觀的分析自己與「美言」之間是否名副其實，以便找出讚美者的動機。當你在聽到讚揚之言的時候，不要自我陶醉，飄飄然。首先要用鏡子照一照自己，比較一下，檢查一下，

看看自己的實際情況和讚揚相符不相符。如果不相符，就要認真分析一下讚揚人的動機，是出於偏愛，還是出於懼怕，或是出於有求於自己。

二是反證法。是指聽到過頭的讚美之言，就可以初步斷定對方的不良德行。聽到「美言」，就可以對被認知者懷疑有不善之心，其做法雖有些偏激，但它仍不失為一種觀察人的有效方法。

三是明技法。就是了解和掌握善諛者的常用技法，以便更好的識別其不良動機。從實踐看，善諛者最常用的技法，就是根據「人心向善」的心理，把被說服者的優點吹得天花亂墜，把其缺點或問題圓滑得天衣無縫。

出門觀天色，進門看臉色

俗話說：「出門看天色，進門看臉色。」無論做什麼事，對什麼人，只有先察言觀色一番，摸清對方的心思後，再付諸行動，才能做到得心應手，萬無一失。

武則天當政時期，徐敬業在揚州起兵。眾臣皆請求「興兵討逆」，內史裴炎卻持反對意見。武則天從中察覺到了什麼，但她沒有馬上駁回裴炎的奏議，只是將出兵之事暫時擱置。

退朝後，御史崔詧求見武則天。他斷定裴炎身為內史，卻替逆賊代言，其真實目的是幫助徐敬業起兵。武則天對此更加深信不疑，當即決定，拘捕裴炎。後經過嚴刑審訊，裴炎果然道出謀反隱情。但是，武則天並未馬上處死裴炎。她認為朝中一定還有其他圖謀政變之黨。

這天，武則天聚集群臣，輕描淡寫的說出了裴炎謀反之事，其中果然有一些朝臣替裴炎說話。武則天順藤摸瓜，把所有的逆黨一網打盡。

政治鬥爭，需要「運籌帷幄，決勝千里之外」的智謀，需有高度的警覺性和嚴整的縝密性，甚至需要摸清對手的一舉一動、一言一行。這樣才能徹底有效的打擊對手。

武則天處變不驚，耐心「順敵之意」，然後順藤摸瓜，將叛黨一網打盡，其做事手段令人佩服。

學會察言觀色，實在是女人不可忽視的為人處世之道。知情緒，便能善相處；善相處，便能心相通；心相通，便能達到一致。

學會察言觀色，留意對方的表情，有利於互諒互讓，和諧相處。當對方不高興時，該治則治，該躲則躲，當止即止，就可避免許多不必要的糾紛，求得和睦相處，琴瑟和鳴。

有位記者去採訪與紐西蘭剛交過鋒的國家足球隊員。一進門，發現休息間氣氛沉悶，守門員鐵青著臉，圓睜著眼，他趕緊退了出來，取消了這次採訪。後來，這位記者才知道，「國腳」們吃了敗仗，正在懊氣。倘若當時不看臉色，硬要不知趣的採訪吃敗仗的「將軍」，肯定不會有好果子吃。看來，這位記者頗有經驗，懂得「看雲識天氣」。

識別他人的情緒的能力意味著不僅要了解別人的情緒，也要接納別人的情緒，當然這並不是要你一定贊同別人的情緒，重點在於允許別人有權利產生情緒。接納別人的情緒不僅有利於從他人的角度去體會他的感受，更好的理解別人，還可以換個角度看問題，更有效的調節和其他人之間的關係。

有位心理學家曾說過：「在世界的知識中，最需要學習的就是如何洞察他人。」在交談中，既要察言，又要觀色，把它們結合起來，這對提高女性的溝通能力十分重要。如果我們每個人都能察言觀色，及時的改變先前的決定，及時的退或進，及時的把自己的言行組合或分解，及時的控制自己的喜

怒哀樂，那麼，人際交流一定會更加和諧。

　　生活中，聰明的女人往往善於察言觀色、洞悉他人心思、感受他人心情，具有較高的溝通能力，能以積極、主動的方式來應對人際交流，營造和諧的人際關係。

察言觀色，左右逢源

　　察言觀色，就是不動聲色的觀察，察外而知內，從「心理語言」和「行為語言」來了解一個人，從而幫助妳在時間較短、資訊較少的情況下作出合理的決策。

　　「臉上表情，天上的雲彩。」聰明的女人具有察言觀色的本領，她能夠根據對方的言行舉止、喜怒哀樂等來分析自己的言行是否合理。這樣的女人往往比一般的女人具有更強的適應性，至少她不會在別人高興時，潑一盆冷水，弄得大家不歡而散，更不會在別人憤怒時，出言不遜，惹禍上身。

　　一個寒窗苦讀十年的秀才過五關斬六將，終於憑自己的實力得到了自己想要的位置 —— 縣令。

　　當他得到這個位置時，第一個想到的就是要去拜見上司。由於是第一次去拜見上司，想不出該說什麼話。沉默了一會，他忽然問道：「大人尊姓大名？」

　　這位上司覺得很意外，也很吃驚，但還是勉強回答了。

　　接著秀才又不說話了，開始低頭思考，想了很久，說：「百家姓裡面好像沒有大人的姓啊。」

　　上司更加覺得不可思議的說：「我是旗人。你不知道嗎？」

　　秀才一聽，突然站起來說：「可否請教大人是哪一旗的？」

上司說：「正紅旗。」

秀才說：「正黃旗最好，大人怎麼不在正黃旗呢？」

上司勃然大怒問道：「縣令哪一省的人？」

縣令說：「廣西。」

上司說：「廣東最好，你為什麼不在廣東？」

縣令吃了一驚，這才發現上司滿臉怒氣，趕快起身告辭。

第二天，縣令接到上司的新令，他得到的職位要比原來小得多了。究其原因，便是因其不會察言觀色，不懂得攻心的道理。

察言觀色，用心理學的角度來詮釋，即「敏感度」，也就是情商中的「認識他人的情緒」。這是與人溝通的重要條件。只有在最短的時間內察識他人的喜怒哀樂，才有機會與他溝通。

在與人交談中，聰明的女人往往善於從交流的對象的臉部表情來了解其內心的情緒變化，以做出相應的交際措施，而愚蠢的女人卻不善此道，十之八九會把事情弄得很糟，甚至使自己的利益受到損害。

有一則笑話，說得是一個以拍馬屁著稱的人，死後來到森羅殿見閻羅王。閻羅王一見到他便拍案大喝：「好刁猾的東西，聽說你是拍馬專家，專好拍人馬屁。哼，我最恨像你這樣的人！」那拍馬專家一看閻羅王滿面怒容，心想大事不妙，趕緊趴地叩頭說：「冤枉啊，冤枉，閻羅王您有所不知，那些世間之人都喜歡別人拍他馬屁，我不得不這樣。如果世上之人都能像大王您這樣明察秋毫，公正廉明，那我哪裡還敢有半句恭維？」閻羅王一聽，面露微笑，說：「諒你也不敢拍我馬屁。」閻羅王讓人拍馬屁了還自鳴得意。

這則笑話充分說明了恭維話的巨大威力以及廣闊的市場，連陰間的閻羅王都吃這一套，更不用說世上的芸芸眾生了。

如果我們每個人都能察言觀色，及時的改變先前的決定，及時的退或進，及時的把自己的言行進行恰當組合或分解，那麼，溝通的成功率一定會很高。

揣摩對方的心意

揣摩對方的心意是一切人情往來中操縱自如的基本技術。不會揣摩對方的心意的女人，等於不知風向便去轉動舵柄，不但世事的圓通無從談起，搞不好還會在小風浪中翻了船。所以，聰明的女人平時要培養察言觀色的能力，以便能較好的處理人際關係。

和珅是乾隆朝的大紅人，深得乾隆的寵信。他從一個御前侍衛到軍機大臣，可謂平步青雲，空前絕後。這很大程度上是因為和珅非常善解乾隆的心意。

一次北京鄉試《四書》的考題，乾隆爺命題後，內監捧著《四書》送還內閣。恰巧和珅當值，便問起皇上命題的情況，內監不敢多言，只說皇上手批《論語》第一本，快要批完時，始欣然微笑，針筆直書。和珅沉思片刻，遂猜想皇上批字為「乙醯」一章。因為乙醯兩字包含「乙酉」二字，而那年鄉試就是在乾隆乙酉年舉行。和珅以此通知他的弟子們，結果正如和珅所料，那年的鄉試考題果然是「乙醯」一章。

乾隆做太上皇時，一次召見嘉慶帝與和珅。兩人入室，見乾隆坐在龍座上閉著眼睛，仿佛入睡，但口中卻念念有詞，也不聞是何種語言。一陣子後，乾隆忽然睜目問道：「這些人什麼姓名？」嘉慶不知如何對答，和珅卻高聲應答：「高天德、苟文明。」（此二人為白蓮教的起義領袖）嘉慶聽了莫名其妙，乾隆卻緩緩的點點頭，繼續閉目默語。過了些日子，嘉慶密召和珅問

日：「汝前日召對，上皇云何？汝所對作何解？」珅日：「上皇所誦為西域祕密咒。誦之則所惡之人雖在數千里外，亦當無疾而死，或有奇禍。奴才聞上皇持此咒，知所欲咒者必為教匪悍酋，故以此二人名對也。」嘉慶自愧弗如。

由此可見，和珅是一個察言觀色的高手，他很會揣摩乾隆皇帝的心理，對乾隆皇帝的脾氣、愛好、生活習慣、思考方法瞭若指掌，可以充分做到想乾隆之所想，為乾隆之所為。

一個人的心理活動雖然隱祕，但不可能永遠潛藏著，總會以這樣那樣的方式顯露出來。所以，聰明的女人只要善於揣摩他人的心思，觀人於細微、察人於無形，就能輕而易舉的識別他人的本質，洞察世事人心。

聰明的女人聽得出「弦外之音」

生活中，很多人說話的普遍特點是含蓄，要表達什麼意圖不會直接說出，會迂迴委婉的講出。聽話人需要細心領悟與揣摩，聽不出「弦外之音」的人會被視為智力低下的愚蠢之人。

所謂「弦外之音」，也就是人們俗說得「話裡有話」，已經頻繁的出現日常生活的各種場合。例如：同事看似在鼓勵你，其實卻否定了你的行為；朋友答應馬上幫你做的事，其實卻是在推辭；有些人好像什麼都沒說，但明白人卻一切都清楚了……所以，為了弄清對方說話的真正意圖，在與人交談的過程中，我們要學會聽出弦外之音。

星期天，力軍陪爸爸一塊去給爺爺看病。忙了一上午，爸爸拿了一大堆化驗單遞給醫生。醫生仔細看了後說：「不用治了。回去以後呀，喜歡吃點什麼就吃點什麼。」聽了這話，力軍還挺高興：「太好了，大夫是說爺爺沒病呀！」但在回家的路上，力軍看見爸爸低著頭，滿臉的愁容，心裡特別納

悶，爸爸是怎麼啦？回到家後，爸爸把他悄悄的拉到一邊說：「兒子呀，爺爺的病沒得治了，你以後可別再惹爺爺生氣了。」力軍這時才明白醫生說話的真正意思，眼淚一下子滑落下來。

在人與人之間的溝通中，出於種種原因，有時候對方的某些意思是透過委婉含蓄，或閃爍其詞的話語表達出來的。對於這潛藏其中未明白說出的話，傾聽者必須留意對方說話的語氣、聲調、用詞、神態和談話的背景，並透過這些仔細的去體會對方的言外之意，才能真正理解對方說話的意圖和隱涵，從而作出正確的判斷和回應，以加強雙方交流溝通的效果。這需要一定的功底。如若不然，聽不懂別人話裡隱藏的涵義，就很容易形成誤解。

南朝時有個大臣叫劉裕，因平定叛亂有功被封為宋王。位高權重的劉裕並沒有滿足於加官晉爵這件事情，他想要做的是皇帝。但是，這樣的話又不好自己說出來。

一天，他招待其他大臣吃飯，吃飯的時候他說：「桓玄陰謀篡位，是我舉起義旗，討伐頑凶，皇室才得復興。想我這一生，南征北戰，平定四海，大功告成。到現在年歲大了，雖說位極人臣，但心裡頭總覺得不踏實。我想奉還爵位，告老回到京師去做個富翁，安度晚年。」

很多人聽他這樣說，都爭著恭維他，這些忙著對他奉承拍馬的人沒有一個將他的真實意圖聽出來。在宴席上，有一個叫做傅亮的人聽到劉裕這樣說，只是沉默不作聲。宴會結束以後，他回到家裡將劉裕的話又琢磨了一番，終於明白了劉裕話中的意思。

於是，他立即來到劉府拜見劉裕。他只和劉裕說了一句話：「微臣覺得自己應該立即回京城一趟。」劉裕一聽立刻明白了傅亮的意思，於是他問：「你要幾個人給你送行呢？」傅亮對劉裕說：「只要幾十個人就夠了。」

　　這樣，傅亮回到了京城，到皇帝的住所拜見皇帝，開始逼迫皇帝退位，並寫下禪讓書，將自己的皇位禪讓給劉裕。就這樣，劉裕沒有花費絲毫力氣就登上了皇帝的寶座。當然，聰明的傅亮也沒有白白花費這些力氣，劉裕一登上皇帝的位置就重重賞賜了傅亮。

　　傅亮的聰明就在於明白了劉裕話中的意思，並幫助他達成了心願，自然也就得到了劉裕的欣賞。所以，我們在聽別人說話時，不但要聽清說的內容，更要認真思考，聽出話外之音才行。這樣不但能幫助說話者完成心願，也能為自己建立良好的人際關係。

聽懂言外之意

　　俗話說：「聽鑼聽聲，聽話聽音。」任何資訊，既有表層的直接意思，又有內在的深層含義。聰明的女人要學會邊聽邊分析，準確領會對方的意圖，既要敏感的體察資訊的含義，又要防止過度敏感的主觀臆測，以免誤解而產生感情障礙。

　　有些時候，說話者是不能將自己的意思直接表達出來的，這個時候就要求你能夠準確的揣測出說話者的弦外之音。

　　說話者含蓄的表達方式需要你聽出其中的意思，如果你能夠準確的聽出說話者要表達的真正意圖，那麼就能和說話者做很好的溝通。

　　陳執中是宋仁宗時期的宰相。一次，他任命一個叫曾魯的人為侍制，這個曾魯是進士出身，而且是陳執中六弟媳的三舅。他的弟媳在聽到這樣的任命以後，知道自己的舅舅屈才了，於是想在陳執中面前講出自己的意思，但又不好直說。有一次，當陳執中來六弟家的時候，弟媳就和他說：「丞相給我舅舅安排的事情他很樂意做，但是外婆卻埋怨三舅說他在科舉考試之後就荒

137

廢了學業，又加上丞相對他的情況不了解，所以沒有被丞相委以重任，只是擔任了侍制一職。這樣的安排是為了讓他好好學習，增長見識。」

弟媳的這番話，雖然沒有明確的表達自己的意思，但陳執中聽出了話中的涵義。他知道是自己安排失察造成了這樣的結果，於是重新安排給曾魯一個比較重要的職位，讓他的才學得以施展。

現實中，我們少不了與他人言談話語，同時也常常會感覺到別人的言外之意和重要暗示。因此，只要你能留心琢磨，對方要表達的弦外之音必能從他說話的簾幕下逐漸透露出來。

領會他人的真正意圖

俗話說：「知己知彼，百戰不殆。」在生活和工作中，很多女性朋友不能夠完全的領悟別人的意圖，說話做事總是事與願違，因此，我們要學會從言行舉止和處事中觀察一個人，發現他的思維方式與個性喜惡，掌握他真正的意圖，以便更好的與之相處。

彥君是剛出大學進入職場工作的新人，一心想要好好的表現自己得到老闆賞識，卻忘了其他同事的存在而處處鋒芒畢露，不懂得掩飾自己，他每次開會都會向老闆提出一些建設性的意見，很快的老闆便注意到他了，而引起了同事們的不滿。

「彥君，你好聰明啊，連我們想不到的你都想到了。」

「是啊，你工作能力真強，適應能力也特別好，頭腦又聰明，真是好啊！」

「謝謝。」

「不用謝，我們以後還要靠你在上司面前多多替我們美言幾句呢？」

「那時當然，我一定會的，一定會的。」

對於同事們的話語彥君連想也沒有想就接受了，時間一長，彥君在同事們的恭維下和上司的寵愛下變得不可一世了。有時還會在公共場合頂撞上司，讓上司覺得沒面子。特別是有一次，他當著上司的上司的面說：「經理你說錯了，應該是這樣的……」

「哦，是嗎？」

「是啊，你看看……」

「是嗎？還真是謝謝你。」

「不用。」彥君還露出一副洋洋得意的表情。

終於有一天上司把他叫到辦公室對他說：「有人說你經常擅作主張，和同事合作的不好。希望你能注意一下。」

漸漸的，上司在出席重要場合時不在帶著彥君一起去了，而他在同事們的排斥之下終於辭職了。

人際關係中最難修的一門課，就是聽懂別人話裡的「弦外之音」。就像上述例子中彥君聽不懂同事和上司的弦外之音一樣，最終得到了上司的嚴重警告。

見人說人話，見鬼說鬼話

俗話說得好：「見什麼人說什麼話。」聰明的女人說話因人而異，看碟下菜。這是說話的一個技巧，也是一個原則。

一天，孔子帶著他的幾名學生出外講學、遊覽，一路上十分辛苦。這天，孔子一行人來到一個村莊，他們在一片樹蔭下休息，正準備吃點乾糧、

喝點水，不料，孔子的馬掙脫了韁繩，跑到田地裡去啃人家的麥苗。一個農夫上前抓住馬繩，將馬扣下了。

子貢是孔子最得意的學生之一，一貫能言善辯。他憑著不凡的口才，自告奮勇的上前去企圖說服那個農夫，爭取和解。可是，他說話文縐縐，滿口之乎者也，天上地下，將大道理講了一串又一串，儘管費盡口舌，但農夫就是聽不進去。

有一位剛剛跟隨孔子不久的新學生，論學識、才幹遠不如子貢。當他看到子貢與農夫僵持不下的情景時，便對孔子說：「老師，請讓我去試試看。」

於是他走到農夫面前，笑著對農夫說：「你並不是在遙遠的東海種田，我們也不是在遙遠的西海耕地，我們彼此靠得很近，相隔不遠，我的馬怎麼可能不吃你的作物呢？再說了，說不定哪天你的牛也會吃掉我的作物，你說是不是？我們該彼此諒解才是。」

農夫聽了這番話，覺得很有道理，便沒有了責怪的意思，於是將馬還給了孔子。旁邊幾個農夫也互相議論說：「像這樣說話才算有口才，哪像剛才那個人，說話不中聽。」

可見，說話要看對象，否則，你再能言善辯，別人不買你的帳也是白搭。說話要看對象，即要針對不同的人，說不同的話，這樣才能有利於創造一種和諧、融洽的氣氛。

所謂「射箭要看靶子，彈琴要看聽眾。」生活中，每個人的身分、職業、經歷、文化教養、思想、性格、處境、心情等都不相同，聰明的女人要針對不同對象和對象的不同情況，採取不同的策略，用不同的言語表達，這樣才能達到有效的說話的目的。

《世說新語》中有這樣一個故事：

有個叫許允的人在吏部做官，提拔了很多同鄉人。魏明帝察覺之後，便派人去抓他。他的妻子在他即將被帶走時，趕出來告誡他說：「明主可以理奪，難以情求。」讓他向皇帝申明道理，而不要寄希望於哀情求饒。因為，依皇帝的身分地位是不可能隨便以情斷事的，皇帝以國為重，以公為重，只有以理斷事和以理說話，才能維護好國家利益和身為一國之主的身分地位。

於是，當魏明帝審訊許允的時候，許允直率的回答說：「陛下規定的用人原則是『唯賢是舉』，我的同鄉我最了解，請陛下考察他們是否合格，如果不稱職，臣願處罰。」魏明帝派人考察許允提拔的同鄉，他們倒都很稱職，於是就將許允釋放了，還賞了他一套新衣服。

說話要考慮對方的身分地位，許允提拔同鄉，根據的是朝廷制定的薦舉制度。不管此舉妥不妥當，它都合乎皇帝在其身分地位上所認可的「理」。許允的妻子深知跟皇帝難以求情，卻可以「理」相爭，於是叮嚀許允以「舉爾所知」和用人稱職之「理」，來規避提拔同鄉、結黨營私之嫌。這可以說是善於根據說話對象的身分地位選擇說話方式的絕好例子。

生活中會遇到各式各樣的人們，他們的心理特點、脾氣個性、語言習慣也各不相同，由於這個緣故，就決定了他們對語言資訊的要求是不同的。所以，在與人交談時，聰明的女人不會用統一的說話方式來交流。與不同的對象談話，就要採用不同的談話方式，見什麼人說什麼話。

採取不同的說話技巧

一個善於說話的女人是受人歡迎的，她能夠根據不同的情況、不同的地點、不同的人物來與人溝通，通俗一點來說，就是因人而異，根據不同的情況來說不同的話。

　　戰國時期著名的縱橫家鬼谷子曾經精闢的總結與各式各樣的人談話的方法：「與智者言，依於博，與博者言，依於辯，與辯者言，依於要，與貴者言，依於勢，與富者言，依於高，與貧者言，依於利，與賤者言，依於謙，與勇者言，依於敢，與愚者言，依於銳。說人主者，必與之言奇，說人臣者，必與之言私。」

　　因此，在與人交談時，一定要對其情況作客觀的了解。只有知己知彼才能針對不同的對手，採取不同的說話技巧。

　　針對不同的對象談話應考慮以下幾個方面：

1.　性別差異。對男性需要採取較強有力的勸說語言，對女性則可以溫和一些。

2.　年齡差異。對年輕人應採取煽動的語言；對中年人應講明利害，讓他們斟酌；對老年人應以商量的口吻，盡量表示尊重的態度。

3.　地域差異。生活在不同地域的人也應有差別。如：對北方人，可採用粗獷的態度；對南方人，則應細膩一些。

4.　職業差異。要運用與對方所掌握的專業知識關聯較緊密的語言與之交談，對方對你的信任感就會大大增強。

5.　性格差異。若對方性格豪爽，便可單刀直入；若對方性格遲緩，則要「慢工出細活」；若對方生性多疑，切忌處處表白，應不動聲色，使其疑惑自消等等。

6.　文化水準差異。一般來說，對文化水準低的人採用的方法應簡單明確，多使用一些具體數字和例子；對文化水準高的人，則可採用抽象說理的方法。

7.　興趣愛好差異。凡是有興趣愛好的人，當你談起有關他的愛好這方面的

事情來，對方都會興味盎然。同時對你無形中也會產生好感，為你們的
關係打下良好的基礎。

和不同性格的人說話

有句俗話叫做「人上一百，形形色色。」人各有其情，各有其性。言辭
表達的內容和方式要因人而異，符合接受對象的脾氣性格，才有可能產生
「同聲相應，同氣相求」的效果。在與別人交流時，聰明的女人會因人而異，
講究「求神看佛，說話看人」。

兩千多年前，孔子就注意到要針對學生的不同性格來回答他的問題。有
一次，孔子的學生仲由問：「聽到了，就可以去做嗎？」孔子回答說：「不能。」
另一個學生冉求也問同樣的問題：「聽到了，就可以去幹嗎？」孔子的回答是：
「那當然，去做吧！」公西華聽了，對於孔子的回答感到有些疑惑，就問孔子
說：「這兩個人問的問題相同，而你的回答卻相反。我有點兒糊塗，於是來請
教。」孔子答：「求也退，故進之；由也兼人，故退之。」孔子的意思是，冉
求平時做事好退縮，所以我就給他壯膽；仲由好勝，膽大勇為，所以我要勸
阻他，做事要三思而行。

可見，孔子誨人不是千篇一律，而是因人而異，因材施教，特別注意學
生的性格特徵，因此能夠使學生聽進自己的話。教育如此，與人說話也是如
此。所以在與人交談時，我們要注意觀察對方的性格。

一般來說，一個人的性格特點往往透過自身的言談舉止、表情等流露出
來，比如：那些快言快語、舉止簡潔、眼神鋒利、情緒易衝動的人，往往是
性格急躁的人；那些直率熱情、活潑好動、反應迅速、喜歡交流的人，往往
是性格開朗的人；那些表情細膩，眼神穩定，說話慢條斯理，舉止注意分寸

的人，往往是性格穩重的人；那些安靜、抑鬱、不苟言笑、喜歡獨處、不善交流的人，往往是性格孤僻的人；那些口出狂言、自吹自擂、好為人師的人，往往是驕傲自負的人；那些懂禮貌、講信義，實事求是、心平氣和、尊重別人的人，往往是謙虛謹慎的人。對於這些不同性格的對話對象，一定要具體分析，區別對待。如果他喜歡婉轉，就說流利的話；他喜歡學問的，就說高遠的話；他喜歡家常的，就說淺顯的話；他喜歡誠懇的，就說樸實的話。說話方式與對方性格相投，自然能一拍即合。

什麼場合做什麼事

　　說話是否得體，要看身處的環境和環境中的人。假如一個人說話隨便，不看周圍的情況，說出不合時宜的話，就會很難堪，甚至會傷害到別人。

　　有個年輕人長得眉清目秀，儀表不俗，可就是不會說話。

　　岳父去世，家人都很悲痛。他以酒相慰，對家人說：「好事成雙，再飲一杯。」朋友結婚，他前去祝賀。喜宴上，他慷慨陳詞：「憑我們交情，下次你再結婚時我還來喝酒。」滿座賓客面面相覷，朋友哭笑不得。他卻山吃海喝，渾然不覺。

　　因為這個年輕人說話太不合時宜，以後誰家有婚喪嫁娶的事情都不再歡迎他了。

　　不看場合，隨心所欲，信口開河，想到什麼說什麼，這是「不會說話」人的一種拙劣表現。人，總是在一定時間、一定地點、一定條件下生活，在不同的場合，面對著不同人、不同事，聰明的女人就應該說不同的話，用不同的方式說話，這樣才能收到理想的言談效果。

　　麗萍在一家公司做祕書已經很多年了，一次，她想請一天假，於是她走進主管辦公室便說：「我想請一天假，可以嗎？」主管問她原因，她說：「有人約我去郊遊釣魚。」其實主管也是個釣魚迷，但他還是很惱火的板著臉說：「為什麼非要明天，星期天不行嗎？」麗萍解釋說，是男友約她出去釣魚，她男朋友星期天沒休假，主管只好勉強答應她的申請，但是以後對她產生了工作不認真負責的成見。

　　公司的另一名同事善珠吸取了麗萍的教訓，有一次，也想請假和男友去滑雪，但她沒有在辦公室和主管請假，而是在中午吃飯時的輕鬆氛圍中，跟主管請假，於是主管笑咪咪的同意了她的申請，還認為她很有生活情趣。

　　由上述可知，妳的談吐，以及說話話題的性質必須跟所處的場合協調。因此，在不同的場合，面對不同人，不同的事，聰明的女人應該從不同目的出發，用不同的方式說話，這樣才能收到理想的言談效果。

說話要注意場合

　　俗話說得好：「在什麼場合，說什麼話。」聰明的女人都深諳此道，所以在交際中才能夠左右逢源，大出風頭。我們雖然不一定需要那麼高超的說話技巧，但是，在適當的場合、對適當的人說適當的話的技巧還是非常有用的。否則，再好的話題，再優美的話語也收不到好的效果，有時甚至會適得其反。所以，話隨境遷的藝術首先強調的就是說話的場合。

　　所謂境，有社會環境、自然環境和說話的具體場景。這裡指的主要是說話的具體場景，即由一定的時間因素、空間因素和交際情景有機組合成為的言語交際場合。交談時，說和聽雙方對話語的採用或理解，都要受特定場合的影響和制約。就說的一方來說，無論是話題的選擇，還是話語形式的採用

等，都要根據特定場合的需要來決定。

　　「說話要注意場合」，這是提醒你說話時要注意所處的時間、地點和周圍的情況，不要違背時間地點對你的限制。很多人都有過因說話行為與說話時境失去統一、和諧而產生過這樣的懊悔：「在那種情況下我不該那麼說。」說話行為與說話時的環境必須保持統一，這是一條不可違背的規律。說出的話就如潑出去的水，想要再收回是不可能的事情，所以說話時注意場合就成為非常需要關注的事情，要盡量做到「三緘其口」。

看場合說話的女人受歡迎

　　在什麼場合說什麼話，是人們在長期交際實踐中總結出來的經驗。談話雙方對於話題的選擇與理解、某個觀念的形成與改變、談話的心理反應以及交談結果，無不與場合有直接關聯。這就需要你估計場合影響力，並有意識的巧妙利用場合效應。

　　大文豪魯迅先生有一篇散文《立論》，講的是一家人家生了一個男孩，全家高興極了。滿月的時候，抱出來給客人看 —— 自然是想討點好兆頭。一個人說：「這孩子將來要發財。」於是這個人得到一番感謝。一個人說：「這孩子將來要做官的。」於是這個人收回幾句恭維。最後一個人說：「這孩子將來要死的。」於是這個人得到一頓大家合力的痛打。

　　在這個故事中，孩子滿月是喜事，主人這個時候希望聽讚美之詞，儘管是信口之言也好，而說孩子將來必死雖然是有根據之言，但必使主人火冒三丈。這就是因為言語與場合和喜慶的氣氛不協調。

　　老李和老趙平時愛開玩笑，幾天沒有見，一見面就說：「你還沒有死呀？」對方也不計較，回一句：「我等著給你送花圈呢！」兩個人哈哈一笑了事。

後來，老李因病住進了醫院，老趙去醫院看望，一見面想逗逗他，又說：「你還沒有死呀？」這一次，老李立刻變了臉，生氣的說：「滾，你滾！」把他趕了出去。

這老趙也真是的，老李正在病中，心理壓力很大。他在病房裡對著憂心忡忡的病人說「死」，顯然是沒考慮場合，人家怎能不反感、不惱火？其實，老趙本來也是好意，想讓對方開心的笑一下，只可惜他缺乏場合意識，不該在這種場合開玩笑，才鬧出了不愉快。

所以，說話時無論是話題的選擇、內容的安排，還是言語形式的採用，都應該根據特定場合的表達需要來決定取捨，做到靈活自如。要注意場合的莊重與否、親密與否、正式與否、喜慶與否。

說話要看場合，常見的有以下幾種區分，聰明的女人要掌握相關要點：

1. 自己人的場合和外人的場合

常言說：對自己人「關起門來講話」，可以無話不談，甚至可以說些放肆的話，什麼事都好辦。但是如果對外人講話，總懷有戒心，「逢人只說三分話，未可全拋一片心。」做事也通常是公事公辦。

2. 正式場合與非正式場合

這個區分是很重要的，正式場合說話就應該嚴肅認真，事先要有所準備，不能胡扯一通。非正式場合，就可隨便一些，像聊家常一樣，便於感情交流與談深。現實生活中，有些人談話味同嚼蠟，有人講話俗不可耐，有些人說話文縐縐的，就是沒有掌握正式場合與非正式場合的界限。

3. 莊重場合與隨便場合

比如「我特地跑來看你」這句話，就顯得很莊重；「我順便過來看你」，

就有點順路就看你來了的意思，可以減輕對方負擔。可是，在莊重的場合說「我順便來看你」就顯得不夠認真、嚴肅，會給聽者的心裡蒙上一層陰影。在平常的日子裡，明明「順便看你來了」偏偏說成是「特地看你來了」，也有些小題大做，讓對方感到緊張。

4. 喜慶場合與悲痛場合

通常情況下，說話應和場合中的氣氛協調。在別人辦喜事的時候，千萬不要說悲傷的話；在人家悲痛的時候，你逗小孩玩，說些逗樂的話，甚至哼哼民歌小調，別人都會說你這個人太不懂事了。

聰明的女人親君子，遠小人

與人交流，我們當然不能以偽詐為交流手段，但內心一定要識得偽與詐，讓小人不能靠近你。說話是最容易讓小人接近的方式，也是最容易讓小人遠離你的方式，是親近還是遠離，這其中的關鍵就在於你如何說話。

逢人只說三分話，不可全拋一片心

從身心角度來看，人要是有心事，就應該訴說出來，一吐為快，這樣才不會在內心堆積，以致於悶出病來。心理專家們的這種建議完全正確，但這裡我們還有另外一條建議:「逢人只說三分話，不可全拋一片心」。要說可以，但不能隨便亂說。所謂隨便亂說，是指不區分心事的內容，也沒有區分說話對象，見人就說，想說就說。換句話說，如果妳覺得自己的心事必須一吐為快，一定要想想：這件事能對他講嗎？之所以建議妳如此謹慎處理自己的心事，是因為傾吐心事會顯露一個人的脆弱點，這種脆弱點會改變他人對妳的

印象，雖然有的人會欣賞妳性格的某方面，但有的人卻會因此下意識的看不起妳。最糟糕的是，一旦妳的脆弱面被人掌握，在改日與妳爭鬥時，這就成了妳的致命傷。儘管這種情形不一定會發生，但妳必須提防。

俊傑是某公司的業務員，他因工作認真、勤於思考、業績良好被公司確定為副經理候選人。但只因他無意間透露了一個屬於自己的祕密而被競爭對手擊敗，終未被重用。

俊傑和同事周勃的私交甚好，常在一起喝酒聊天。一個週末，他備了一些酒菜約了周勃在宿舍裡共飲。倆人酒越喝越多，話越說越多。微醉的俊傑向周勃說了一件他對任何人也沒有說過的事。「我高中畢業後沒考上大學，有一段時間沒事做，心情特別不好。有一次和幾個哥們喝了些酒，回家時看見路邊停著一輛摩托車。一見四周無人。一個朋友撬開鎖，由我把車給騎走了。後來，那朋友盜竊時被逮住，送到了派出所，供出了我，結果我被判了刑。刑滿後我四處找工作，處處沒人要。沒辦法，經朋友介紹我才來到南部。不管怎麼說，現在我得珍惜，得在公司好好幹。」

俊傑來公司三年後，公司根據他的表現和業績，把他和周勃確定為業務部副經理候選人。總經理找他談話時，他表示一定加倍努力，不辜負經理的厚望。誰知道，沒過兩天，公司人事部突然宣布周勃為業務部副經理，俊傑調出業務部另行安排工作職位。事後，俊傑才從人事部了解到是周勃從中搞的鬼。

原來，在候選人名單確定後，周勃便去總經理辦公室，向總經理談了俊傑曾被判刑坐牢的事。不難想像，一個曾經犯過法的人，老闆怎麼會重用呢？儘管你現在表現得不錯，可歷史上的那個汙點是怎麼也不會擦洗乾淨的。知道真相後，俊傑又氣又恨又無奈，只得接受調遣，去了別的不怎麼重

要的部門上班。

不把自己的祕密全盤的告訴給對方是處世的潛規則。不要親手為自己埋下一顆「炸彈」。切記在任何情況下，都要逢人只說三分話，未可全拋一片心。

認清你周圍的小人

在日常工作和生活中，許多隻會幹事業的君子敗在了小人的手裡。因而，經常可以聽到這樣一句話：寧可得罪君子，不可得罪小人。小人的手段確實厲害，所以連孔老夫子也說：親君子，遠小人。那麼，如果真的碰上了小人，究竟應該怎麼辦呢？首先，要認清小人的嘴臉。

雖然小人們看上去有些形形色色，讓人手忙腳亂的，但是狐狸再狡猾也逃不出好獵手的眼睛。

謊報情況，故意讓你在眾人面前丟醜。這樣的人，一開始的時候，會給人一種「大好人」的感覺，在自己疏忽的時候「提醒你」，讓你「恍然大悟」以後馬上開始照著人家的指點開始努力。比如，新到一個公司，同事說明天某領導來檢查，穿漂亮點，結果領導是老處女，視「花枝招展」的小女生為眼中釘。到頭來，自己才發現這個「提醒」根本就是個圈套，只不過初來乍到上了當，但又只能充當一回吃了黃連的啞巴，在眾人面前丟了醜卻不能聲張。

加油添醋，讓你和周圍的人矛盾升級。有的時候，人們會和自己周圍的某個人因為做事方式不同而吵過幾句，產生點過節，心裡互相不服氣，暗地裡也不免會憤憤不平加以指責。這個時候，有的人就會過來「安慰」你，對你的優點大加讚賞，指責對方如何不好，如何在自己的背後拆臺。你的怒火

聰明的女人親君子，遠小人

一定一下子升溫，甚至馬上不加任何考慮就沖過去大吵大鬧，結果導致上司參與平息，其實，你只是上了此小人挑唆的當。

把你的私下埋怨向眾人公開。現代的生活節奏緊張，人們的壓力很大，所以就不免有些牢騷需要發洩一下，緩解自己的神經。可是有的時候，你的聽眾就轉眼成了宣講者，幾句牢騷弄得大家都知道了，弄不好人家會直接找上門來質問你，你可能會被這個長舌小人整得無言以對、尷尬異常。

一朝得勢，便趾高氣揚仗勢欺人。也許，與你有隔膜的人突然搖身一變變成了上司，在上任之後，新官的第一把火就朝你燒來，推翻你的工作設想，抹煞你的工作業績，即使你據理力爭也很難擺脫「欲加之罪，何患無辭」的境遇，多年拼殺廝打的成果眼看就要毀在得志小人的手中。所以此事只能學韓信忍胯下之辱，伺機採取反攻。

當面奉承，背後使絆子。有的時候自己費盡了九牛二虎之力，絞盡腦汁終於想出一個新點子新措施來，徵求大家意見的時候也得到了眾人的一致同意。但是具體實施起來，卻感到無形的壓力籠罩在自己周圍，可以說是舉步維艱。這個時候一定是有人從中作梗，且此人幾乎一定就是當面最支持你的那個人。他當面支持你，背後就反對你，還把許多原本支持你的人都拉攏過去了，讓你在大家的「支持」中成為孤家寡人。

對付小人的大原則

在熟知小人類型之後，聰明的女人對付每個具體的小人需要有不同的辦法。

不得罪他們：一般來說，「小人」比「君子」敏感，心裡也比較自卑，因此你不要在語言上刺激他們，也不要在利益上得罪他們，尤其不要為了「正

151

義」而去揭發他們，那只會害到自己。

保持距離：別和小人們過度親近，保持淡淡的一般關係就可以了，但也不要太過疏遠，好像不把他們放在眼裡似的，否則他們會這樣想：「妳有什麼了不起的？」於是妳就要倒楣了。

小心說話：說些「今天天氣真好」的話也就可以了，如果談了別人的隱私，談了某人的不是，或是發了某些牢騷不平，這些話絕對會變成他們興風作浪和整妳的材料。小人是絕對沒有口德的，所以和他們談話時還是小心為妙。

不要有利益瓜葛：小人常成群結黨、霸占利益、形成勢力，妳千萬不要想靠他們來獲得利益，因為妳一旦得到利益，他們必然要求相當的回報，甚至如鼻涕一般，黏著妳不放，想脫身都不可能。

吃些小虧無妨：「小人」有時也會因無心之過而害了妳，如果是小虧就算了，因為妳找他們不但討不回公道，反而會結下更大的仇，所以，原諒他們吧！

這樣就能和「小人」們相安無事了嗎？不敢保證妳一定無事，但相信可以把傷害減到最小程度。

在現實的工作、生活中，寧可得罪君子，也不要得罪小人，得罪了君子，他們不會無故的報復妳，妳們還有和好的機會。得罪了小人，他們將成為妳永遠的敵人。

會說話的女人懂得迎合他人

怎樣說話才能使自己成為一個受歡迎的女人？就要去了解他人的興趣所

在，並且與他說他最感興趣的話題。當你跟他溝通這些話題，她會感到你對他的關切，理所當然就會喜歡你。

古人說：「話不投機半句多」。只要抓住了對方的興趣，投其所好，不僅不會「半句多」，而且會千句萬句也嫌少，越談越投機，越談越要好。

創業不易，對女人來說更是如此。關靜是一家房地產公司的經理，在創業之初，公司的發展遇到很大的困難，各種批文很難拿到，嚴重制約了公司的發展。她在接受記者採訪中說：

「在多次拜訪相關單位局長失敗後，我想再這樣做，我將永遠失敗，在研究了人際關係並反覆思考後，我覺得我應該找出對方喜歡的東西，來一個『投其所好』。」

「一天，我又到局長那裡拜訪。這一次，我學會了觀察，我有了新的發現—— 局長辦公座位上方有一幅巨大合影。上面，局長與余秋雨先生坐在沙發上開心的笑著。於是我對他說：『局長，我一直想請余秋雨先生幫我簽個名，但從未如願，我聽說，您跟余先生關係非常好，您怎麼會跟他那麼要好呢？』這一問有立竿見影的效果，局長的臉色馬上變亮了。」

「這也沒有什麼，我本人很喜歡文學，很多年前，余秋雨還沒有成名前，我們就是朋友⋯⋯」。

接著，關靜又「小心翼翼」、「輕描淡寫」的向孫局長提出自己與王蒙先生有很深的交情，超出她的預想，局長馬上說：「有時間，妳請他一起吃飯，我來『買單』。」

關於這個話題，他們談了足足兩個小時，離開時，關靜帶著已批下的申請報告和局長對她工作更多支援的承諾。

現在，這位局長早已退休了，但他們仍然是很好的朋友。

由此可見，投其所好，談論別人感興趣的話題，常常可以把兩個人的情感緊緊的連在一起，而且還是打破僵局，縮短交流距離的良策。

談對方感興趣的事

在與人交談的時候，聰明的女人會找對方感興趣的事或物交談，使談話的氣氛友好而和諧，而愚蠢的女人則對自己感興趣的事情或自己的愛好大肆吹噓，使對方感覺到談話乏味無聊，當然不同的談話形式帶來的結果也不會相同。

曾經拜訪過羅斯福的人，都會驚嘆他的博學。不論你是什麼職業、什麼階層的人，他都能針對你的特長侃侃而談。其實這個道理很簡單，當羅斯福知道訪客的特殊興趣後，他會預先研讀這方面的資料以作為話題。因為羅斯福知道，打動人心的最佳方法，就是談論對方所感興趣的事情。

艾麗是一個傑出的大學校長，大家都十分尊重和愛戴她，因為她總會無限的對別人尊重和表示感興趣。一天，一個大學生到校長室申請一筆學生貸款，被批准了，這個大學生萬分感激的向艾麗道謝。正要退出時，艾麗說：「有時間嗎？請再坐一會兒。」接著，學生十分驚奇的聽到校長說：「你在自己的房間裡親手下廚是嗎？我上大學時也做過。我做過牛肉獅子頭，你做過沒有？要是煮得很爛，這可是一道很好吃的菜呢！」接下去，她又詳細的告訴學生怎樣挑選牛肉，怎樣用文火燜煮，怎樣切碎，然後放冷了再吃。「你吃的東西必須有足夠的營養。」校長最後說。多麼了不起的大學校長！有誰會不喜歡這樣的人呢？

紐約銀行家杜威先生說道：「我仔細研究過有關人際關係的叢書，發現必須改變策略，我決定去找出這個人的興趣，想辦法激起他的熱忱。」所以，

如果你希望別人喜歡你，就要抓住其中的訣竅：了解對方的興趣，針對他所喜歡的話題與他聊天。

簡小姐是一家大銀行的祕書。她奉命寫一篇有關某公司的機密報告。她只知道有一家公司的董事長擁有她需要的資料。簡小姐便去拜訪這位董事長。當她走進辦公室時，一位女祕書從另一扇門中探出頭來對董事長說，今天沒有什麼郵票。「我替兒子收集郵票。」董事長對簡小姐解釋。那次談話沒有結果，董事長不願意提供任何資料。簡小姐回來後感到十分沮喪。然而幸運的是，她記住了那位女祕書和董事長所說得話。第二天，她又去了。讓人進去傳話說，她要送給董事長的兒子一些郵票。董事長高興極了，用簡小姐的原話說：「即使競選國會委員也沒有這麼熱誠！他緊握我的手，滿臉笑容。『哦，喬治！他一定喜歡這張。瞧這張，喬治一定會把它當作無價之寶！』董事長連連讚嘆，一面撫弄著那些郵票。整整一個小時，我們談論著郵票。奇蹟出現了：沒等我提醒他，他就把我需要的資料全都告訴了我。不僅如此，他還打電話找人來，把一些事實、資料、報告、信件全部提供給我。出門我便想起一句一個新聞記者常說的話：『此行大有收穫！』」簡小姐滿載而歸。她並沒有發現什麼新的真理，她只是記住了著名的老羅馬詩人所說過的一句話：「你對別人感興趣，是在別人對你感興趣的時候。」

談論對方感興趣的事或物，是在無形中給對方一個讚美和肯定，會使你獲得好感，從而拉近彼此之間的距離。

每個人都有自己感興趣的事物或話題，所以，聰明的女人總會找到他人的興趣點，積極主動的為他人送上「一頓美味大餐」，這樣做比漫無目的的亂說一通強一百倍。

把馬屁拍到人的心裡

生活中，真正討厭別人對自己拍馬屁的人幾乎沒有。會拍馬屁的女人在這個社會上，肯定比較吃香，在各種場合能游刃有餘，因為我們身邊幾乎任何人都愛慕虛榮，都愛聽恭維話。

曾經叱吒風雲一世的拿破崙，有過這麼一段歷史。

拿破崙是非常討厭別人拍他馬屁的。

有一次，一個隨從對他說：「將軍！您最討厭別人對您拍馬屁的吧！」

拿破崙笑著回答：「是的，一點也不錯！」

事實上，那位隨從不正是拍了一次響亮的「馬屁」嗎？

一個好的人際關係對一個人是相當的重要，但是好多女人卻不懂得說恭維話對打造良好人際關係的重要性。實際上，讚美別人、恭維別人是人際關係上至高無上的「潤滑劑」，而且這種美麗的言詞又是免費供應；如此「於人有利、於己無損而有利」的事情，又何樂不為呢？

拍馬屁是一種博得好感和維繫好感最有效的方法。它還是促進人繼續努力賣命最強烈的興奮劑，這是由人性的本能所決定的。想使求人成功就必須學會這一招。

一句恭維的話，猶如一泓清泉，透徹、晶瑩，沁人心脾，流經之處充滿了溫馨與滋潤。它不僅在人與人之間吹散了冷漠的霧靄，而且讓友誼得以加深，讓工作一帆風順，讓交際更得人緣。所以，聰明的女人不妨多學學將馬屁拍到人的心裡。

第五章

笑傲職場 —— 聰明的女人說話滴水不漏

　　職場上，我們每天和同事、上司、客戶之間難免有話要說。說什麼，怎麼說，什麼話能說，什麼話不能說，都應該「講究」。可以說，在職場上「說話」也是一種藝術。很多時候，有些白領麗人吃虧就是因為沒能管住自己的嘴巴。為了避免不必要的麻煩，我們應該掌握一些職場說話的技巧。

會說話的女人輕鬆闖過面試關

語言是求職者在求職面試中與面試人員溝通自身情況、交流思想感情的工具，更是求職者敞開心扉，展示自己的知識、智慧、能力和氣質的一個主要管道。

求職者透過語言向面試官介紹自己的基本情況，表達自己的想法與觀念，同時還要透過語言來感染面試官，吸引面試官的注意力，增加面試官對自己的信心。

恰當得體的語言無疑會增強你的競爭力，幫助你獲得成功，反之，不得體的語言會損害你的形象，削弱你的競爭力，甚至導致求職面試的失敗。

有一位學歷並不高的女士到一家大公司應徵管理人員的時候，一位考官突然提問：「請問，一加一是多少？」女士先是一愣，略一思索後，便出其不意的反問考官：「請問，你是說得哪種場合下的一加一？如果是團隊精神，那麼一加一大於二；如果是單槍匹馬，那麼一加一小於二。所以，『一加一是多少？』這就要看你想要多少了。」由於女士採取了非常規性應對方式，在眾多應試者中，她便脫穎而出了。

由此可見，在人才競爭日益激烈的現代社會，透過面試是獲得理想職位的重要一環。女性求職者只有熟練的掌握求職面試的說話藝術，用語言恰當的表達出你的思想、才智和修養，才能在求職競爭中過關斬將，獲得成功。

聰明的女人善於自我推銷

面試時，求職者往往最先被問及的問題就是「請先介紹介紹妳自己。」這個問題看似簡單，但求職者一定要慎重對待，它是妳突出優勢和特長，展

現綜合素養的好機會。回答得好，會給人留下良好的第一印象。

　　求職是一門學問，又是一種技巧與藝術，必須講究智慧和策略，絕不能魯莽行事。許多女性求職者往往急於介紹自己，推銷自己，卻因為講話不夠有藝術而引起面試考官的反感。

　　瓊丹去某報社應徵業務主管，主持面試的負責人問她：「妳日常的興趣是什麼？」她說是看書。面試官問：「妳愛看什麼書。」瓊丹回答說：「愛讀西方經濟學著作。」面試官又問：「主要有哪些著作？」瓊丹搜腸刮肚偏偏一部著作也想不起來。其實她的確讀過一些，只是時間太長了，近日根本沒有摸過這類書，一時想不起書的名字。瓊丹本以為可以把自己塑造成為愛讀書、學識淵博，有能力勝任主管工作的人，結果由於介紹不「暢」，反而把自己弄成愛吹牛的人了。面試結果，她沒有收到錄取通知書。

　　看來，求職面試時，求職者的自我介紹非常重要。求職既是一種人生的自我選擇和自我「推銷」，也是對個人能力及素養的考驗，需要積極的策略應對才能心想事成，如願以償。要想做好自我推銷，需做到以下幾點：

1. 謙虛有禮

　　在做介紹前，要先對主試官打個招呼，道聲謝，如：「經理，您好，謝謝您給我這麼好的機會，現在，我向您做個簡單的自我介紹。」介紹完畢後，要向主試官道謝，並向在場面試人員表示謝意。

2. 開朗自信

　　在談論自己，推銷自己時，要做到不卑不亢，落落大方最好。而在平時生活中也常常聽人家說：「我有什麼好說的。你們天天不都看見了嗎？」這就使許多人養成從不自我評價、自我展示的習慣，到了要談論自己時，免不了

有些難以啟齒。筱萍去面試，整個過程，她的聲音都細如蚊蠅，特別是談到自己時，更顯得羞於張口。後來她打電話給公司祕書，公司祕書非常為難的告訴她，面試官說，妳那麼小的聲音，顯得對自己不自信，缺乏活力，也缺乏必要的應酬能力。筱萍拿著電話哭了起來。

自我介紹，不管妳的措辭多麼恰當，內容多麼豐富，語氣一定要自信，說話的速度要勻速、快慢適度。口齒一定要清晰。別讓面試官感到妳聲音中的疲乏、膽怯。聲音具有很強的感染力，一旦妳的聲音中注入了活力和自信，對面試官的感染將是非常強烈的。如果妳有優美的嗓音，一定要好好利用，那是妳最有利的武器。

3. 主題明確

在做自我介紹時，要簡單明瞭，抓住重點，突出特長。求職面試中的自我介紹宜簡不宜繁，一般包括下列基本要素：姓名、年齡、籍貫、學歷、學業情況、性格、特長、愛好、工作能力和工作經驗等等，對於這些不同的要素該詳述還是略說，應按照求才方的要求組織介紹資料，圍繞重點說話。假如求才公司對應徵的人的工作能力和工作經驗很重視，那麼，求職者就得從自己的工作能力及經驗出發做詳細的敘述，而且整個介紹都是以這個重點為中心。

這是某家工藝品總公司面試業務員的一則對話。

面試官：本公司主要是經營有地方特色或民族特色的工藝品，如景德鎮的陶瓷、美濃的紙傘等。這次面試的對象主要是能開拓海內外業務的美濃紙傘業務員。現在，先請妳介紹自己的情況。

應試者：我叫李敏，1986 年生於美濃鎮，今年畢業於樹德科技大學，是讀市場行銷系的。我一直生活在美濃，在我讀小學時，就在放學後幫媽媽、

奶奶做紙傘，先是學綁傘骨，再學上底漆。上到大學，四年的專業學習，使我掌握了行銷方面的專業知識，這是我將來做好業務的資本。我的口才不錯，曾參加大專院校的演講競賽，得了亞軍。我這個人的特點是頭腦靈活，反應快，平常愛看報紙，對國內外的經濟發展動態很感興趣。這位面試者對自己情況的介紹，清晰明瞭，重點突出，針對性很強。

4. 突出個性。

一個人是否具有應變能力和創新精神，不僅決定了這個人自身未來的發展，還直接關係到用人公司的效益和利益。因此，富有創新精神的人才，是深受企業歡迎的。面試中，個性鮮明的語言和行為，能夠給人留下深刻的印象，獲得用人單位的青睞。

一家廣告公司為了擴大業務進行徵才，參加面試的人很多。有位年輕人排在應徵隊伍的第 37 位。面對眾多的競爭者，他想出了一條對策，他輕輕走到主考官身旁說道：「先生，我排在隊伍的第 37 位。在我沒有面試之前，請您最好不要做出決定，謝謝！」這位年輕人別具一格的競職方式，讓主考官在眾多的應徵者中發現了他，廣告公司要用的就是這種善動腦筋且富有創意的人。

這說明具有獨創精神的語言和行動，能夠幫助我們在強手如雲的求職競爭中脫穎而出。

5. 讓事實講話

在自我介紹中，要盡量避免對自己做過多的誇張，一般不宜用「很」、「第一」、「最」等表示極端的詞來讚美自己。在面試中，有些人為了讓面試官對他留下深刻的印象，往往喜歡對自己進行過多的誇張，比如「我是很懂業務的」、「我是全年級成績最好的一個」，總是喜歡帶著優越的語氣說話，不斷

的表現自己。要知道，人外有人，天外有天，太多的炫耀自己反而會引起面試官的反感。

談論自己的話題，應盡可能避免一些誇大的形容詞，把話講得客觀真實，盡量用實際的事例去證明你所說的，最好用真實的事例來顯露妳的才華給面試官。

6.壓軸戲放在最後

當你有足夠的資歷和能力勝任某項工作時，不要在「自我介紹」中和盤托出、暴露無遺，要給自己留一手，以免引起人反感，留在後面說，會給人以謙虛誠實的印象，使面試官對你格外的刮目相看。

子堂曾經得過全國發明獎。他跟面試官沒有提過這件事，因為他覺得目前這份工作與他的發明沒什麼關係。沒想到當談話進一步深入時，面試官無意中提出這項發明。子堂笑笑說：「這是我前年研究的，去年和今年又做出了兩項。」面試官問：「得獎了嗎？」子堂說：「那有什麼值得提的。」子堂也許在今年和去年都沒有得獎，但他對得獎的淡薄，贏得了面試官的格外好感。面試官十分高興，錄用了子堂。

試想，如果子堂一開口講話就說自己獲得過幾次全國發明獎，面試人員也許會認為他更適合做發明創造。而且心理還會想：這人有什麼了不起的，別拿什麼獎來嚇唬我。你越用過去的業績來炫耀，面試官就越不買你的帳。

當你談到自己的業績時，絕不要以一板一眼的彙報方式。最輝煌的事，要用最輕描淡寫的口氣，避重就輕，避實就虛，神情淡漠，語言隨和。千萬不要賣力去談你的業績是多麼輝煌，業績的得來是多麼不容易，因為這一切在面試官眼中，不過小菜一碟，不值一提。你的渲染不能表明你的能力和堅強，反而表現出你的無能與懦弱。

7. 留有餘地

面試中的自我介紹既要坦誠，又要留有餘地；既要介紹自己的能力，又不要把自己搞到進退維谷的兩難境地。在自我介紹中，不要說太絕對的話：「這事沒問題！」、「我非常熟悉這項業務！」、「我保證讓部門改變面貌！」這些話常常是因為衝動而說出來的，在這些話下面沒有任何具體內容。如果面試官以為難的口氣問：「那麼你談談有些什麼措施？」或者「這項業務最新發展動向是什麼？」你就常常會張口結舌，尷尬萬分。

在自我介紹中你要盡可能保存你的實力，因為自我介紹只是面試中的談話內容之一，在自我介紹中胡誇海口，把自己暴露無遺，下面的話題就很難進行下去。

回答考官提問的技巧

面試過程中，面試官會向應徵者發問，而應徵者的回答將成為面試官考慮是否接受他的重要依據。

那麼，如何回答面試官的提問呢？

1. 你為什麼來應徵這份工作？

「我來應徵是因為我相信自己能為公司做出貢獻，我在這個領域的經驗很少有人比得上，而且我的適應能力使我確信我能把職責帶上一個新的臺階」。

2. 你有工作經驗嗎？

這是展示你才能的黃金時間。但在你行動之前，你必須絕對清楚對於應試者來說什麼是重要的。如果你不知道在起初的六個月時間裡你將涉足什麼項目，你必須詢問。你的思考和分析能力將得到尊重，你得到的資訊將自然

使你更能貼切的回答問題。

3. 你了解我們公司嗎？

說幾件你知道的事，其中至少有一樣是「銷售額為多少」之類。

4. 你為什麼辭去原來的工作？

「以我的專業、我的能力和志向，我想更好的發揮自己的特長。我認為貴公司則是我中意的。」

5. 你怎樣和未來的上司相處？

「我重視的是工作和成果。我能屈能伸，可以和任何人打交道。」你回答的主旨在於表現你交際能力較強，心胸開闊，在處理與上司關係時，以服從公司利益需要為原則，絕不會陷入個人的恩怨問題中去。

6. 如果你對公司安排的職位不滿意，你將怎麼辦？

「我感到遺憾，不過我還是樂意服從分配。我是基於對貴公司業務發展與工作作風的充分了解，才欣然前來應徵的，所以無論在哪個部門都會努力工作，況且我可以學到更多新的東西。當然，如果今後有合適機會仍可從事我所期望的工作時我將非常高興。」

7. 最能概括你自己的三個詞是什麼？

最好的回答是：適應能力強，有責任心和做事有始有終，結合具體例子向面試官解釋，使他們覺得你具有發展潛力。

8. 你過去的上級是怎樣的人？

別貶低過去的上司，提一下他的長處和不足。

9. 你最低的薪金要求是多少？

這是必不可少的問題，因為你和你的面試官出於不同的考慮都十分關心它。你聰明的做法是：不作正面回答。強調你最感興趣的是這個機遇和挑戰並存的工作，避免討論經濟上的報酬，直到你被僱用為止。

10. 你想過創業嗎？

這個問題可以顯示你的衝勁，但如果你的因答是「有」的話，千萬小心，下一個問題可能就是「那麼為什麼你不這樣做呢？」

11. 你的業餘愛好是什麼？

「我平時在業餘時間喜歡打籃球、下象棋，但從未因此而影響過工作。」這個問題看來很單純，但是往往有更深一層的意義，這是面試官企圖明白你的休息娛樂活動是否會干擾工作。

不當說閒話的「長舌婦」

「東家長，西家短」，這原本是家庭主婦的專利，身為受到過良好教育的女人本應該拒絕做一個「長舌婦」。可是偏偏有些女人，老是喜歡打聽諸如「老闆喜歡誰？誰在公司吃得開？誰家在鬧離婚？」之類與工作沒有關係的事。光打聽還不夠，她們還喜歡到處傳播，也不管這些事情是不是莫須有的。這些流言蜚語，閒言碎語如果讓當事人聽到，心裡一定不痛快，如果他們知道是妳在傳播這些消息，妳在辦公室裡的日子會好過嗎？

《伊索寓言》裡有這樣一個故事：

有一頭獅子老了，病倒在山洞裡。除了狐狸外，森林裡所有的動物都來

探望過他們的國王。狼因為對狐狸有所不滿，就利用探病的機會在獅子面前詆毀狐狸。

狼說：「大王，您是百獸之王，大家都很尊敬、愛戴您！可是，您現在生病了，狐狸偏偏不來探望您，牠一定是對大王心懷不滿，所以才會這樣怠慢您啊！……」

正說著，恰好狐狸趕來了，聽見了狼說的最後幾句話。一看見狐狸走進來，獅子就氣憤的對著牠大聲怒吼起來，並說要給狐狸最嚴厲的懲罰。

狐狸請求獅子給自己一個解釋的機會。牠說：「到您這裡來的動物，表面上看起來很關心您，可是，他們當中有誰像我這樣為您不辭勞苦的四處奔走，尋找醫生，找治病的方子的嗎？」

獅子一聽，便命令狐狸立刻把方子說出來。狐狸說：「只要把一隻狼活剝了，趁熱將牠的皮披到您身上，大王的病很快就會好了！」

頃刻之間，剛才還在獅子面前活靈活現的說狐狸壞話的狼，就變成了一具死屍，躺在地上了。狐狸笑著說：「你不應該挑起主人的惡意，而應當引導主人發善心。」

由此可見，在背後說人閒話、挑撥離間的後果就是害人害己。

說閒話的人，是指一種到處傳播一些無聊的、特別是涉及他人的隱私和謊言的人。換句話說，就是背後對他人品頭論足的人。雖說古人早有「謠言止於智者」的忠告，但智者畢竟很少，謠言總是會被傳來傳去。每個人忙忙碌碌的在一個公司裡工作，固然是為了公事，然而一起工作總要說話，說話也不可能光說正事，難免會講些題外話。其中有些閒談不僅很有趣，而且人們在背後談的也是有關同事的好處。然而有些卻純粹是傷害他人的閒話，不論有意還是無意，這種閒話都是不可寬恕的，因為故意的是卑鄙，無意的是

草率。何況有時「言者無心，聽者有意」，經過許多人豐富的想像，也許再一番穿鑿附會，改頭換面之後，謠言就產生了，再加上說閒話者捕風捉影，加油添醋之後，更使謠言的傳播速度加快，遠遠超過做事的速度。所以，遇到以傳播八卦為「主業」的同事，一旦你掌握不好尺度，會不知不覺為自己布下地雷陣，說不定什麼時候就讓你自身難保。

對員工來說，同事間閒聊時，最重要的就是清楚什麼事能聊、什麼事不能說。要知道，在職場，員工必須對自己的行為負責。同事間彼此分享工作上的意見與心得是件好事。但是，面對喜歡談公司八卦的同事，就必須要小心應對了。閒聊時，可以選擇天文地理、流行訊息、電影電視、時尚潮流為話題，切記不要談公司的人事與同事私人的八卦，更不能造謠生事。否則會引起同事的反感，也會讓主管覺得工作不夠努力，不值得信任，從而失去升遷機會。

不要談論別人的是非

常言道，人人背後有人說，背後人人在說人。「說人」是人的本性使然，許多人都有背後論人的是非的習慣，其中，所論的大多數是「非」——說得都是別人的壞話。這種攻擊通常是在非利益衝突前提下說的，於是論人者覺得自己不用背負道德意義上的責任，也就放任自己，對自己的這一「惡行」不加反思及制止。這是因為，他沒有意識到自己所做的事情的嚴重性，也沒有想到這將給他帶來嚴重的後果。

有這樣一個故事：

狐狸想從山羊開的公司跳槽到黃鼠狼開的公司，黃鼠狼問牠在原公司做得好好的，為什麼要跳槽到自己這裡，狐狸說：「山羊貌似善良忠厚，卻為

第五章　笑傲職場—聰明的女人說話滴水不漏

人狡詐，對員工尖酸刻薄，我在那個地方受盡了折磨，你黃鼠狼大哥待人厚道，對員工關懷備至，大家有口皆碑，我是慕名而來的啊！」黃鼠狼心想：「山羊這樣溫順，你都要在我面前亂說一通，我黃鼠狼本來口碑就不太好，以後你在其他人面前又會怎樣說我呢？」黃鼠狼斷然拒絕了狐狸。

由此可見，經常在背後說別人的壞話，肯定是不受歡迎的人，因為凡是有一點頭腦的人，都會自然而然的這樣想：這次您在我面前說別人的壞話，下次你也有可能在別人面前說我的壞話。這樣一來，說人壞話者在人們的印象中就不可能好到哪裡去。

喜歡搬弄是非、挑撥離間，到處說別人壞話的人，最終都會使自己受害。人們為了生存要混跡於茫茫人海，需要找個職業，眾所周知職場難混，時時要妳小心謹慎，不能在背後說人長短。

某校的一位副校長平時就喜歡在背後（當面卻說好話）對別人評頭論足，而且總認為自己什麼都厲害，別人都差他一等，久而久之養成習慣，一次在辦公室裡和幾個主任聊天，恰逢該校一女老師進來做事，該女教師平時打扮較為新潮，本身人也長得好看，穿著更是前衛。副校長等女教師一出門，馬上就說道，你看她穿的那個騷樣子，這種老師教什麼書啊，只不過是讓學生看她賣弄風騷罷了，如果是我老婆穿成這樣，你看我不把她休了才怪……殊不知這位女教師正好回來拿她忘了帶的東西，聽個正著，這下子可麻煩了，那女教師也不是吃素的，什麼難聽話都罵了出來，絲毫不給副校長一點情面，害得那幾位在場的主任們勸解了半天，女教師才摔門而出。之後副校長雖然多次給女教師賠禮道歉，安排工作時也盡量照顧她，但女教師始終對他橫眉冷對，言語上常常不給他留丁點面子，這就是道人短長的代價。

有句俗話說：「寧在人前罵人，不在人後說人。」這個意思就是說，別人

168

有缺點有不足之處，妳可以當面指出，令他改正，但是千萬別當面不說，背後亂說，這樣的人，不僅會令被說者討厭，同樣也會令聽者討厭。

背後說人是道德品行低下的表現，是被人看不起的行為。一個人如果真的想讓別人看得起自己，首先就應該改掉背後說人的毛病。一旦這種毛病黏在一個人的身上，她就永遠擺脫不了品格低劣的嫌疑。所以，聰明的女人切忌背後說人壞話！

別把自己的隱私告訴同事

辦公室裡，同事之間聊天是一件極平凡的事情。但是有些人不分場合、時間，說到興起之時，口不擇言，不管什麼都像竹筒倒豆子那樣一點不剩的倒出來，往往一句話脫口而出才知道錯了。然而，說出來的話就像潑出去的水，是無法收回的。

小儀是個文靜的女孩子，她失戀了，她告訴同事，她的男朋友甩了她，去和別的女孩子在一起了。這件事傳到老闆耳朵裡，老闆在會議上說：「有的人連男朋友都擺不平，公司的事怎麼可能放心交給她處理呢？自己的私事都四處宣揚，又怎能放心將公司的祕密交給她呢？」不久就在公司內部將小儀調職，當然，薪資也縮水了。

職場是個殘酷的競技場，每個人都可能成為妳的對手，就算是合作很好的拍檔也可能突然反過來攻擊妳。如果妳的私事過多向他暴露，使他知道得越多，他就越容易擊中妳，有一點要切記的是，不管是熱戀、失戀，還是別的什麼事，都不要把情緒帶到工作中，更不要把自己的故事帶進辦公室。

何月在一家公司做文書，因為性格開朗大方，和同事關係都挺不錯的。辦公室裡有個男同事，一直以來對她的照顧有加。後來那個男同事找了個機

會向何月表白，說很喜歡她。當時何月已經有了感情很穩定的男朋友，便婉言拒絕了男同事的追求。男同事說他不圖別的，只要能經常關心她就很快樂了。何月覺得再拒絕人家的好意就顯得自己小家子氣，於是仍然坦然的與從前一樣與他相處。

後來辦公室裡的另一個女同事董翎發現了那個男同事對何月異樣的關心，因為與何月關係很好，就在一次聊天時問何月是怎麼回事。因為她也常常跟何月說她自己的事，何月也沒多想就告訴了她。

但是誰也沒想到，沒過多久，在何月和董翎競爭同一個職位時，董翎為了勝過何月，以何月當初向她透露的情感祕密作為造謠生事的武器，她到處散播謠言，宣稱何月人品有問題，腳踏兩條船，在有男朋友的情況下還跟男同事搞曖昧。這件事裡受傷害最大的還是那位男同事，沒有做出什麼出格事情的他卻飽受眾人異樣的眼光，最終那個男同事得不得不選擇離開。

後來，雖然何月憑藉自己的實力得到了想要的職位，卻也為這件事內疚了很長一段時間，再談起這件事，何月說，即便是對看似與自己沒有矛盾的人，有些情感上的隱私千萬不能說，說出來就可能給別人和自己造成不可彌補的傷害。

把自己的隱私告訴同事實在是不明智的，除非是為尋求幫助非說不可，否則不要輕易向同事吐露妳的隱私，即便他或她向你保證保守祕密，甚至立下誓言。但是嘴畢竟長在別人身上，誰也無法預料以後可能發生的事情，等到被利用之後再四處尋找「後悔藥」可就為時已晚了。

會說話的女人受同事歡迎

在辦公室裡，同事是每天見面時間最長的人群，談話可能涉及到工作以

170

外的各種事情；因此，與同事之間要建立起良好、融洽的人際關係就必須要學會溝通。而要做到相互溝通，除了相互幫助，相互諒解之外，得體恰當的語言也是非常重要的。

同事之間的矛盾和隔閡，多是由於說話不講藝術，使對方產生誤解而造成的。所以，聰明的女人總能掌握一些與同事說話的藝術，尤其是要掌握說話的分寸，在他們中間塑造一種受歡迎和被欣賞的說話形象和風格。

不要在同事面前炫耀自己

日常工作中很容易發現這樣的女同事，她們雖然思路敏捷，口若懸河，但剛說幾句就令人感到狂妄，所以別人很難與她苟同。這種女人多數都是因為太愛表現自己，總想讓別人知道自己很有能力，處處想顯示自己的優越感，以為這樣才能獲得他人的敬佩和認可，但結果只會在同事中失掉威信。

玫薔剛調到人事部的那段日子裡，幾乎在同事中連一個朋友也沒有，她自己也搞不清楚是什麼原因。

原來，玫薔認為自己正春風得意，對自己的機遇和才能滿意得不得了，幾乎每天都向同事們炫耀她在工作中的成績，炫耀每天有多少人找她請求幫忙，那個幾乎說不出名字的人昨天又硬是給她送了禮等等的「得意之事」。但同事們聽了之後不僅沒有人分享她的「得意」，而且還極不高興。

後來，還是玫薔當了多年主管的老父親一語點破，她才意識到自己的癥結到底在哪裡。從此，她很少在同事朋友面前炫耀自己的得意之事。因為他們也有很多事情要吹噓，把自己的成就說出來，這比聽別人吹噓更令他們興奮。後來，每當她與同事閒聊的時候，她總是讓對方滔滔不絕的把他們的得意炫耀出來，久而久之，她的同事們都成了她的好朋友。

第五章　笑傲職場—聰明的女人說話滴水不漏

　　身處職場，聰明的女人不會過多的炫耀自己，相反，她們總是對自己輕描淡寫，說話謙虛，做人低調，處處受到別人的歡迎。

　　同事中，工作能力總會有大有小，術業也各有專攻。在某一方面妳可能比同事強些，但在另一方面，妳又可能比同事弱些。千萬不能恃仗自己的強項，自高自大，小看工作能力稍弱的同事，否則，妳就會失去更多的同事，也就推開了他們的合作和幫助，置自己於孤立無援的境地。更不要在同事面前吹噓上司的表揚和誇讚，過多的炫耀自己。這樣同事會認為妳有意抬高自己，輕視或貶低他人。

　　當然，除了在自得之時，不要張揚外；即使在失意的時候，也不能在私下向其他人訴說種種上司的不對，甚至還要不滿其他同事也犯了同樣的錯誤怎麼不被懲罰，要是這樣的話，不但上司會厭煩妳，同事們更加會對妳惱怒，妳以後在公司的日子肯定不好過。所以，無論在自得還是失意的時候，都不要過分張揚，否則只能給工作友誼帶來障礙。

和同事開玩笑要適度

　　開玩笑是人與人之間的潤滑劑，適度的玩笑會給自己和同事之間的關係創造一種寬鬆、愉悅的氛圍。在職場中，同事之間適當的開個小玩笑，不僅可以調劑枯燥的工作，而且可以增進彼此之間的感情，拉近同事的距離。因此，很多人喜歡有事沒事和同事開個玩笑。不過，過度的、不計後果的玩笑會給他人造成傷害，得罪了同事而自己卻還渾然不知，同時也會給自己帶來麻煩和損失。所以，為了減少不必要的麻煩，和同事開玩笑，要分外小心。

　　雅芳是一個生性活潑的女孩，在辦公室工作的時間長了，她覺得氣氛太過嚴肅和沉重，讓人感到壓抑。於是，她經常會跟同事開開玩笑，使大家緊

張之餘會心一笑，讓辦公室的氛圍變得輕鬆一些。

辦公室有個說話結巴的男同事，每到開會的時候，一緊張就更說不出話了。雅芳平時常模仿他說話，每次都把同事們逗得前仰後合的。頭幾次，那個男同事還挺大度的跟著大家笑笑，可是後來，雅芳發現他已經很久沒有跟自己說過話了。雅芳這才意識到，自己的玩笑開得過火了。

同事之間開玩笑要適度，像雅芳這樣就是沒有掌握好「度」，才造成了現在的結果。所以，和同事開玩笑，千萬不要「過頭」。如果開玩笑的效果讓人覺得受辱，被認為是在拿他「尋開心」，同事之間就會鬧出矛盾。

開玩笑是一個人機智幽默的表現，好的玩笑可以調解生活氛圍，增加生活樂趣，使同事關係更加和諧。但在職場中我們也看到，有的人把開玩笑當作取笑別人的工具，弄得別人丟面子，帶來了精神上的壓力和痛苦；還有的人用開玩笑的方式搞一些惡作劇，把別人弄得哭笑不得。因此，聰明的女人開玩笑之前應先三思，以免出口成刀，傷害他人。

1. 忌帶著汙言穢語。一出口便是一嘴的髒話穢語，還自以為豪邁，其實不僅自降人格，還惹得對方心中不快，周圍聽眾避而遠之。

2. 忌懷著譏諷的心態。如果開玩笑的出發點是為了貶低對方，指桑罵槐，達到抬高自己的目的，那就大錯特錯了。

3. 忌揭他人短處。將對方生理缺陷、生活汙點等鮮為人知的短處當做笑料一一抖出，會嚴重傷害對方的自尊心。

4. 忌涉及他人隱私。開玩笑常常會無意中涉及對方生活、工作上的隱私，如此時恰逢對方的戀人、親人尤其是上司在場，很容易造成言者無心，聽者有意，壞了對方的「好事」。

會說話的女人智鬥「魔鬼上司」

在今天的社會裡，男人當上司的機會恐怕仍是占絕對多數。身為女下屬，怎樣與男上司相處則是一門很微妙的藝術。這就需要女下屬要好好的掌握與上司進行溝通的語言技巧。一個會說話的女下屬不但在職場中受歡迎，在其他任何地方都是非常受歡迎的。

巧妙拒絕男上司的「好意」

在下屬與上司的工作接觸之餘，上司有的時候也會給予下屬一些「福利」。其中有的「福利」是屬於正常管道而來，這樣下屬也就沒有拒絕的必要；但是有一些卻屬於上司來路不明的「好意」，這時我們就不得不找出既能巧妙的回絕，又不能影響妳與上司之間的和諧關係的方法。這就需要下屬處理這種問題的時候要格外慎重，並結合一定技巧，否則，事情一定會弄巧成拙，給自己的工作帶來很多不必要的煩惱。

下面就有這樣一個典型的案例：

富豪集團是一家集吃、住、購物、娛樂為一體的大型旅遊公司。由於老闆鄭宇經營有方，生意十分興隆，在當地有一定的知名度。

曉慧是富豪集團公關部的職員，今年二十多歲，不僅身材高挑、容貌秀麗，而且談吐高雅、氣質不凡。加上她天資聰穎，樂於助人，在公司風評極好。

老闆鄭宇的事業日益壯大的同時，好色之心也日漸膨脹。為了顧及面子，維護自己的形象和威信，在自己經營的公司裡，他裝得一本正經，極少對女員工表示親切。

但是，曉慧的出現，讓他方寸大亂，他終於壓抑不住自己的欲望，以談工作為名把曉慧叫到了辦公室。

「曉慧呀，妳來公司幾個月了，有什麼困難嗎？」

「都挺好的，謝謝鄭總關心。」曉慧禮貌的回答道。

「我聽妳們部門經理說，妳的工作成績很好，好好做，不要辜負了我的希望。」說著，他取出一條金項鍊，「曉慧，這是我送給妳的，作為對妳這一段時間工作的獎勵，也是我的一點心意。」

說著話，他走到了曉慧身邊：「來，我給妳戴上，看看怎麼樣？」

曉慧已經從他的眼神中看出了他的心思，出於女性的本能，她推開了鄭宇的手說：

「鄭總，謝謝你。不過，這首飾我不能要。我們公司好像也沒有這個先例。」

「哦，那就算我個人送給妳的還不行嗎？」

「不行，鄭總。這樣我更不能收。對不起，我還有工作，如果沒有事我就告辭了。」

說完，不等鄭總回答，她轉身走了出去。

拒絕上司的「好意」，首先要識破他的目的和企圖。假如他對妳有非分之想，就必須立即表態，態度要堅決果斷，不給他留下絲毫的餘地，使他徹底打消邪念。要使自己處在安全的境地，必要時，還要積極爭取同事的支援。假如上司知道了妳在同事中有眾多的支持者，就不敢貿然打妳的主意了。

對於上司來路不明的「好意」，女性下屬，特別是年輕漂亮的，一定要

多個心眼，不要貪圖虛榮和便宜，更不要憂慮過多，要當機立斷。當他的面目暴露出來後，就該明確拒絕。否則，吃虧的只能是自己。

會說話的女下屬這樣建議上司

　　人無完人，是人就會出錯，上司也是人，也會產生偏見或做出錯誤的決定，身為有責任心的下屬對他們的提醒和說服就顯得十分必要了。這既是對上司的愛護，又是對工作盡職盡責的表現，值得提倡。

　　彥君、博偉和李亮是大學同學，畢業後，三個人同時應徵一家大公司的市場部，聽命於同一位老闆。三人工作能力和表現都不錯，兩年以後都成了部門核心人物。可是三個人在工作風格上有一個最大的不同，那就是當上司的決策出現問題時，彥君會視若罔聞，採取隔岸觀火的態度；而博偉往往會直言不諱的當著眾人的面給上司指出錯誤來。如果上司安排的事情有明顯的錯誤，博偉甚至會不去辦理。李亮則完全不同，當他覺得上司的決策有問題的時候，他會先私下給上司寫一封郵件，表明自己的想法和擔心。如果上司堅持，他也能認真去實施，盡量完成上司的想法。即使失敗，他也主動承擔自己那部分責任，從來不在眾人面前抱怨上司。3年過去了，上司升職在即，選接班人時，他毫不猶豫的選擇了李亮。

　　由此可以看出，在工作中，給上司提出有效意見是十分必要的。但對於上司來說，他又有他的自尊和權威，絕不容外人任意侵犯。即使他錯了，也絕不容他的下屬使他面子掃地。所以，聰明的下屬向上司提建議時一定要掌握分寸，不可魯莽。

　　韓昭侯平時說話不太長心眼，往往在無意間將一些重大的機密洩露了出去，使得大臣們周密的計畫不能實施。大家對此很傷腦筋，卻又不好直

言相告。

一位叫堂豀公的聰明人，自告奮勇到韓昭侯那裡去，對韓昭侯說：「假如這裡有一個玉做的酒器，價值千金，它的中間是空的，沒有底，它能盛水嗎？」韓昭侯說：「不能盛水。」堂豀公又說：「有一個瓦罐子，很不值錢，但它不漏，你看，它能盛酒嗎？」韓昭侯說：「可以。」

於是，堂豀公因勢利導，接著說：「陛下說得不錯。一個瓦罐子，雖然值不了幾文錢，非常卑賤，但因為它不漏，卻可以用來裝酒；而一個玉做的酒器，儘管它十分貴重，但由於它空而無底，因此連水都不能裝，更不用說人們會將可口的飲料倒進裡面去了。人也是一樣，身為一個地位至尊、舉足輕重的國君，如果經常洩露臣下商討的有關國家的機密的話，那麼他就好像一件沒有底的玉器，即使是再有才幹的人，如果他的機密總是被洩露出去了，那他的計畫就無法實施，因此就不能施展他的才幹和謀略了。」

一番話說得韓昭侯恍然大悟，他連連點頭說道：「你的話真對，你的話真對。」

從此以後，凡是要採取重要措施，大臣們在一起密謀策劃的計畫、方案，韓昭侯都小心對待，慎之又慎，連晚上睡覺都是獨自一人，因為他擔心自己在熟睡中說夢話時把計畫和策略洩露給別人聽見，以至於誤了國家大事。

每個人都喜歡聽讚美的話，大多數人都不喜歡被批評尤其是當眾批評，更何況批評的又是妳的上司呢？那麼，如果妳的上司真的有錯，如何才能讓他既接受妳的批評，又能保全妳自己呢？這需要一些技巧。故事中的堂豀公是一個善於說話的人，能從日常生活中的小事引出治國安邦的大道理，委婉的批評當權者，而不是直接指出來，以便上司能夠接受。

在職場中，上下級之間由於彼此地位、職務的差異及隸屬關係的制約，部屬說服上司必然不同於說服下級或同事。聰明的女下屬只有善於掌握上下級關係的特殊性，採取恰當的方式和技巧，才能得到預期的效果。

領悟上司的意圖

了解上司是每一位女下屬必修的一門功課，只有精通了這門功課，妳才能在與上司的交流中更為靈活，才能得到更多的重視。

領悟上司的意圖，是順利開展工作的前提。當上司喜歡委婉表達意見時，一定要注意聽話外之音，還要注意觀察上司的表情和神態，這些都暗含著某種意義。當然，這種領會絕不是胡亂猜測，否則，誤解了上司的意圖同樣會變得很被動。這就需要聆聽者有足夠的聰明，能將上司沒說透的指令，都能徹底的領會。

上司一個動作，一句話，妳能準確無誤的理解是什麼意思，表明妳的能力已經達到了一定的水準。要達到這樣的水準，不是一天兩天或是在很短的時間內就可以完成的，這需要一個熟悉和了解的過程。在這個過程中，磨合到一定程度，領會其意圖就水到渠成，是自然而然的事情了。

充分領會上司意圖是下屬的一項基本技能，當上司向妳委以任務，要先清楚了解上司的真意，然後衡量怎麼去做，千萬不能因為誤會而給自己帶來麻煩。只有多一點心思，仔細去領會其中的意圖，才有可能與上司達成默契。

某公司老闆打算在年終工作會議上做總結發言，他便讓助理高穎就全年的工作寫份工作總結報告，並且囑咐說「越詳細越好」。高穎調查情況就花了幾個星期的時間，把一年的工作事無鉅細都寫了出來。老闆看了她所寫的

幾萬字的報告，搖頭表示不滿。原來老闆的意思是，希望總結得詳細一些。可是高穎沒有理解詳細是指產品品質及生產方面，而只在事務上「詳細」寫，連老闆組織了幾次會議出了幾趟差，公司幾次請客吃飯都寫得清清楚楚。老闆面對這份報告，無可奈何。最後只好自己動手重新寫了一遍。

高穎對於老闆的意圖，實際上並沒有心領神會，而只限於機械簡單的理解執行。這麼看來，心領神會至關重要。

為了領會上司的意圖，當妳接受上司的指示或吩咐的時候不妨問得再清楚些，不要有太多的顧忌心理，而模棱兩可的去執行，那樣以後麻煩的還是自己，也不要上司說了什麼，就想當然的認為完全理解了。首先得明白這項工作在整體工作當中處於什麼樣的地位，也應該明白上司正處於什麼樣的需求和心理狀態，同時應該根據上司一貫的思想慣性和工作作風來加以完整的理解。

某公司老闆認為針對現有職位，只要有優秀的人才，就可以將原有職位的人替換掉，以促進公司的快速發展。但是，公司人力資源部經理卻沒有正確理解老闆的意思，就在諸多媒體上發布了除老闆、人力資源部經理等之外的所有重要職位的徵才啟事。

結果，這不僅引起了公司管理層的動盪，而且還引起了許多外界猜測：×× 公司怎麼了？×× 出現振盪了嗎？為什麼這麼混亂？更嚴重的是，公司客戶知道該公司這樣沒有策略規劃的大規模徵人，以為這個公司出現危機，管理層集體跳槽了，並且進一步懷疑與這個公司的合作是否應該繼續下去⋯⋯

幸好，公司老闆及時發現了這個問題，並迅速予以糾正。可以說，這種徵才資訊發布的時間越長，傳播的範圍越廣，對企業的傷害就越大。因為一

個健康發展的公司，不可能出現上述現象，而且一個合格的人力資源部經理也絕對不會做出這種有傷企業的事情。

　　上司的意圖有時不會直接了當地表達出來，需要下屬仔細揣摩去做。下屬在平時就得深入觀察，仔細揣摩，熟諳上司的習性，這樣才能正確的理解上司的意圖。否則在具體執行過程中，就會發生很大偏差，甚至與上司的想法完全背道而馳。

　　正確的領悟和理解上司的意圖是一種能力，對於女下屬而言，如果具備了這種能力，往往能夠更好的協調工作，與上司彼此間達成一種默契，更好的合作、提高效率。準確領悟上司的言行，對我們個人來說無疑是大有益處的，它可以讓我們把工作做得更好，令上司滿意，從而表現出自己的能力，體現出自己的價值，以望獲得更廣闊的發展空間，取得更大的成就。

女上司與下屬說話的心理戰術

　　如何與下屬說話，是女上司與下屬之間溝通的一種技巧。透過相互的溝通，可以交流思想，傳遞資訊，增進感情，消除誤會，化解矛盾，增進團結，了解下情，有利工作。要達到上述目的，女上司就必須掌握有效的語言技巧。

與不同性格員工說話的藝術

　　人的心理很微妙，每個員工都有自己的思想，帶著情緒的工作效率一定不會高到那裡去，所以及時溝通便成為每一位優秀領導者的重要的能力必修課。

　　針對各色各樣的員工性格，女上司要學會採取不同的說話方式，既要做到剛正不阿，又要善於曲徑通幽。

　　1. **對待高傲型員工**。對於這種清高自傲、目中無人的員工，可以冷靜的和他交談，就事論事的批評，不要搬其他員工的「告狀」來刺激他，以免產生激烈的爭執，讓交談無果而終。當然，這種員工「悔改」的進度會很慢，先禮後兵的做法是值得讚賞的。

　　2. **對待喜歡嘮叨的員工**。有些員工，無論大事小事都喜歡向上司請示、彙報，嘮嘮叨叨，說話抓不住主題。這種員工往往心態不穩定，遇事慌成一團，大事小事統統請示，還嘮嘮叨叨，講究特別多。

　　跟這樣的員工交流，交代工作任務時要說得一清二楚，然後就叫他自己去處理，給他相應的權力，同時也給他施加一定的壓力，試著改變他的依賴心理。在他嘮叨時，輕易不要表態，這樣會讓他感覺到他的嘮叨既得不到支持也得不到反對，久而久之，他也就不會再嘮叨了。

　　3. **對待喜歡阿諛奉承的員工**。在許多公司裡，常可見到阿諛奉承者，他們經常稱讚領導者，且附和領導者所說的每一句話。

　　對待這種下屬，在與他們溝通時，無須太嚴厲的拒絕他們的奉承，也不要任由他們隨意誇張。當他們向妳賣弄奉承的本領時，妳可以淡淡的回應：「別太誇張了。」倘若他們再三附和妳的計畫時，妳可以說：「你最好給自己留一點時間，考慮新的計畫和建議，下次開會每個人都要提出自己的意見。」如此一來，他們便不敢也不好意思再做「應聲蟲」了。

　　4. **對自尊心強的員工**。有的員工自尊心特強，性格敏感，多慮，這樣的人特別在乎別人對他的評價，尤其是上司的評價。有時候哪怕是上司的一句玩笑，都會讓他覺得上司對他不滿意了，因而會導致焦慮，憂心忡忡，情

緒低落。

遇到這樣的員工，要多給予理解，尊重他敏感的自尊心，講話要謹慎一點，不要當眾指責、批評他，因為這樣的員工的心理承受能力差。同時也要注意不要當他的面說別的員工的毛病，這樣他會懷疑你是不是也在背後挑他的毛病。要對他的才幹和長處表示欣賞，逐漸弱化他的防禦心理。

5. **對待有懷才不遇心態的員工。**這類員工常為自己的才華不能受到重視而終日嘆息，缺乏工作熱情和積極性。領導者要經常認可他們的工作，不管他們是做得不好、一般、好，都得給予鼓勵和評價，激勵他們感到自信，對工作充滿信心，這樣一來，他對待工作的熱情就會高漲，對企業或公司的業績有很大的好處！

6. **對待以自我為中心的員工。**有的員工總是以自我為中心，不顧全大局，經常會向你提出一些不合理的要求，什麼事情都先為自己考慮。

有這樣的員工，你就要盡量的把事情辦得公平，把每個計畫中每個人的責任與利益都跟他說清楚，讓他知道他該做什麼，做了這些能得到什麼，就不會再提出其他要求了。同時要滿足其需求中的合理成分，讓他知道，他應該得到的都已經給了他。而對他的不合理要求，要講清楚不能滿足的原因，同時對他曉之以理，暗示他不要貪小利而失大義。還可以在條件允許的情況下，做到仁至義盡，讓他覺得你已經很夠意思了。

有效說服員工的「詭計」

愛麗絲是一個很有魄力的女老闆，她在紐約經營一家服裝公司，但經營一直比較慘澹，長年入不敷出，一千多名員工的薪資也一直拖欠著。儘管如此，卻不斷有員工要求加薪，不滿的情緒日益高漲。隨著員工不滿情緒的加

劇，公司的業績更是每況愈下。對於公司這樣的勞動密集型工廠來說，工廠員工的薪資占據著企業成本相當大的比重。因而，想要為全體員工全面加薪根本不現實。儘管公司已經進行了多次的裁員，但為了勉強維持工廠的正常運轉，已經不可能再解僱其他員工了。

那麼，身處此困境的愛麗絲是怎麼做的呢？她不僅沒有為全體員工加薪，反而聲稱要全面降薪 3%。這個消息一下子使員工的不滿情緒完全爆發出來。員工們對遲遲不肯加薪已經普遍感到不滿，怎能容忍反而降薪呢？更多的員工失去了工作的積極性，導致整個工廠的生產效率大幅降低，幾乎處於癱瘓的狀態。儘管如此，卻很少有人提出辭職。可能是經濟普遍不景氣，新工作又不容易找到的原因吧！在這種情形下，員工們一致認為公司即將倒閉。此後，又過了五天時間。員工們都把目光拋向愛麗絲身上。

愛麗絲面對全體員工，使用公司內部的麥克風發表了講話：「最近五天裡，我茶飯不思，認真的考慮了我們員工的情況。我還與公司各部門的負責人進行了商談。最後我決定放棄降薪 3%的決定。公司將不再考慮降薪。至於如何降低企業成本的問題，我們將尋求其他解決的途徑。」

已經做好降薪 3%準備的員工們，一下了安心下來。想必他們會認為：「愛麗絲還是會設身處地的為我們的生活考慮的，是位不錯的社長呀。為了社長，讓我們努力工作吧。」但是，如果細想一下：員工們最初的目標不是能夠「加薪」嗎？而愛麗絲的最終目的不正是「維持現狀」嗎？如果愛麗絲一開始便冷淡的表示「目前公司入不敷出，經營慘澹，加薪非常困難，請大家暫時忍耐一下吧！」的話，儘管結局可能是一樣的，但員工們仍然會抱有不滿的情緒吧！

事實上，愛麗絲並沒有這樣說。她首先透過揚言「降薪 3%」打擊員工

們理想中的目標，五日後又維持了現狀。她的這種做法，既沒有損害到員工
們的積極性，又最終實現了自己的目的。真是一位頗具說服力的領導者呀！

　　有效的說服員工是一個上司必須掌握的說話技巧。如果不具有說服他人
的能力，你就無法成為一個成功的領導人。如何說服別人？看似深不可測，
實際是很淺顯的，也是很容易可以模仿的。下面介紹幾種比較實用和簡便的
說服方法，對女性上司十分有用。

1. 說服別人要循序漸進

　　想要員工同意妳的意見，第一步就是要設法先了解員工的想法與憑據來
源。曾經有一位很優秀的管理者這麼說：「假如員工很會說話，那麼我已有希
望成功的說服員工，因員工已講了七成話，而我們只要說三成話就夠了！」
其實首先要接受員工的想法。例如，當妳感覺到員工對他原來的想法保持不
願捨棄的態度，其原因是尚有可取之處，所以他反對妳的新提議，此時最好
的辦法，就是先接受他的想法，甚至先站到員工的立場發言。

　　對於不能完全了解我們說服的內容者，千萬不可意氣用事，必須把新建
議中的重要性及其優點，一下打入他的心中，讓他確實明白。舉一個例子說
服別人，第一次不被接受時，千萬不可意氣用事的說：

　　「講也是白講！」、「講也講不通！浪費口舌。」一次說不通就打退堂鼓，
這樣是永遠沒有辦法說服成功的。

2.. 用高尚的動機激勵員工

　　在一般情況下，每個人都崇尚高尚的道德、正派的作風，都有起碼的政
治覺悟和做人道德。所以，在說服員工轉變看法的時候，一個有效的辦法就
是，用高尚的動機來激勵他。比如說這樣做將對企業、團隊帶來什麼好處，

或將對個人、生活還會帶來什麼好處，或將對自己的威信有什麼影響等等。這往往能夠很好的啟發他，讓員工做應該做的事。

3. 用真摯的感情來感化員工

當說服一個人的時候，他最擔心的是可能受到傷害，因此，在思想上先砌上一道防禦牆，在這種情況下，不管妳怎麼講道理，他都聽不進去。解決這種心態最有效的辦法就是，要用誠摯的態度、滿腔的熱情來對待員工，使他從內心受到感動，從而改變他的態度。

感情是說服的唯一紐帶，如果不能投入感情，整個說服過程就顯得乾巴巴的，讓人聽的很不舒服。要不然怎麼說情商比智商還重要呢。合情才能合理，合理才能合法，情理法三者，情更是占據了第一位。所以，說服的過程，實際上就是一個情感互溶的過程。

搞定客戶的說話技巧

在與客戶溝通的過程中，只有具備了出色的口才，才能夠讓客戶感受到妳的自信和魅力，才樂意購買妳的產品。好的口才能夠充分展示一個女人的個人魅力，同時也給自己的顧客帶來愉悅的享受。

二次大戰的時候，美國軍方推出了一個保險，這個保險是什麼內容呢？如果每個士兵每個月交 10 美元，那麼萬一上戰場犧牲了，他會得到 1 萬美元。這個保險出來以後，軍方認為大家肯定會踴躍購買。結果他們就把命令下到各連，要每個連的連長向大家宣布這種險種已經出現了，希望大家購買。

這時其中的一個連，按照上級的命令，把戰士們召集到一起，向大家說

明這個情況，可是卻沒有一個人購買這種產品。連長就納悶了說：「這可怎麼辦？怎麼會是這個樣子呢？」

大家的心理其實也很簡單，在戰場上連命都將要沒有了，過了今天都不知道明天在哪裡了，我還買這個保險有什麼用呀？10美元還不如買兩瓶酒喝呢！所以大家都不願意購買。

這時連裡的一個老兵站起來說：「連長，讓我來和大家解釋一下這個保險的事情。我來幫助你銷售一下。」

連長很不以為然：「我都說服不了。你能有什麼辦法呀？既然你願意說，那你就來試一試吧。」

這個老兵就站起來對大家說：「弟兄們，我和大家來溝通一下。我所理解的這個保險的含義，是這個樣子的，戰爭開始了，大家都將會被派到前線上去，假如你投保了，如果到了前線你被打死了的話，你會怎麼樣？你會得到政府賠給你家屬的1萬美元；但如果你沒有投這個保險，你上了戰場被打死了，政府不會給你一分錢。也就說你就等於白死了，是不是？各位你們想一想，政府首先會派戰死了需要賠償1萬美元的士兵上戰場，還是先派戰死了也白死的不用賠給一分錢的士兵上戰場呀？」

老兵這一番話說完之後是什麼結果？全連都紛紛投保，大家都不願成為那個被第一個派上戰場的人。

當然，這個故事有點黑色幽默的成分在裡面，不過，讓我們設身處地的想一想，如果你是一名士兵，處於戰火紛飛的戰場上，聽了這老兵的這番話，你會購買嗎？估計你也得乖乖的把錢掏出來吧？

可見，掌握並熟練的運用談話的技巧，肯定會取得事半功倍的效果。說話水準的高低直接影響到工作的績效。要想達成有效的溝通，除了自身具備

相應的素養之外，還應掌握一定的說話技巧。

給客戶以真誠的讚美

愛聽讚美之辭，是人的本性。卡內基在他的著作中講到：「人性的弱點之一，就是喜歡別人的讚美。」每一個人都覺得自己有很多值得誇耀的地方，聰明的女人只要能抓住這種心理，並很好的利用，就會與客戶建立良好的關係。

真誠的讚美客戶，這是令客戶「開心」的特效藥。每當妳讚美客戶的成就、特質和財產時，就會提高他的自我肯定，讓他更得意。只要妳的讚美是發自內心的，別人就會因為妳而得到正面肯定的影響，他們對妳產生好感，也會增加對妳的滿意度。

有一次，詹姆士去拜訪一位年輕的律師，他對詹姆士的介紹和說明絲毫不感興趣，對詹姆士本人也顯得格外的冷漠。但詹姆士在離開他的事務所時不經意的一句話，卻意外的使他的態度來了個 180 度大轉彎。

「理查先生，我相信將來你一定能成為這一行業中最出色的律師，我以後絕對不再隨便打擾你，但是如果你不介意的話，我希望能和你保持聯繫。」

這位年輕的律師馬上反問他：「你說我會成為這一行最出色的律師，這可不敢當，閣下有什麼指教呢？」

詹姆士非常平靜的對他說：「幾個星期前，我聽過你的演講。我認為那次演講非常精彩，可以說是我聽過的最出色的演講之一。這不僅僅是我一個人的看法，出席大會的其他會員也這樣評價你。」

這些話聽得理查眉飛色舞，興奮異常。詹姆士早已看得出來，於是乘勝追擊，不失時機的向他「請教」如何在大眾面前能有這樣精彩的演講。他便

興致勃勃的跟詹姆士講了一大堆演講的祕訣。

當詹姆士離開他的辦公室時，他叫住詹姆士說：「詹姆士先生，有空的時候希望你能再來這裡，跟我聊聊。」

沒幾年時間，年輕的理查果然在費城開了一間自己的律師事務所，成為費城少有的幾位傑出律師之一。而詹姆士一直和他保持著非常密切的往來。

在與理查交流的那些年裡，詹姆士不時的對他表示關心與稱讚，而他也時時不斷的拿他的成就與詹姆士分享。

在理查的事業蒸蒸日上的同時，詹姆士賣給他的保險也與日俱增。他們不但成了最要好的朋友，而且透過理查的牽線搭橋，詹姆士結識了不少社會名流，為他的銷售提供了許多有價值的潛在客戶。

每個人都希望得到別人的稱讚和關心，客戶也是如此。每個人都有希望別人讚賞的心理，而且對得體的讚美是很容易注意到的。適當的讚美一下你的客戶，是喚起客戶注意的有效方法。

讚美客戶的內容有多種多樣：外表、衣著、談吐、氣質、工作、地位以及智力、能力、性格、品格等等。只要自然真誠並且恰到好處，客戶的任何方面都可成為讚美的內容。

美國華克公司承包了一項建築工程：要在一個特定的日子之前，在費城建一座龐大的辦公大廈。開始時一切都順利依計畫進行，不料在接近完工階段，負責供應內部裝飾用的銅器承包商突然宣布：他無法如期交貨了。這是個天大的壞消息，這樣一來，整個工程都要耽擱了！巨額罰金！重大損失！就只因為這個環節出現了問題。

於是，長途電話不斷，雙方爭論不休。一次次的交涉都沒有結果。華克公司只好派羅拉小姐前往紐約與銅器承包商談判。

羅拉小姐走進那位承包商的辦公室，絲毫沒有怨氣的微笑著說：「你知道嗎？在布魯克林，有您這樣姓氏的人只有你一個。」

承包商感到很意外：「哦，是嗎？我並不知道。」

「哈！我一下火車就查電話簿，想找你的地址，結果巧極了，有你這個姓的只有你一個人。」

「我從來不知道。」承包商興致勃勃的查閱起電話簿來，「嗯，真的，這是一個很不平常的姓。」他有些驕傲的說，「我這個家族從荷蘭移居紐約，幾乎有 200 年了。」

他饒有興致，滔滔不絕的談論他的家庭及祖先。當他說完之後，羅拉小姐仍然沒有談論正題，繼續稱讚他居然擁有一家這麼大的工廠，承包商說：「這是我花了一生的心血建立起來的一項事業，我為它感到驕傲，如果妳願意，可以隨我到工廠參觀一下？」

羅拉小姐欣然前往。在參觀時，羅拉小姐又一再稱讚他的工廠制度健全，機器設備新穎，這位承包商高興極了。他聲稱這裡有一些機器還是他自己發明的呢！羅拉小姐馬上又向他請教：那些機器如何操作？工作效率如何？到了中午，承包商堅持要請羅拉小姐吃飯，他說：「到處需要銅器，但是很少有人對這一行像妳這樣感興趣的。」

到此為止，羅拉小姐一次也沒有提起這次訪問的真正目的。

最後吃完午餐，承包商說：「好吧，我們談談正事吧。是的，我知道妳這次來的目的，但我沒有想到我們的相見竟是如此的愉快。妳可以帶著我的保證回費城去，我保證妳們要的東西如期運到，我這樣做會給另一筆生意帶來損失，不過我認了。」

羅拉小姐輕而易舉的獲得了她所急需的東西。那些器材及時運到，使大

廈在契約期限屆滿的那一天終於可以完工了。

　　對客戶發自肺腑的讚美，總能產生意想不到的效果。貼切的讚美往往會迅速縮短妳與客戶之間的心理距離，從而拉近彼此的距離。鼓勵和讚美妳的客戶，使客戶有一種滿足感和成就感，把他當作妳的知心朋友，一生一世的朋友，這對妳的工作有不可估量的作用。

讓客戶聽懂妳的話

　　在與客戶溝通的過程中，只有用客戶聽得懂的語言進行交流，這樣才能抓住客戶，把客戶牢牢的吸引住。

　　如果客戶連妳說的話他都沒能聽明白，那他肯定不會跟妳成交。聽不明白妳的話，這不是客戶的錯，而是妳自己的錯，錯就錯在妳還沒有真正了解客戶，妳的表達能力　不行。

　　有一個採購員要為辦公室採購大批的辦公用品，結果在實際工作中碰到了一種過去從未想到的情況。首先使他大開眼界的是一個推銷信件箱的行銷員。這個採購員向他述說了他們每天可能受到的信件的大概數量，並對信箱提出一些要求，這個行銷員聽後考慮片刻，便認定這個採購員最需要他們的 CSI。

　　「什麼是 CSI ？」採購員問。

　　「怎麼？這就是你們所需要的信箱。」他以肯定的語調回答。

　　「它是紙板做的、金屬做的，還是木頭做的？」採購員問。

　　「如果你們想用金屬的，那就需要我們的 FDX 了，也可以為每一個 FDX 配上兩個 NCO。」

　　「我們有些文件的信封會相當的長。」採購員說道。

「那樣的話，你們便需要用配有兩個 NCO 的 FDX 轉發普通信件，而用配有 RIP 的 PLI 轉發列印信件。」

這時採購員稍稍按捺了一下心中的怒火，「先生，你的話讓我聽起來十分荒唐。我要買的是辦公用品，不是字母。如果你說的是英語，我們的翻譯或許還能聽出點門道，弄清楚你們的產品的材料、規格、使用方法、容量、顏色和價格。」

「哦，我說的都是我們的產品序號。」他開口說道。

最後這個採購員運用律師盤問當事人的技巧，費了九牛二虎之力才慢慢從他嘴裡搞明白他的各種信箱的規格、容量、材料、顏色和價格。

由此我們可以看出，與客戶說話的過程中，如果你所用的語言都是專業術語，不能讓客戶清楚的知道產品的特性及用途，那麼就很難成功的推銷自己的產品。

用客戶聽得懂的語言向客戶介紹產品，這是最簡單的常識。有一條基本原則對所有想吸引客戶的人都適用，那就是如果資訊的接受者不能理解該資訊的內容，那麼這個資訊便產生不了它預期的效果。所以，你對產品和交易條件的介紹必須簡單明瞭，表達方式必須直接了當。表達不清楚，語言不明白。就可能會產生溝通障礙。

此外，在與客戶交流的過程中，你還必須使用每個顧客所特有的語言和交談方式。跟青少年談話不同於跟成年人的交談；使專家感興趣的方式，不同於使外行們感興趣的方式。這裡有一個很好的例子可以說明使用適合顧客的語言多麼的有效。

一對父子正在建設一座奶牛場，兒子管理奶牛，父親做木匠，將賺來的錢投入奶牛場建設以擴大牛群，兩人都指望有朝一日能靠這座奶牛場養老送

終。這父子倆都承認，如果在今後 10 年內父親發生什麼意外，全家就不可能達成此目標，因為現在奶牛場尚不能靠一個人支撐下去，還需要父親額外提供資金。可是，當保險推銷員提到，為了給父親購買足額的人壽保險，以保證他萬一發生意外後他的保險金還能繼續向奶牛場提供必需的資金，把牛群擴大到可以盈利的規模，有必要每年交一筆保險費時，全家人都表示反對，說他們沒錢，辦不到。推銷員馬上換了一種說法來說服他們：「為了保證萬一你們當家的遇到不幸你們能繼續達到既定的目標，你們願意把那兩頭牛的牛奶送給我嗎？就當你們沒有那兩頭牛好了。不管出什麼天大的事，牠們的牛奶都可以保證你們在將來一定能建成盈利的奶牛場。」結果，他做成了生意。

　　在與不同的客戶談話時，都應當認真的選用適合於客戶的語言。然而，有些人常犯的錯誤就在於，過多的使用技術名詞、專有名詞向客戶介紹產品，使客戶如墜霧裡，不知所云。試問，如果客戶聽不懂你所說的意思是什麼，你還能打動他嗎？

第六章

巧言妙語 —— 聰明的女人這樣說話做事

　　會說話與會做事之間的關係是相輔相成、密不可分的。一個不會說話、不懂得語言表達的女人，不但不能表達自己的意願，更不能與別人產生共鳴，博得別人的好感，即便是一件很簡單的事，也可能會因此而搞砸。所以，若想把事辦成、辦好，就必須先學點說話的藝術。

聰明的女人會說話做事

生活中，需要開口求人的事情太多。如果你要使對方心甘情願的幫助我們，就必須擁有良好的語言表達能力，練就一幅鐵齒銅牙。如果一個女人沒有好的口才，只一味的談自己的事情，並不停的對對方說：「勞您大駕，請您幫個忙。」之類的話，只會讓人感到煩躁，進而拒絕妳的請求。

有個女作家想請一位文化名人為自己的一本即將出版的書題寫書名。得知來訪者的意思後，這位一貫以幽默著稱的名人笑著說：「是題字啊，可以，不過，現在講究經濟效益，請我題字，是不是該付點錢啊？算便宜一點吧，1000 塊一個字，怎麼樣？」這雖然是在開玩笑，但女作家也聽出了這位名人似乎對常有人打他手跡的主意頗有抱怨之意。

於是，她說：「先生，您這話可是只說對了一半呢！要得到您的墨寶，理當付錢。可是，您的字何止值 1000 塊錢一個呢？比如說，我想要一件價值1000 塊錢的衣服，這家商店買不著，還可以到別的商店去買呀，可您的墨寶只能出自您自己的手，天底下別無他處可尋。在我看來，您的每個字都是無價之寶，我付多少報酬也不夠啊！」幾句話說得這位早已聽慣了恭維之辭的名人，竟也覺得「別有一番滋味在心頭」，遂欣然提筆。

由此可見，一個能說會道、言談得體的女人更容易受人歡迎，做事也更容易成功。如果一個女人表達能力不強，則很容易被人低估，被認為能力不足。即使這樣的女人非常有思想、非常勤奮，具備了多種成功的條件，但其成功的機率仍然不是很高。所以，聰明的女人做事前先要學「會說話」，這是非常關鍵的一步。

會說話的女人會做事

在生活裡，總有一些「會說話」的女人，她們最大的特徵是會說話做事，說得他人舒服至極，可又不留刻意痕跡。

《紅樓夢》中的王熙鳳就是個「會說話」的女人，她將語言的表達藝術演繹的活靈活現。在《紅樓夢》第三回裡，林黛玉初登榮國府的時候，王熙鳳幾段話就把她「會說話」的超凡才能表現得淋漓盡致。首先是人未到話先行：「我來遲了，不曾迎接遠客！」沒等到出場，就給人以熱情似火的感覺。接著還拉著林黛玉的手，上下仔細打量了一番，便送她到賈母身邊坐下，笑著說：「天下竟有這樣標緻的人物，我今兒算見了！況且這通身的氣派，不像老祖宗的外孫女兒，竟是個嫡親的孫女兒，怨不得老祖宗天天口頭心頭一時不忘。只可憐我這妹妹這樣命苦，怎麼姑媽偏就去世了！」這一番話，說得老祖宗既悲裡含喜，心裡舒坦，又讓林妹妹感激涕零，情動於衷。可當賈母半嗔半怪說不該再讓她傷心的時候，王熙鳳就把話題一轉說：「正是呢！我一見了妹妹，一心都在她身上了，又是喜歡，又是傷心，竟忘了老祖宗。該打，該打！」在這裡，王熙鳳把初次見到林妹妹應有的又悲又喜又愛又憐的感情，淋漓盡致的表現了出來，博得全場人的歡心與感動。

由此可見，會說話的女人擁有良好的語言表達能力和談話技巧，可以在各種場合或是人物面前展示自己的優勢，給他人留下良好的印象，增進人與人之間的了解，把彼此間的距離縮短。

會說話，是一種能力，但並不是一種本能。它不是天生具備的，而是一個需要我們後天學習和培養的。一個女人擁有了會說話的本事就等於擁有了良好的溝通能力，使自己更具有影響力，能把自己的理念更順利的實施，並能夠化解事業和生活上所遇到的各種矛盾和問題，從而讓自己的人生

更美好！

想辦好事，先說好話

　　做事的關鍵就是「會說話」、「說好話」。會說話的女人，一句話可以成事；不會說話的女人，一句話卻可以敗事。

　　會說話是做事的前提，如果妳想要把事辦好，首先就得把話說好。身為一個聰明的女人，不僅要「能」說話，還要「會」說話，把話說「好」。所以，做事的時候，只有學會一些語言表達技巧，才會更容易把事情辦好。

1. 尊重他人，真誠交談。人類本性上最深的企圖之一，就是期望被人欽佩、讚美、尊重。常言道：「敬人者，人恆敬之。」人人都希望給人留下良好的第一印象，贏得他人的理解和尊重。因此，求人成事時應該充分的尊重對方，以謙恭禮讓的姿態把講臺留給對方，這會製造融洽交談的氣氛，對方也自然會對妳產生一種敬佩感，達到感情的共鳴，從而使自己的言語發揮動人的美妙作用，以成功實現自己求人的願望。

2. 找到對方的談話興趣點。不同的人有不同的喜好，與人做事會說話，最重要的一點是與人有可交談的話題。在這裡我們要注意的是，不要圍繞自己要辦的事說來說去，而是要先與對方建立溝通。而順利溝通，首先要從對方的興趣人手。

3. 語言得體。談話的語言要視對方的修養而選擇，做到能雅能俗，才不會讓人對妳有格格不入的反感。一個會說話的女人，一定很注重禮貌，用詞考究，不會說出不合時宜的話，因為她知道不得體的言辭往往會傷害別人，即使事後再想彌補也來不及了。相反，如果妳的舉止很穩重，態度很溫和，言詞中肯動聽，雙方自然就能談得投機，妳想辦的事自然也

會辦成。

4.　少說話多傾聽。會說話不是非要長篇大論、喋喋不休，而是要把話說得恰到好處。在做事的時候，尤其是在求人做事的時候，聰明的女人一定會先做好一個傾聽者。卡內基曾經說過：「你要衡量一下自己，少說話不是不說話，而是使自己有更多時間去聆聽別人的說話，去思考，使自己說出來的每一句話都有分量，被別人重視，精彩的話語往往能在聽者的心中留下深刻的印象。」

總之，在求人做事的過程中，說話的技巧有著不可估量的作用，它可以使妳更順利或以更小些的代價來達到目的。

看人說話，因人而異

在求人做事的過程中，說話是很有技巧的，而「見什麼樣的人說什麼樣的話」就是極為關鍵的一個技巧。會說話的女人懂得因人而異，遇到不一樣的人說不一樣的話，盡量符合對方的心理需求，從而取得對方的好感與支持。

說服不同性格的人伸出援助之手

俗話說：一樣米養百樣人，世界上有多少人就有多少種應對說話的方法。會說話的女人懂得「見人說人話，見鬼說鬼話。」用對方喜歡的方式，說對方愛聽的話，只要對方聽得進腦袋裡去，就有機會求人成功。

以下是十種不同類型的人物及其特點：

1. 性情溫婉型

這種人如果他沒有充分了解每一件事，妳就不能指望他會做出決定。對於這種人，必須以其人之道還治其人之身，千萬不能急躁、焦慮或向他施加壓力，應努力配合他的步調，腳踏實地的去證明、引導，慢慢就會水到渠成。

2. 性格急躁型

這種人往往精力過盛，做什麼事情都快，因而對待這種人要精神飽滿，清楚、準確而又有效的回答對方的問題，回答問題如果太拖泥帶水，他們可能就會失去耐心，沒聽完就走。對待這種人，說話應注意簡潔、抓住重點，避免扯一些閒話。

3. 沉默寡言型

這種人話少，問一句才說一句。這不要緊，即使對方反應遲鈍也沒關係，對這種人該說多少就說多少。因為這種人表面上看似不太隨和，但只要妳說的話能言之有理、順耳中聽，妳便有可能達到說服對方的目的。

4. 喜歡炫耀型

這種人好大喜功，老是喜歡把「我如何如何」掛在嘴上，這種人最愛聽恭維和稱讚的話。對他向妳所做的炫耀要有耐心仔細聆聽，聽得越用心，稱讚越充分，妳的成功率就越高。

5. 令人討厭型

這種人十分讓人討厭、令人難以忍受。好像他們天生只會說一些刻薄的話一樣，好像控告他人、貶低他人、否定他人是他們生活的唯一樂趣。毫無

疑問，這類人是最令求人成事者頭痛的。但是有一點卻是十分肯定的，即這類人也同樣需要與人交流，有的時候甚至是他們心裡已經決定答應別人的要求，而嘴上卻還在不停的說不行不行、答應後如何如何不好。這種人往往不能證明自己，所以更希望得到肯定的態度。對於這種人，關鍵是不要被他的難聽話所唬住，也不要直接表現妳的反感，而是要採取一種不卑不亢的高姿態並隨機應答，這樣才會有好的效果。

6. 心性善變型

這種人容易見異思遷，容易決定也容易改變。如果他拒絕了妳的要求，妳仍有機會說服他改變主意，不過，即使他這次答應了妳的要求，向妳提供了幫助，也不能指望他下次還會答應。

7. 猜疑心重型

這種人容易猜疑，容易對他人的說法產生叛逆心理。說服這種人的關鍵在於讓他了解妳的誠意或者讓他感到妳對他所提疑問的重視，如：「妳提的問題切中要害，我也有過這種想法，但……」等等。這樣，他會認為妳在說真話，於是會認真提供妳所需要的幫助。

8. 優柔寡斷型

這種人遇事沒有主見，往往消極被動，難以做出決定。面對這種人，求人成事者應牢牢抓住主動權，充滿自信的運用語言技巧，不斷的向他提出積極而富建設性的意見，多運用肯定性的語言，多做些有關回報保證的承諾，甚至替他考慮幫助自己後的益處，當然不能忘記強調妳是從他的立場來考慮問題的。這樣有助於他做出決定，或在不知不覺中替他做成決定。

9. 知識淵博型

這種人是最容易面對的，也是最容易讓求人成事者受益的。當這類人出現時，求人成事者應努力抓住機會，注意多聆聽對方說話，同時還要適時給予真誠的讚許。這類人往往寬宏、明智，要說服他們只要抓住要點，不需要說太多的話，也不需要花太多的心思，就可以達到求人的目的。

10. 討價還價型

這種人對討價還價有特殊癖好，即使是給人一些微不足道的幫助也非要討價還價不可，並且往往也為自己討價還價的能耐而自鳴得意。應對這種人的辦法比較簡單，可以在口頭上做一些小小的恭維，比如可以這樣對他說：「我可是從來沒有碰過像妳這樣樂於助人的人啊！」或者說：「給我個面子，怎麼樣？」這樣，可以多少滿足一下他的自尊心，既讓他覺得比較合理，又能證明他的精明。

看清對象，看碟下菜

現實生活裡，人與人之間的交流，做人做事，都離不開嘴的作用，那些深諳說話藝術的女人如同「變色龍」般，能夠依據周圍的環境變化來改變自己的膚色與外表形象，能適應多種角色的相互轉換，見什麼樣的人說什麼樣的話，看什麼樣的碟下什麼樣的菜，這種女人機敏過人。

如果妳想要說話做事巧妙得當，大致要從以下幾個方面著手：

對待自己的朋友，要善於交際，時常聯絡。多交一些朋友對自己的一生是很重要的，也是有好處的。俗話說：朋友多了路好走。所以，在有空閒時給朋友打個電話、寫封信、或是發個電子郵件，就算是片言隻語，也可讓拉近朋友間的距離。

　　對待同事，要做到理解與支持。對待同事，我們不能過於苛刻的要求。在發生誤解與爭執時，要換個角度、站在對方的立場上為別人著想，體會一下對方的感受，控制情緒。同時，對工作我們要擁有誠摯的熱情，對同事要必須選擇慎重的支持。由於支持意味著接納他人的觀點與思想，但無條件的支持只能導致盲從，如此就會產生拉幫結派的嫌疑。

　　對待下屬，要有困難時多幫助，有問題時細聆聽。幫助下屬，事實上就是幫助妳自己，可能因為妳的幫助，員工們的積極性得到充分發展，工作也就會完成得更好，妳自己也就會贏得更多的尊重。而聆聽更能感受到下屬的心境與了解其工作中的實際狀態，為準確回饋資訊、調整管理方法提供了具體詳實的根據。

　　對於上司與老闆，要謙虛謹慎，以尊重的態度學習與借鑒其長處。不管是哪個上司，能坐到相應的職位上，一定有某些過人之處，都是值得我們來認真學習與借鑒的，我們要尊重他們精彩的過去與傲人的業績。固然，身處高位的上司並不是絕對完美無缺的。要使上司心悅誠服的接納妳的觀點，要在尊重他的前提下，有禮有節、有分寸的提出。但是，在提出質疑與意見前，必定要掌握一些可以說服對方的事情。

　　面對自己的競爭對手，要含笑對待。在日常工作裡，競爭對手時時、處處都有。當妳超越對手的時候，沒必要蔑視人家，因為別人也在尋求上進；當對手走在妳的前面的時候，也不要存心添亂找麻煩。不管對手如何使妳難堪，都要露齒一笑，如此既有大度開明的寬容風範，又有一個豁達的心態，就妳的競爭對手而言，說不定也對妳佩服不已呢。

求人做事的說話技巧

在日常生活和工作中，我們常常會有求於人：或求人做事，或求人給自己提供方便、機會或具體的東西等等。求人有多種多樣的方式，其中很大部分是由口頭提出的。

我們不難發現，同樣的請求內容，不同的人，用不同的方法和語言表達出來，得到的結果常常是不一樣的。

為什麼有的女人能得到認可，有的女人卻只能面對否定？辦同樣的事，為什麼有的女人能一帆風順，而有的女人屢次碰壁？是因為她們長相出眾、招人喜歡？是因為她們有過硬的關係？其實不然，關鍵是因為她們掌握好了說話的分寸和做事的尺度。

因此，一個女人若想在紛繁複雜的環境中隨心所欲的駕馭人生局面，把不可能的事變為可能，最後達到成功之目的，就必須掌握了說話的分寸和藝術。一個女人只有會說話，才能把話說得滴水不漏；只有會做事，才能讓每件事情水到渠成。

表達求人意願要委婉

世上沒有辦不成的事，只有不會做事的人。一個會做事的女人，可以在紛繁複雜的環境中輕鬆自如的駕馭人生局面，凡事逢凶化吉，把不可能的事變為可能，最後達到自己的目的。其中的關鍵是看妳用什麼方法、用什麼技巧、用什麼手段。

生活中，有些女人求情做事常常遇到令人不滿意的情況，其實，只要妳學會委婉的表達方法，旁敲側擊，往往能起到意料不到的效果。

委婉含蓄的表達是一種語言的藝術，是動用迂迴曲折的含蓄語言表達本意的方法，能更加完美的體現人的語言修養。委婉這種表達方式，需要求助者要有和順謙虛的態度，內容曲折迂迴，表達含蓄。既讓人深省，又容易被對方接受。

唐肅宗想請隱士李泌做自己的輔國大臣，但他知道李泌生性倔強，不會欣然從命，所以，就想出了一套委婉巧妙的方法。首先，唐肅宗特地命人去請李泌，但並不說是讓他來當官，只說是會面敘舊。李泌當然應召前來。唐肅宗見到李泌之後，卻當即想任李泌為右丞相。李泌趕緊推辭道：「陛下屈尊來待我，視我為賓友，實際上比宰相顯貴得多了。我可以在陛下身邊多住些時日，有了想法，都當及時相告，何必一定要授官呢？」唐肅宗一聽這些話，表面上裝出無可奈何的樣子，心裡卻暗暗高興。李泌接受下山會面的要求之後，又接受了答應參謀軍國大事的要求，這樣事情就好辦多了。從此以後，唐肅宗對李泌待以客禮，出門並騎，晚上同床，事事請教，有勸必從。這期間，李泌還為肅宗起草了頒發各地的詔書，甚至連立誰為天下兵馬元帥、處理肅宗的長子與次子之間的關係等重大事件上也提出了自己獨到的意見，唐肅宗一一欣然接受了。

當然，唐肅宗的最後要求是希望李泌正式的穿上官服，名正言順的成為他的臣下，從制度上保證這一大謀略家永遠侍候在自己身邊。

不久，依李泌的意見，唐肅宗詔令長子廣平王李俶為天下兵馬元帥，統帥諸將東征安祿山。李俶受命，請求給他一個謀臣。唐肅宗清楚，這事關國家興亡的大謀臣非李泌莫屬，於是故意對李泌說：「先生白衣事朕，志節高尚，朕亦深深佩服。只是前幾日朕與先生一同去檢閱軍隊時，曾有軍士竊竊私語說，黃衣為聖人，白衣為山人，怎麼會混在一起？我需先生決謀定策，但也不能使軍士滋生疑團，是不是請先生勉強穿上紫袍（五品以上官服為紫

色），以免除大家的非議呢？」李泌心想，身著百姓衣服，夾雜在冠戴整齊的軍人和朝官當中，也的確令人矚目，不如披件朝服倒能省卻眾人注目，也就同意了唐肅宗的請求。唐肅宗急忙命人賜給最高級別的金紫色的官服。李泌穿了官服笑著再來見唐肅宗。不料，唐肅宗緊接著又提出了更高的要求，笑著對李泌說：「既然已經穿上了官服，又豈能沒有官位？」說著把一紙敕文遞給了李泌。李泌一看，自己已被授職「軍國元帥府行軍長史」，敕文上蓋著鎮國大印，要想抗旨拒絕，顯然太不顧情面了。再說自己已心甘情願的穿上了官服，又何妨再加個官名呢？

從此李泌便在朝為官，為平定「安史之亂」出謀劃策，做出了巨大貢獻。

由此可見，要想達到求人做事的目的，就要學會運用一些婉轉的方式，說一些婉轉的話，它會使妳事半功倍，同時也體現出了妳的好口才。

借別人口傳我心腹事

聰明的女人善於借別人的口，說自己的話。借用一個並不在場的第三者之口說出，能繞個彎子表達自己的意思，而不是直言直語。特別是在求人做事時，更要借別人的嘴含蓄委婉的表達自己的意思，就不會因直接而顯得沒有「面子」，而且對方也不便直接拒絕，這樣就能順利的表達自己的心願，達到目的。

某人為了推銷百葉窗簾，他知道某公司的經理與某局長是老相識，便打聽到經理的住處，提一袋水果前往拜訪，彼此寒暄後，他說出了幾句這樣的話：「這次能找到您，是得到了王局長的介紹，他還請我替他向您問好……」

「說實在的，第一次見面就使我十分高興……聽王局長說，你們的公司還沒有裝百葉窗簾……」

第二天，此人向該公司推銷百葉窗簾便成交了。他的高明之處是有意撇開自己，用「得到了王局長的介紹」這種借人口中言，傳我心腹事，借他人之力的迂迴攻擊法，令對方很快就接受了。

託人做事透過第三者的言談，來傳達自己的心情和願望，在做事過程中是常有的事。人們會不自覺的發揮這一技巧。比如：「我聽同事老張說，你是個熱心的人，請你辦這件事肯定錯不了……」等等。但要當心，這種話不是說說而已的，也不能太離譜，有時有必要事先做些調查研究。

為了事先了解對方，可向他人打聽有關對方的情況。第三者提供的情況是很重要的，尤其是與被求助者的初次會面有重大意義時，更應該盡可能多方收集對方的資料。但是，對於第三者提供的情況，也不能全部端來當話說，還要根據需要有所取捨，配合自己的臨場觀察、切身體驗靈活引用。同時，還必須切實弄清這個第三者與被託付者之間的關係。這一點非常重要，不然，說不定效果會適得其反。

禮貌語言是最好的「入場券」

在向別人提出要求時，女性朋友要特別注意使用禮貌的語言，以維護對方的面子，照顧人家的意願。彬彬有禮的語言是最好的入場券，講究分寸，讓對方不經意之間，接受妳的請求。

下面透過一些實例，教妳這些「入場券」的具體用法。

1. 間接法：透過間接的表達方式，以商量的口氣提出請求，令人易於接受。

好的表達：你能否盡快幫我一個忙，把這件事情處理好？

對照表達：盡快替我把這件事辦一下。

2. 緩言法：借助於輔助語來減緩話語的壓力，避免唐突，充分維護對方的面子。

好的表達：彥君，不知您可不可以把這封信帶給他？

對照表達：彥君，把這封信帶給他！

3. 悲觀法：透過流露不太相信能成功的想法把請求表達出來，給對方和自己以退路。

好的表達：你可能不太願意，不過我還是想麻煩你一趟。

對照表達：你去一趟！

4. 縮小法：把要求說得很小，以便讓對方接受，達到滿足自己的願望和要求。

好的表達：你幫我這一步就可以了，其餘的事情我自己來做。

對照表達：（前提是這件事有些為難對方）這件事就全靠你了。

5. 謙恭法：透過抬高對方、貶低自己的方法把請求表達出來，顯得彬彬有禮。

好的表達：您老就別推辭了，我們都在恭候您呢。

對照表達：請您出席我們的會議。

6. 知錯法：表明自己知道不該提出請求，出於無奈。

好的表達：真不該在這個時候打擾您，但實在沒有辦法。

對照表達：麻煩您去一趟。

7. 體諒法：先說明自己體諒對方的心情，再提出請求。

好的表達：我知道你手頭也不寬裕，不過實在沒辦法，只好向你借一借。

對照表達：請你借一點錢給我。

8. 遲疑法：首先講明自己本不願打擾對方，再提出請求、緩和語氣。

好的表達：這件事我實在不想多提，但你一直沒有幫我辦。

對照表達：你怎麼一直沒有替我辦？

9. 述因法：提出請求時把具體原因講出來，使對方感覺到很有道理，應該幫助。

好的表達：隔行如隔山，我一點也不懂那裡的規矩，你是熟悉的，就替我辦了吧！

對照表達：你幫我辦吧！

10. 乞諒法：先請對方諒解，再提出請求，顯得友好、和諧。

好的表達：恕我冒昧，我又來麻煩您了。

對照表達：我又來麻煩您了。

11. 被動法：透過運用被動句式，避免提及對方，婉轉表達請對方幫助做事的有關意圖。

好的表達：如果事成了，不會讓你白忙一場的。

對照表達：如果按時完成，我就獎勵你。

12. 不定法：運用不定代詞代替「你」、「我」來表達相關意思，

使話語平和。

　　好的表達：任何人都會這樣做的。

　　比照表達：我只好這樣做了。

　　13. 複代法：用「我們」來代替「我」，來表達自己的意願，以免顯得武斷。

　　好的表達：我們是實在沒有辦法了才來找您幫忙的。

　　比照表達：我是沒辦法了才來找您幫助的。

　　14. 謙稱法：用謙虛的自稱來代替「我」，顯得謙和有禮。

　　好的表達：晚輩失禮了，這點小事還來打擾您。

　　比照表達：我失禮了，這點小事還來打擾您。

　　15. 遠視法；用不定代詞等把時間、地點等方面的視點推遠，使語句婉轉，減輕對方的心理壓力。

　　好的表達：那種事情費不了你多大的勁。

　　比照表達：這件事你肯定辦得了。

　　16. 定規法：透過講述有關的規定，來表達有關意思，避免自己直接指明對方，減少個人發號施令的口氣。

　　好的表達：上面規定此事由你負責，所以我非求你不可。

　　對照表達：這件事由你負責。

　　17. 感激法：提出請求時表示自己對人家的感激之情，顯得尊重人

家對自己的幫助。

好的表達：如蒙鼎力相助，我們將不勝感激。

對照表達：我們會感激你的幫助。

18. 暗示法：透過暗示語句來表達有關意思，以免直接驅使對方，而使對方感到難堪。

好的表達：我要出差，那件事來不及辦了，但沒人接手不行。

對照表達：那件事你接手辦吧。

19. 線索法：透過提供有關線索，間接引導對方考慮自己的請求，給對方留下餘地。

好的表達：我們公司離你家很近，幾步路就到了。

對照表達：請你到我公司來談。

20. 預設法：透過蘊含的前提來暗示有關意思，使對方自然而然的按照自己的要求去做。

好的表達：上週是我值的班。

對照表達：這週該你值班了。

21. 淡化法：有意用輕描淡寫的語言表達有關意思，使請求易於讓對方接受。

好的表達：請你幫我把這個房間稍微粉刷一下。

對照表達：請把這房間徹底粉刷一下。

22.誇大法：用誇張的語言把有關意思表達出來，求得對方的諒解。

好的表達：我是上天無路，入地無門了。

對照表達：我只能給你添麻煩了。

23. 重言法：借助同語反複句式來表達請求，顯得較為通情達理。

好的表達：主管畢竟是主管。

比照表達：這事非你不行。

24. 矛盾法：用自相矛盾的語言來表達有關意思，在模棱兩可中提出請求。

好的表達：我本來不想跟你提這件事，但還是提了。

比照表達：請你幫我忙。

25. 反語法：透過反話來密切雙方的關係，表達自己的請求，顯得輕鬆愉悅。

好的表達：朋友說你助人很熱心的（實際上很冷淡）。

比照表達：你怎麼對這事不熱心？

26. 反問法：透過反問句表達有關意思，避免直陳己見而顯得缺乏涵養。

好的表達：除了請你幫忙，我還能怎麼辦呢？

比照表達：我沒辦法了，只好請你幫忙。

27. 歧義法：使用多義語言來表達混雜多種意思的請求，以免直接

與對方產生分歧。

　　好的表達：這可是一件見仁見智的事情。

　　對照表達：這件事是好事。

　　28. 籠統法：用籠統的語言來表達有關請求，避免令人反感的直接
吆喝，效果會更好。

　　好的表達：這裡需要蓋個章。

　　對照表達：請您給我蓋個章。

　　29. 含糊其詞法：用不點名道姓的辦法來表達請求，照顧人家的面
子，對自己有益。

　　好的表達：好像有人在為難我們。

　　對照表達：你在為難我。

　　30. 不言自明法：用說半句、留半句的方法來表達請求，點到為止。

　　好的表達：我已在這個職位做了八年了……

　　對照表達：我想換個職位。

順耳之言好做事

　　在現實生活中，「說話」是一門學問，往往在一定程度上反映著一個人的
處事能力、思想境界以及文化內涵。會說話的女人往往能把話說得順耳，又
能產生實實在在的效果。

　　什麼是順耳之言？顧名思義，是指人們喜歡聽、願意聽的話，也就是我

們常說的讚美的話、恭維的話。

適時的說些恭維話能夠增進雙方友誼，促進雙方共同進步。人性的弱點決定了人是最經不住恭維的動物。對於他人來說，妳求他做事兒，恭維他是理所當然的。妳恭維了他，他也會反過來重視妳，得到恭維的人是不會放著對方的難題不管的。

求人先要讚美

讚美是一種博取對方好感和維繫好感最有效的方法。聰明的女人要想在求人做事這條路上走得順暢，就必須學會這一招。

某中學無資金修繕校舍，校長張女士多次循規蹈矩的層層請示，卻毫無實效，不得已之下，決定向該市連鎖超市的王經理求援。張女士之所以打算找該經理，是因為這位經理重視教育，曾捐款數萬元發起成立「文教基金會」，遺憾的是聽說近兩年超市的經營一直不理想，地方的幾個分店年虧損數萬元，眼下要向這位經濟困難的王經理募集捐款，張女士深感「凶多吉少」，希望渺茫。但是，想到全校師生的生命安全，她只好「背水一戰」了。經過反覆思量，張女士覺得採用「真誠讚美法」較為適合這場洽談。

張女士：王經理，久聞大名。近日在開會時一再聽到教育界同仁對您的稱讚，實是欽佩！今日散會返校，途經貴府，特來拜訪。

王經理：不敢當！不敢當！

張女士：王經理您真有遠見卓識，首創文教基金會。不但在本市能實實在在的支持教育事業，更重要的是，你的思想會影響幾代人。文教基金會由你始創，如今已由點到面，由本市到外市，甚至發展到全國許多地區，真可謂名揚四海啊！

張女士緊緊圍繞王經理頗感得意之處，從思想影響到實際作用等方面予以充分肯定，談得王經理滿心歡喜，神采飛揚。正當此時，張女士無不自卑的訴說自己的「無能」和悔恨：身為校長，明知校舍搖搖欲墜，日夜危及著師生的生命安全，卻毫無良策排憂解難。要是教育界上司都能像王經理這樣，真心實意酷愛人才，支援教育，只要撥10萬元就能釋下我心頭的重石，可是至今申報不下10次，仍不見分文。

聽到這裡，經理立即起身拍拍胸脯，慷慨的說：「校長，既然如此，妳就不必再打報告求神拜佛了，10萬元我捐獻給妳們。」張女士緊緊握住經理的手，由衷致謝，此時此刻，她一定體會到了「真誠讚美」的妙處。

看來，那些溢美之詞確實有一種讓人難以抗拒的魔力。

每一個人都覺得自己有很多值得誇耀的地方，求人時，如果能抓住這種心理，很好的利用，就能很好的將事情辦成。

推銷員雅麗去拜訪一個新顧客，主人剛把門打開，一隻活潑可愛的小狗就從主人腳邊鑽了出來，好奇的打量著她。雅麗見此情景決定馬上改變原已設計的推銷語言，她裝作驚喜的說：「多可愛的小狗呀！是外國的品種吧？」

主人自豪的說：「對呀！」

雅麗又說：「真漂亮，鬃毛都滑順柔亮的，您一定天天整理吧！真不容易啊！」

主人很愉快的說：「是啊！不容易的，不過牠很惹人喜歡。」

雅麗就這條狗展開了話題，然後又巧妙的將話引到她的真正意圖上。待主人反應過來時，已不好意思再將她掃地出門了。

可見，真誠的讚美別人，這是求人做事的特效藥。雖然讚美是一件好事，但絕不是一件易事。讚美別人時如不能審時度勢，不掌握一定的讚美技

巧，即使你是真誠的，也會變好事為壞事。因此，在開口前我們一定要三思而後行。這就要求我們做到以下 3 點：

1. 讚美要因人而異

人的素養有高低之分，年齡有長幼之別，因人而異，突出個性，有特點的讚美比一般化的讚美能收到更好的效果。雖說「好漢不提當年勇，」但對某些老年人來說他們肯定不願這麼想，因為他們總希望別人永遠記得自己「想當年」的業績與雄風，與其交談時，可多稱讚他引為自豪的過去；對年輕人不妨語氣稍為誇張的讚揚他的創造才能和開拓精神，並舉出幾點實例證明他的確是前程似錦；對於經商的人，可稱讚他頭腦靈活，生財有道；對於有地位的官員，可稱讚他為國為民、廉潔清正；對於知識份子，可稱讚他知識淵博、寧靜淡泊……當然，這一切要依據事實，切不可虛誇，更不能阿諛奉承。

2．讚美要情真意切

幾乎每個人都喜歡聽讚美的話，但並非任何讚美都能使對方高興。能引起對方好感的只能是那些基於事實、發自內心的讚美。相反的，妳若無根無據、虛情假意的讚美別人，對方不僅會感到莫名其妙，更會覺得你油嘴滑舌、奸詐虛偽。

3. 讚美要具體詳實

一個人業績顯赫的時候並不常見，所以，在交流中應具體的事情具體分析，要善於發現別人即使是最微小的長處，並不失時機的予以讚美。要用具體詳實的讚美來說明妳對對方非常了解，對他的長處和成績非常看重，讓對方感到妳是真摯、親切和可信的，這樣妳們之間的距離就會越來越近。如果

妳只是含糊其辭的讚美對方，說一些「你工作非常出色」或者「你是一位卓越的上司」等空泛飄浮甚至有點誇張的話語，就會引起對方的猜疑，甚至產生不必要的誤解和信任危機。

學會巧妙的戴「高帽」

世人總是喜歡被別人奉承，即使明知對方講的是奉承話，心中還是免不了會沾沾自喜，這是人性的弱點。換句話說，一個人受到別人的誇讚，絕不會覺得厭惡，除非對方的奉承之語說得太離譜、讓人一聽就知道是假的。因此，在求人做事的過程中，學會巧妙的戴「高帽」，就一定會達到預期的效果。

清代有一位大官，特別會奉承人，一次由於種種原因出外做官，臨走之前，去拜別老師，老師告誡到：「在外邊做官也不容易，一切必須小心謹慎。」這位大官很自信的說：「我準備了一百頂高帽，逢人便送一個，應該不會有不愉快的事。」老師聽了，大怒道：「我輩都是剛直之人，何必那樣做！」大官忙說：「天下像老師這樣不愛戴高帽的人能有幾個？」老師點點頭說：「你的話也不是沒有道理。」大官告別老師，出門對人說：「我準備的一百頂高帽，現在剩下九十九頂了。」

在求人做事的過程中，給別人「戴高帽」是一種能夠很好的達到目的的語言技巧。只要妳多在嘴皮子上下點功夫，多送幾頂「高帽子」，保證可以獲得立竿見影的效果。但送「高帽子」一定要送得恰到好處，這關鍵就是要投其所好，擺出一份誠摯的心意及認真的態度。否則，就會弄巧成拙，落得適得其反的結果。

拍馬屁好做事

俗話說：「千錯萬錯馬屁不錯。」「拍馬屁」聽上去並不體面，但卻是建立良好的人際關係的有效方式之一。「馬屁」是語言中的鑽石，我們要學會讚美別人。只要妳試著去讚美對方，妳的人際關係就會變得很輕鬆。

一天，有四個年輕人去一座寺院，準備出家。寺院的方丈接待了他們。

方丈問第一個年輕人甲：「是誰讓你來的？」

甲答：「是我自己來的」。

方丈：「跟家裡的人商量了沒？」

甲：「沒有。」

方丈當即給了甲當頭一棒，說：「混帳東西！這麼大的事，不跟家裡商量一下就自作主張！回去商量商量，家裡人都同意了你再來！」

方丈接著問第二個年輕人乙：「是誰讓你來的？」

乙：「是我老爸讓我來的！」

方丈也給了乙當頭一棒，說：「混帳東西！這麼大的事情自己都不好好考慮一下！你老爸讓你來你就來啊？！回去考慮清楚了再來！」

方丈問第三個年輕人丙：「你呢？」

丙看到前面兩個都挨打了，靈機一動說：「我是受佛祖的感召而來的！」

方丈也給了丙當頭一棒，而且比前兩個打得更狠。說：「混帳東西！我打禪誦經幾十年都沒受到佛祖的感召。你還沒出家呢，就能受到佛祖的感召？」

方丈被氣得半死，接著問最後一個年輕人丁：「又是什麼原因讓你來的？」

丁沉著的回答：「我是受高僧您的感召而來的！」

方丈頓時改變了態度，一連誇丁覺悟高，以後一定大有前途！並收丁為徒。

由此可見，拍馬屁也是一門說話藝術，馬屁拍得恰到好處，辦起事來自然水到渠成，事半功倍。所以，聰明的女人不妨也學學拍馬屁。

會說話的女人會激將

人是感情的動物。在求人做事的過程中，會說話的女人通常會想方設法調動感情的力量，來激發人的積極性，調動其熱情和幹勁兒。「激將法」就是一種很好的策略。

所謂激將法，指的是用帶有刺激性的語言，來激發對方的某種情感，讓對方的情緒受到震撼，並在衝動的情緒的驅使下，順著我們指引的方向行事。

激將法是一種很有力的口才技巧，在使用時要看清楚對象、環境及條件，不能濫用。同時，運用時要掌握分寸，不能過急，也不能過緩。過急，欲速則不達；過緩，對方無動於衷，無法激起對方的自尊心，也就達不到目的。

樹怕剝皮，人怕激將

俗話說：「樹怕剝皮，人怕激將。」激就是激動，心有所感而表露於外者，不管是言語的挑撥或事情的刺激。孟子說過：「一怒而天下定。」這怒因刺激而起，勇氣也從膽中生，可見這「激」的功用。

第六章　巧言妙語─聰明的女人這樣說話做事

　　唐天祐年間，叛臣朱全忠用計誘騙五路兵馬反駐守太原的唐晉王李克。叛軍中的一員猛將高思繼異常勇猛，且善用飛刀，百步取人，後來被晉王李克的十三太保李存孝生擒。本想留他在帳前聽用，但高思繼卻執意要回山東老家過「苦身三頃地，付手一張犁」的田園生活，改惡從善。後來李存孝被奸臣康立君、李存倍所害，朱全忠聞李存孝已死，又發兵來犯，其帳前王彥章不僅勇猛蓋世，且智謀過人。晉王將士皆啞然相對，無人請戰，晉王見狀，痛哭一場。還是長子李嗣源說道：「昔日降將高思繼閒居山東鄆州，何不請他迎敵？」晉王聞言大喜，遂命李嗣源前往山東求將。

　　李嗣源來到山東農村，直接就奔往高家莊尋找高思繼。提起前事，高思繼說道：「自勇南公李存孝饒了我性命，回到老家，與世無爭已數年，早把兵家征戰之事置之身外。今日相見，別談這些。」李嗣源見高思繼已無相從出山之意，心想，自古道：文官言之，武將激之。對高將軍好言相求，難以收效，必須巧用激將之法，激其就範。於是，他編出一通謊言，說道：「天下王位，各鎮諸侯，皆聞將軍之名，如雷貫耳，稱羨不已。我與王彥章交戰被他趕下陣來。」我對王彥章說：「今來趕我，不足為奇，你如是好漢，且暫時停戰，我知道山東渾鐵槍白馬高思繼，蓋世英傑，有萬夫莫當之勇。待我請來，與你對敵。」王彥章見我陣營前誇耀將軍，憤然大叫：「就此停戰，待你去請他來，不來便罷，若到我寶雞山來，看我不把他剁成肉醬！」高思繼經此一說，不禁被激得心頭火起，口中生煙，大聲命令家丁：「快備白龍馬來，待我去生擒此賊！」遂披掛上馬，辭家出山，往寶雞山飛馳而去。

　　高思繼和李嗣源快馬加鞭，日夜兼程，趕到唐營，不但唐晉王喜出望外，三軍將士亦是異常振奮。第二天，王彥章又來挑戰，唐晉王引高思繼出馬迎戰，高思繼與王彥章廝殺起來，連鬥 300 回合，難分勝負，直戰到天黑，雙方見天色已晚，才鳴金收軍。這次戰了平手，但卻是唐營軍民出師以

來的第一次，軍威大振，信心大增，個個摩拳擦掌，準備來日再戰。

本來高思繼早已看破紅塵，決心棄武而去當一個平平常常的農民，安度田園生活。李家雖對他有再生之恩，但正面動員他出山，重返軍旅時，他卻以「與世無爭」相拒。然而，當李嗣源借用謊言激他時，他卻毅然披掛上馬，重返戰場，一鬥就是三百回合。可見，激將法的確是說服別人的一個好方法，聰明的女人要學會運用此法。

勸將不如激將

生活中，大多數人都是要面子的，所以，會說話的女人常常利用人性的這個弱點，用富有刺激的語言來激發對方的某種情感（自尊、名聲、榮譽和能力等面子問題），讓對方的情緒發生衝動，失去理智，在衝動情緒的驅使下去做某種我們期望他去做的事。

在美國某商店，一對夫婦對一套晚禮服很感興趣，但嫌價格太貴，便猶豫不決，店員見此情形，便對他們說：「有位總統夫人也對這套晚禮服愛不釋手，只因為貴沒買。」這對夫婦聽了這話，馬上掏出錢來，買下了這套晚禮服，而且還非常得意。

俗話說：「勸將不如激將。」如果那位店員從正面勸說，那對夫婦未必能下決心買。而反面的激法，倒促使他們下了決心。因為人都有自尊心，榮譽感，這對夫婦也不例外，當他們聽說某總統夫人也喜歡這套晚禮服，但因為太貴沒買時，強烈的自尊心、爭勝心被激發了出來，於是，店員便達到了目的，激將法雖然是行銷談判中常用的語言謀略，但也有局限性。

美國黑人富豪詹森決定在芝加哥為公司總部興建一座辦公大樓，他出入無數家銀行，但始終沒貸到一筆款。於是決定先上馬後加鞭，設法將自己的

200 萬美元湊集起來，他聘請一位承包商，要他放手建造，自己則想方設法籌集所需要的其餘 500 萬美元。

建築持續施工到所剩的錢僅夠再花一個星期的時候，詹森和大都會人壽保險公司的一個主管在紐約市一起吃晚飯。詹森拿出經常帶在身邊的一張藍圖準備攤在餐桌上時，保險公司主管對詹森說：「在這裡我們不便談，明天到我的辦公室來。」

第二天，當詹森斷定大都會公司很有希望給他抵押借款時，他說：「好極了，唯一的問題是今天我就需要得到貸款的承諾。」

「你一定是在開玩笑，我們從來沒有在一天之內給過這樣貸款的承諾。」保險公司主管回答。

詹森把椅子拉近說：「你是這個部門的主管。也許你應該試試看你有無足夠的權力把這件事在一天之內辦妥？」

主管聽後微笑著說：「你這是逼我上梁山，不過。還是讓我試一試看。」

他試過以後，本來他說辦不到的事情終於辦到了，詹森也在錢花光之前幾小時回到了芝加哥。

以激將法說服別人，務必找到並擊中對方的要害，迫使對方就範。就這件事來說，要害是那位主管對他自己權力的尊嚴感。

詹森在談話中暗示，他懷疑那位主管果真擁有那麼大的權力。主管聽了這話，感到自己的權力的威嚴受到了挑戰。那麼，我就證明給你看！

揣其所思，投其所好

現實生活中，有些事情僅僅依靠我們自己的力量要去完成，是可望不可

及的。有些時候往往需要別人的幫助。求別人幫助，妳就得具備一套扎實的嘴上功夫。打鼓打在點子上，這是我們經常聽到的一句口頭禪。不僅打鼓如此，說話亦如此。只要妳能說人家喜歡聽的話，即便是天大的難事，都不會令妳望而卻步。

南宋韓太師權傾一時。有一次，當地府尹趙從善陪同韓太師前往南山遊玩。他們在一間茅卓屋前停了下來。韓太師感慨道：「竹籬笆，茅草房，真有農家田院的味道，只可惜，少了一點雞鳴狗叫聲。」

說完韓太師又轉到別處觀賞去了。突然，他的身後傳來雞鳴狗叫聲……原來是府尹大人藏在草堆裡模仿雞狗的叫聲！韓太師聽到後樂得開懷大笑。

趙從善為了討韓太師的歡心，竟然認真的模仿雞鳴狗叫聲！雖然扭捏作態的阿諛之樣讓人反感，但對他本人的仕途而言，卻有百利而無一害。

求人做事時，就得掌握好對方的愛好、性格和欲望所需。揣其所思，投其所好，讓對方感到自然愉悅，深信不疑。如此利用情趣或利益把對方吸引住了，對方才肯為妳的事兒付出代價，他一直所堅守的「原則」也就無從談起了。

對症下藥，激發共鳴

會說話的女人求人做事，懂得對症下藥，引發對方共鳴。如果妳能找到對方的「病症」所在之處，說得話就能深入人心；如果反其所好，只會招來對方的厭惡，給自己做事的進展速度造成阻礙。

和別人談論他們關注並感興趣的話題，透過這種方法，妳可以使自己成為一個廣受歡迎的女人。

在一次大型汽車展示會上，某公司的汽車銷售人員妍謹結識了一位潛在

客戶。透過對潛在客戶言行舉止的觀察，妍謹分析這位客戶對越野型汽車十分感興趣，而且其品位極高。雖然妍謹將該公司的產品手冊交到了客戶手中，可是這位潛在客戶一直沒給妍謹任何回覆，妍謹曾經有兩次試著打電話聯絡，客戶都說自己工作很忙，週末則要和朋友一起到郊外的射擊場射擊。

後來經過多方打聽，妍謹得知這位客戶酷愛射擊。於是，妍謹上網查找了大量有關射擊的資料。一個星期之後，妍謹不僅對周邊地區所有著名的射擊場了解的十分深入，而且還掌握了一些射擊的基本功。再一次打電話時，妍謹對銷售汽車的事情隻字不提，只是告訴客戶自己「無意中發現了一家設施特別齊全、環境十分優美的射擊場」。

下一個週末，妍謹很順利的在那家射擊場見到了客戶。妍謹對射擊知識的了解讓那位客戶迅速對其刮目相看，他大嘆自己「找到了紅顏知己」。在返回市區的路途中，客戶主動表示自己喜歡駕駛裝飾豪華的越野型汽車，妍謹告訴客戶：「我們公司正好剛剛上市一款新型豪華型越野汽車，這是目前市場上最有個性和最能體現品位的汽車……」一場有著良好開端的銷售溝通就這樣形成了。

在這裡，妍謹對症下藥，從「射擊」這一突破口進入，激起了對方的共鳴心理，從而輕易達到自己的做事目的。接觸對方內心思想，通往對方心靈深處的妙方，就是和對方談論他最感興趣的事情。只要妳懂得談論對方最感興趣的事情，那麼妳的成功也就八九不離十了！

在與人交談時，妳要仔細研究妳交流的對象，找到對方的興趣所在，尋找他最關心、最熱衷的事業，談論他最感興趣的話題；否則，即使妳再死磨硬泡，也將一無所獲！

多談對方的得意之事

在求人做事時，聰明的女人會投其所好，多談對方的得意之事，這樣容易贏得對方的認同。如果恰到好處，他肯定會高興，並對妳心存好感。

美國著名的柯達公司創始人伊斯曼，捐贈鉅款在羅徹斯特建造一座音樂堂、一座紀念館和一座戲院。為承包這批建築物內的坐椅，許多製造商展開了激烈的競爭。但是，找伊斯曼談生意的商人無不乘興而來，敗興而歸，一無所獲。正是在這樣的情況下，「優美座位公司」的經理亞當森，前來會見伊斯曼，希望能夠得到這筆價值 9 萬美元的生意。

伊斯曼的祕書在引見亞當森前，就對亞當森說：「我知道您急於想得到這批訂單，但我現在可以告訴您，如果您占用了伊斯曼先生 5 分鐘以上的時間，您就完了。他是一個很嚴厲的大忙人，所以您進去後要快快的講。」亞當森微笑著點頭稱是。亞當森被帶進伊斯曼的辦公室後，看見伊斯曼正坤頭於桌上的一堆文件，於是靜靜的站在那裡仔細的打量起這間辦公室來。過了一會兒，伊斯曼抬起頭來，發現了亞當森，便問道：「先生有何見教？」祕書簡單的介紹了亞當森後，便退了出去。這時，亞當森沒有談生意，而是說：「伊斯曼先生，在我等您的時候，我仔細的觀察了您這間辦公室。我本人長期從事室內的木工裝修，但從來沒見過裝修得這麼精緻的辦公室。」伊斯曼回答說：「哎呀！您提醒了我差不多都忘記了的事情。這間辦公室是我親自設計的，當初剛建好的時候，我喜歡極了。但是後來一忙，一連幾個星期我都沒有機會仔細欣賞一下這個房間。」亞當森走到牆邊，用手在木板上一摸說：「我想這是英國橡木，是不是？義大利的橡木質地不是這樣的。」伊斯曼高興得站起身來回答說：「「是的，那是從英國進口的橡木，是我的一位專門研究室內橡木的朋友專程去英國為我訂的貨。」伊斯曼心情極好，便帶著亞當森仔

細的參觀起辦公室來了。他把辦公室內所有的裝飾一件件向亞當森作介紹，從木質談到比例，又從比例談到顏色，從手藝談到價格，然後又詳細介紹了他設計的經過。此時，亞當森微笑著聆聽，饒有興致的樣子。他看到伊斯曼談興正濃，便好奇的詢問起他的經歷。伊斯曼便向他講述了自己苦難的青少年時代，母子倆如何在貧困中掙扎的情景，自己發明柯達相機的經過，以及自己打算為社會所作的巨額的捐贈……亞當森由衷的讚揚他的功德心。本來祕書警告過亞當森，談話不要超過 5 分鐘。結果，亞當森和伊斯曼談了一個小時，又一個小時，一直談到中午。最後伊斯曼對亞當森說：「上次我在日本買了幾張椅子，放在我家的走廊裡，由於日晒，都脫了漆。昨天我上街買了油漆，打算由我自己把它們重新油漆好。您有興趣看看我的油漆表演嗎？好了，到我家裡和我一起吃午飯，再看看我的手藝。」

　　午飯以後，伊斯曼便動手，把椅子一一漆好，並深感自豪。直到亞當森告別的時候，兩人都未談及生意。最後，亞當森不但得到了大批的訂單，而且和伊斯曼結下了終身的友誼。

　　為什麼伊斯曼把這筆大生意給了亞當森，而沒給別人？這與亞當森的口才很有關係。如果他一進辦公室就談生意，十之八九要被趕出來。亞當森成功的訣竅，就在於他了解談判對象。他從伊斯曼的辦公室入手，巧妙的讚揚了伊斯曼的成就，談得更多的是伊斯曼的得意之事，這樣，就使伊斯曼的自尊心得到了極大的滿足，把他視為知己。這筆生意當然非亞當森莫屬了。

第七章

甜言蜜語 —— 聰明的女人這樣談情說愛

男女之間談戀愛，重在一個「談」字，這就必須借助於語言這門藝術的工具。如果妳能落落大方，談吐自如，就有可能贏得好感，溝通對方情感的脈搏，啟開對象情感的心扉，注進新的愛情動力，並同時剔除各種有損於愛情的雜念，從而使愛情永駐。

愛要大聲說出來

愛情只有透過言語為媒介，才能將燃燒的兩顆心融為一體。也只有這樣，才能使愛情迸射出耀眼的光彩。

生活中，很多女人喜歡一個人或者愛一個人都只是在心裡默默的愛他，不敢說出自己的真實感受。尤其是面對自己愛的人更是不知所措。只是在那默默等那個人會愛上她，等到最後往往是而錯過了一段段美好的感情，或者是錯過了一輩子的愛人。

一個少年得了不治之症，他只有 17 歲，隨時都可能死去。他每天待在家裡，由母親照料著。有一天，他覺得心裡空蕩蕩的，想出去走走，母親同意了。他漫無目的地走在大街上，偶然抬頭往一家音響店裡張望的時候，看到了一個非常美麗的同齡女孩。少年對她一見鍾情，他打開門走了進去。眼裡始終只有她，他慢慢的走到櫃檯前，女孩微笑著問道：「你想要什麼呢？」他覺得這是他一生中看到的最美麗的笑容，這時他想要的就是在女孩的額頭上輕輕吻一下，他結結巴巴的回答：「哦，那個……我想要一張唱片。」他邊說邊隨便從手裡拿了一張唱片遞給女孩。女孩笑著說：「把它包起來嗎？」他點了點頭。女孩轉過身去，在桌上包裝著，然後又轉過去把包裝好後的唱片交給了他。他接過唱片離開了商店。從那以後，這個少年每天都到那家音響店去買一張唱片，女孩每次都將唱片包好後交給他，他也總是將唱片帶回家，小心的放進自己的抽屜裡。少年感覺自己的身體一天比一天差，這天他鼓起勇氣，像往常一樣走進音響店，買了一張唱片，她也像往常一樣轉過身去替他包起來，就在這時，少年把一張寫有自己電話號碼的紙條放在了櫃檯上，當女孩轉過身來時，他幾乎是搶過唱片，然後掉頭跑了出去。週末，少年家的電話響了，是那個女孩打來的，少年的母親傷心的哭了，她說：「他

沒有等到你，他昨天死了。」女孩默默的掛了電話。過了一些日子，母親來
到兒子的房間，幫他整理東西。她在抽屜裡看到了一大堆包好唱片，這些唱
片都沒有打開過，她坐在床邊，打開了一個包裝，一張紙條從包裝裡掉了出
來，她撿了起來，上面寫道：「嗨，你好，你很帥，願意和我一起出去嗎？蘇
菲亞。」母親又急忙打開了好幾唱片盒，裡面都有一張小紙條，上面都寫著
同樣的話。

如果愛，請深愛；如果愛，說出來。女人們，請放棄妳們的矜持，把妳
的感受及時告訴妳愛的人，不要拖的太久，愛他就要勇敢的說出來。只有充
分的表達，才能讓對方明白自己的心意。千萬不要讓自己的人生留下遺憾！

愛他就要勇敢的告訴他

愛你在心口難開的情況，很多女孩子都會遇到，哪怕對方是你默默喜歡
好久的男孩，卻鼓不起勇氣來表白，或者，苦於沒有適當的機會。相信，這
對每個多情少女而言，是十分痛苦的事。

生活中，很多女性恐怕都實踐過這樣一個暗戀公式：當妳在那條路上像
個憂鬱的哲學家一樣反反覆覆的走來走去，只為了能假裝不經意的偷偷的看
他一眼；當妳穿上那條蘋果綠的新裙子，只因為他曾經對妳說過他最愛蘋果
綠……只要一切是為了他，哪怕他並不在意，妳的心裡也會有那麼一絲青春
感傷的甜蜜。明明是在愛著對方，卻要把這份感情深埋在心底；明明是在想
一個人，卻硬要裝作若無其事的樣子；明明是在默默關心著一個人，卻要表
現的毫不在乎。但是，當妳身心俱疲的時候，這份愛妳又能夠得到多少呢？

龔霞今年 28 歲，在一家開發公司做打字員，如果不是因為有一個人在
這家公司，也許早幾年她就改行做其他事情了。因為她暗戀的人是自己的上

司，而且是隔了好幾層的上司。

　　7 年前，龔霞大專畢業後，透過親戚介紹，在一家開發公司做打字員。進公司的第一天，賈經理跟新進的員工談話，雖然沒有講話稿，但他講起話來卻條理清晰、通俗易懂。那是她第一次見到英俊瀟灑的他，180 的身高，使他看起來氣宇非凡。當初，雖然龔霞是一個不懂感情的小女孩，可自從見了賈經理後，她就感覺從小幻想的白馬王子突然出現了。

　　為了博得賈經理的好感，龔霞工作起來非常勤奮，希望能引起他的注意。雖然她只是一個小打字員，可她最盼望的事情，就是公司召開全體會議，因為，只有這樣的會議，才能見到賈經理。

　　賈經理有個習慣，在公司與員工相遇時，總是謙和的點點頭。為了多得到這種「點頭」的機會，龔霞每天都要提前來上班。聽見他的鞋跟聲從桌邊響起，她立刻低下頭，佯裝認真的翻閱整理客戶資料。一次，填工作報表時，她寫著寫著，竟寫成了賈經理的名字。同事習慣的靠過來，她的心頭突然「砰」的一跳，雙耳立刻通紅，手抓那張紙揉成團，塞進抽屜，仰起頭不好意思朝大家傻笑。

　　龔霞的一頭長髮，也是暗戀的產物。5 年前，賈經理在和公司員工聊天時，說他喜歡女孩子留長髮，頭髮越長，女人味越濃。也許他當時只是無心說的，但龔霞卻記在了心裡。從那個時候起，她開始留起了頭髮，這麼多年來，從沒剪過一次頭髮。頭髮留這麼長，走在大街上，總是吸引不少人側目，可是賈經理卻從沒有誇讚她的頭髮，每次從他眼前經過時，他甚至都像沒有看見一樣。

　　就這樣龔霞常常被賈經理的一個眼神、一個舉動和一句話，決定著自己的喜怒哀樂，看到他，就快樂，見不到他，就失落。他的每一個微笑，都會

讓她整夜失眠，他的每一句話，都會讓他回味無窮。她知道自己這種單相思是一種病態，但是無法控制。她也曾經去找過心理醫生，可一旦回到公司後，就無法自拔。

24歲的時候，母親曾託人給她介紹了一個不錯的男孩，一個念科學的研究生。見面後，男孩對龔霞很有好感，可她卻沒有感覺，因為在她的整個心裡，都是賈經理，雖然賈經理本人並不知道。那個男孩單獨約她幾次，都被龔霞拒絕了。因為她的心裡沒有空間給任何別人了。

隨著年齡的漸漸增大，龔霞對自己這種沒有結果的暗戀開始厭倦，但卻沒有勇氣告白。多少次，她都想給賈經理寫一封信，但一想到地位和經歷的懸殊，便再也沒勇氣提筆。這份痛苦的情感在她心裡憋了整整7年，從不敢講給任何人聽，甚至自己的父母。7年來，她飽嘗了暗戀的苦澀。如今，她早已錯過了談情說愛的最佳階段，如果說以前自己還有「年輕的優勢」，現在已經什麼都沒有了。

像龔霞一樣遭遇暗戀之痛、不敢表達愛意的女人是辛苦的。暗戀指對另一個人心存愛意或好感，但因為種種原因，這種愛意沒法宣之於口。暗戀是一種沒有回報的愛，甚至被要求付出。沒有結果的戀愛，必定是要以獨自的悲傷收場的。暗戀是一種微妙的感情，這種感情若得不到良好的處理，必然會對女人造成很大的傷害。女人需要愛情滋養，然而這樣的愛卻只能如流水般逝去。

悄悄的愛上了心上人之後，卻又苦於不知道怎樣表達，這是不少女常常碰到的難題。妳既羞於向人求教，更恐「落花有意，流水無情」，只好保持緘默，只好自己著急、苦惱。但如果不想承受這種痛苦，那就要學會把妳的暗戀說出口。

其實，向妳愛慕的人表達愛情的方式是多種多樣的，只要妳善於細心觀察，及時捕捉愛的靈犀，總會找到恰如其分的時機和方法。

用含蓄的方式表達愛意

愛情的表達方式多種多樣，表情、語言、行為、文字等，古往今來大同小異。但在表達時，含蓄還是外露，冷靜還是瘋狂，深沉還是輕佻，卻因人而異，效果有時也是大相逕庭。

有這樣一位女孩，長相不錯，但在選擇對象時總是以「劉德華」為參照標準。結果光陰荏苒，青春幾何，一晃女孩就到了三十開外的年紀了。這一年，女孩終於和一個高個頭、風度翩翩的年輕人相識了。女孩對年輕人很是滿意，所以非常擔心失去自己的「意中人」，結果火爆的表達出自己對年輕人的愛慕之情：「我們結婚吧，我愛你！」結果可想而知，年輕人認定女孩是有什麼不可告人的隱私，小心翼翼的和她分手了。相反的，如果女孩能含蓄的表達，既文雅又知禮，這就容易讓人接受了。

女性表達愛情時千萬不能在大庭廣眾之下高聲宣言，直來直往。表達愛情之時，女性通常都會帶些羞澀。向對方求愛，還要給對方留下考慮的餘地。因此，含蓄的表達，對於求愛者和被求愛者都是合適的。

所謂含蓄，即表面平靜，內在激烈；表面質樸，內在豐富。可以說，愛情的含蓄之美是貫穿於愛情生活的全過程的。電影《歸心似箭》中，玉貞愛上了在她家養傷的戰士魏得勝，一天，魏得勝幫玉貞挑水，玉貞深情的說：「好，讓你挑……給我挑一輩子。」含蓄的表達愛慕之情，是我們的傳統美德，它給愛情的傳達增添了柔情和蜜意。其實，無論是西方還是東方，愛情的美麗就表現在戀愛方式也是一種含蓄的美。但應注意的是，不要把含蓄當

成含糊、含混，這樣的「含蓄」表達不明，往往達不到預期效果。

　　一位個性內向害羞的年輕人，暗戀一位女同事很久了，可是一直不敢表態。後來這位女同事跳槽到另外一個公司了，臨走的時候，給這位年輕人留了一封信。

　　年輕人打開一看，信封裡面只有一張用筆戳破了一個洞的白紙。年輕人一下子泄了氣，心想：「她是叫我看破，不必太認真。」

　　後來，年輕人失落了很長一段時間，才讓自己的心情慢慢的平復。兩年之後，這位年輕人接到了那位女同事的電話，邀請他去參加自己的婚禮喜宴。

　　在電話中女同事說：「有一件事我想問你，你看過當年我留給你的信了嗎？」年輕人嘆口氣回答：「看過了。」女同事問：「那你為什麼沒有再和我聯絡？」「你不是讓我看破嗎？所以……」沒等他說完，女同事氣惱的說：「哪裡是要你看破，我是要你突破！」

　　所以，表達愛意，除了要含蓄外，更重要的是表達意思要明確，讓對方知道你的想法。

做個會撒嬌的小女人

　　什麼是撒嬌？撒嬌是女性對自己心儀男人的一種愛的表現，是發自內心的一種愛的本能。會撒嬌的女人是可愛的，會撒嬌的女人是幸福的。

　　在每個女人小時候，嬌嗲是與生俱來的。當她們犯了某種錯誤或者有了某種要求時，乖巧的笑一笑，拉著父母的衣袖央求幾聲，大人們立即心軟了，本來還想斥責幾句的，反而變成了輕聲的安慰；本來不想答應的事情，

也遂了孩子的心願。撒嬌如此奇妙，可惜隨著女孩子的成長，有些人竟自覺不自覺的放棄了這項權利。

每個女人都有撒嬌的心理需求。這是一種親密的表達，是一種示弱的表達方式，能夠激起對方的疼愛。

撒嬌是真女人的自然魅力，也是女人味的氣質展現。難怪很多男人認為，會撒嬌的女人，才有品味，才可愛，才有情趣。因為撒嬌，所以男人會心疼，會喜歡女人。不撒嬌的女人就會讓人感覺麻木，沒有味道，失去了女人味。

撒嬌是一種智慧，能夠讓對方來主動關愛妳，激起異性的同情心。會撒嬌的女人總是特別有女人味，舉手投足之間，總會讓男人為之心動。

會撒嬌的女人最好命

一個女人如何得到男人的愛？傳統的絕招可能是「一哭二鬧三上吊」，但在這個五光十色充滿誘惑的時代似乎已經行不通了。

無數生活中的事例表明，要獲得男人的寵愛，撒嬌是最好的方法。因為99％的男人都喜歡會撒嬌的女人。雖然說男子漢大丈夫寧願流血不流淚，但男人可以為女人「撒嬌」而折腰。會撒嬌的女人比那些靦腆內向、自視清高的女孩子更能打動男人的心，也深得周圍人的喜愛。

有這樣一對夫妻，男的雖稱不上是一位帥哥，但也蠻有風度的，而且還是一位律師，但他的妻子卻是姿色平庸，根本就沒有什麼驚豔之處，然而，那男人對她真可謂唯命是從，寵愛有加。朋友們私下裡常說：「她有什麼本事，長相還不如她的老公呢，為什麼她老公對她那麼好啊？」這時就有人說了：「不知道吧？這是因為她特會撒嬌，這就是本事。」噢，我們恍然大悟，

原來她就是利用撒嬌這個有力武器，使她的老公乖乖投降，對她呵護有加。原來，會撒嬌的女人真的是很幸福的。

漂亮的女人不一定制服得了男人，但會撒嬌的女人卻是男人的剋星。撒嬌是女人的殺手鐧，一出手就會擊中男人的死穴。會撒嬌的女人讓老公開心，也讓自己感受到無比幸福。

再堅強勇敢的男人在女人的嬌聲嗲氣中都會手足無措，骨頭酥軟，把所有的英雄氣概丟得一乾二淨。女人只要把嬌氣軟綿綿的撒在男人身上，哪怕要男人上刀山下火海，男人也會眼不眨心不跳的心甘情願為其獻身。所以說，女人不一定要漂亮，但一定要會撒嬌，因為撒嬌是武器，是對付男人強有力的殺手鐧。

適度撒嬌增加彼此感情

撒嬌是女人的天性，是上天賦予的恩賜，但是妳是否會運用這個特權來更好的圈住男人心，讓男人更喜歡妳呢？

有人說，女人不懂得撒嬌是一大缺憾。她們雖然也知道撒嬌是女人的天性，但一時半刻還真的表演不出來。但會撒嬌的女人就不一樣了，她比不撒嬌或不屑於撒嬌的女人有更多的幸福體驗。

玫芷是市區某外貿公司的業務經理，平時應酬很多，老公頗有怨言。最近玫芷發現自己懷孕了，脾氣變得很怪，半夜還經常會肚子餓，於是老公變著花樣給她買好吃的。但每次等老公買回來時，玫芷又撒著小嘴說：「老公，我肚子不餓了又不想吃了，可能是你兒子不想看你這麼辛苦，下次你不要出去買了，看你累了我就心疼。」玫芷這樣撒嬌，恐怕她老公沒有理由拒絕，相反，還會有再累也覺得甜的感覺。

　　其實，撒嬌是女人的另一種溫柔，是一種愛的本能，是情不自禁的表現，能激發一個男人全部的愛。

　　在相愛的人之間，撒嬌是生活的調劑品，有人撒嬌生活才會和諧，充滿情趣，愛人之間如果沒有一方的撒嬌，另一方的寬容欣賞，彼此嚴肅的生活難免使人乏味。在相愛的兩個人之間，撒嬌無形之中也成了衡量幸福生活的一個標準了。

　　有一個很惹人喜愛的女子。在和她的男朋友愛得死去活來後走進了婚姻。可是婚姻的瑣碎和雜質超乎她的想像和承受力。一來二去，心力交瘁。於是兩個人不斷爭吵，最終決定離婚。男人在收拾好一切行李的那天晚上，和女人做了一次真實的心平氣和的交談。最後，男人說：「晚了，妳快去睡吧。」女人抱著膝說：「嗯，不嘛，我不去。」男人看著女人憔悴的臉上那似曾相識的嬌嗔，眼眶一下子溼了，定定的出神。女人問他怎麼了。男人說，妳知道嗎，妳剛才向我撒嬌了，妳已經好久沒有這樣撒嬌了，真懷念妳以前撒嬌時那溫柔可愛的樣子。女人聽了，呆住了。她想，是啊，是從什麼時候起，我用責罵抱怨，代替了撒嬌呢？就這樣，女人一個無意識的撒嬌，挽救了一個死水微瀾的婚姻，點燃了男人心中快要熄滅的愛火。

　　可見，撒嬌在現實生活中是必不可少的，撒嬌是幸福家庭的潤滑劑，也是夫妻愛情的催化劑，適當的撒撒嬌才會更增進彼此之間的感情。

巧妙的拒絕男性的追求

　　被愛是一種幸福，如果愛妳的人正是妳所愛的人，妳當然會有幸福的感覺；但假如愛妳的人並不是妳的意中人，或者妳一點兒也不喜歡對方，妳就不會感覺被愛是一種幸福了，妳可能會產生反感甚至是痛苦，這份妳並不需

要的愛就成了妳的精神負擔。

一個男人向你求愛，並沒有錯；你拒絕對方的愛，也沒錯。最關鍵的是看你怎樣拒絕，如果拒絕得恰到好處，對雙方都是一種解脫，也可以免去許多麻煩。如果你不能恰到好處的拒絕別人的求愛，不但傷害他人，說不定也危害自己。

有位漂亮的女孩突然接到一封情書，打開一看，是公司裡表現很一般的小楊寫的。

癩蛤蟆想吃天鵝肉，一氣之下她把情書貼到了公司員工餐廳。結果小楊被羞得無地自容，原來追求她的人也都被嚇跑了。

三年後，小楊終於找到稱心的伴侶，而漂亮女孩還是孤零零一個人。

由此可見，拒絕男人的求愛時，不能以一種「對方不如自己」的優越感來拒絕對方。特別是一些條件優越的女性，更不能認為別人求愛是癩蛤蟆想吃天鵝肉，於是一推了之，或是不屑一顧，態度生硬，讓人難以接受，不然對人對己都不利。

倘若你不喜歡求愛者，或者根本沒有建立愛情的基礎，可以在尊重對方的基礎上婉言謝絕。對自尊心較強的男性，適合委婉、間接的拒絕。因為有這類心理的人，往往是克服了極大的心理障礙，鼓足勇氣才說出自己的感情。一旦遭到斷然的拒絕，很容易感覺受傷害，甚至痛不欲生，或者採取極端的手段，以平衡自己感情上受的創傷。

因此，拒絕他的愛，態度一定要真誠，言語也要十分小心。你可以告訴他妳的感受，讓他明白妳只把他當朋友，當同事或者當兄弟看待，妳希望妳們的關係能保持在這一層面上，妳不願意傷害他，也不會對別人說出妳們的祕密。

妳不妨說：「你是個很棒的男人，許多人喜歡你，你一定會找到合適的人。」

「我覺得我們的性格差異太大，恐怕不合適。」

「我父母不希望我這麼早談戀愛，我不想傷他們的心。」

「你是個很好的男人，我很尊重你，我們能永遠當朋友嗎？」

如果一些自尊和羞澀感都挺重的人沒有直接示愛，只是用言行含蓄的暗示他的感情，那麼，妳也可以採取同樣的辦法，用暗含拒絕的語言，用適當的冷淡或疏遠來讓他明白妳的心思。

拒絕男人求愛的原則

愛情是美好的。每一個人都有權力去追求。當我們得到所期望的求愛時，內心會感到莫大的滿足和幸福，但當求愛的人是自己不滿意或不能當作戀人來喜愛的對象時，就會感到莫大的苦惱。苦惱的根源在於我們既想拒絕這一愛情表白，又怕傷了對方的心。尤其在對方與自己有深厚友誼時，這苦惱就來得更為強烈。然而，不管多麼困難，不能接受的愛情總是要加以拒絕的。

拒絕並非本人所愛之人的求愛，是人的權利。但是，為了不使對方在不能獲得愛情之外再增加其他痛苦，拒絕求愛也要講究藝術。

某醫院的護士善珠長得漂亮又機靈，大家都很喜歡她。這天下班，辦公室年輕的鄭醫師對她說：「善珠，一起去吃飯好嗎？我有一件很重要的事想跟妳說。」

善珠立刻就明白了「重要」的含義。於是她笑著說：「好哇！我也正好有事情要你幫忙呢！」

鄭醫師一聽高興極了，放鬆了心情說：「行，只要是幫妳的忙，我一定兩肋插刀。」

善珠又笑了：「可沒那麼嚴重。只不過是男朋友臉上長了幾個青春痘，我想問你怎麼治療效果比較好？」

故事中的善珠是個聰明女人，在不傷害對方的情況下，巧妙委婉的拒絕了別人的求愛，讓他接受這個事實。

在愛情的歷程中，當遇到不滿意不能接受的求愛時，最好採用恰當的語言，婉言拒絕，巧妙收場。以下幾點建議，可供妳參考。

1. 拒絕必須及時。拒絕難免是一種傷害，但不能因此而猶豫不決，要敢於對求愛者說「不」。如果礙於情面，一再拖延時間，就會讓對方誤認為還有希望而不能自拔，而自己也會「當斷不斷，自受其亂」。

2. 拒絕必須友善。為了減少拒愛給對方的心理傷害，也使對方更易於接受，就必須設法維護對方的心理平衡，盡量減少對方的內心挫折。拒絕別人的求愛，要以尊重其人格，不傷害其自尊心為前提。切勿指責辱罵，大肆中傷，搞得人人皆知。

3. 拒絕必須巧妙。拒絕他人的求愛，切不可廣而告之，另對方難以下臺。必要的時候，可以酌情採用單獨面談、請人轉告或借物表意、委婉暗示之法，對其進行「冷處理」，讓對方自己主動「知難而退」。

幽默的拒絕男人的求愛

拒絕男人的求愛，是一門學問和藝術，能體現出一個女人的品德、性情和修養。一個懂得幽默的拒絕別人求愛的女人，能夠使別人在自己的拒絕中，一樣感覺到妳是善意的、婉轉的、真誠的，當然，也能愉快的感受到妳

的原則。

　　若妳不信，不妨做個比較：

　　情境一：某帥哥找到自己心儀已久的女生示愛：「我發誓我會用實際行動讓妳快樂！」

　　回答Ａ：「不好意思，我已經有男朋友了。」

　　回答Ｂ：「真的？你是說你現在就要離開？」

　　情境二：酒吧中，帥哥找女生搭訕：「請問我可以請妳喝一杯嗎？」

　　回答Ａ：「不用了，謝謝！」

　　回答Ｂ：「如果你折現的話我會更高興。」

　　情境三：餐廳中，女生獨自在用餐，一位帥哥走上前來，問道：「請問這個位子是空著的嗎？」

　　回答Ａ：「不，這裡有人了。」或「抱歉，我想一個人用餐」。

　　回答Ｂ：「是的，而且當你坐下之後，我這個位子也會空出來。」

　　上述三種情境的回答當中，顯然回答Ｂ更好，因為它捨棄了冷冰冰的拒絕，而採用幽默的方式告訴對方自己的想法。這樣的拒絕方式，最大程度的減少了被拒絕一方所受到的傷害，讓對方在說說笑笑中坦然離去。

　　男孩喜歡上了一個女孩，但他是個內向的人，一直不敢向她表白。終於有一天，他鼓起勇氣給女孩寫了一封信，託朋友交給她。女孩收到信後很吃驚，便拆開來看，上面寫道：「喜歡妳好久了，卻一直沒有勇氣向妳表白，但隨著時間推移，我發現自己對妳的愛越來越深了，妳知道嗎？我無時無刻不在想妳。炒菜時我會想起妳，妳就像鹽一樣不可缺少；吃飯時我會想妳起，妳就像筷子一樣不可缺少；睡覺時我也會想起妳，妳就像被子一樣不可缺少。

238

我看見葡萄就會想起妳的水汪汪的大眼睛，看見番茄就會想起妳的紅撲撲的臉頰，看見水就能想起妳的溫柔。我想我永遠都離不開妳了，請妳嫁給我吧，我會把妳當熊掌一樣的珍惜，永遠不離不棄！」

女孩看完後不禁笑了起來，難道自己長得那麼像食物嗎？她不願意傷害男孩，但她也同樣不喜歡男孩，於是她也同樣幽默的寫道：「我也想過你那掃把似的眉毛，大蒜一樣的鼻子，香腸一樣的嘴巴，還有火一樣的熱情。但很不好意思，我不打算找個熊掌一樣的丈夫，我們就像水和火一樣不能相融，你明白我的意思吧！」

故事中的女孩就是一個很幽默的女孩，雖然拒絕了別人，但卻不會讓人難堪也可以達到自己所要表達的意思，這也是幽默的藝術魅力，這樣的女孩不是很聰明和可愛嗎？

分手時說話的藝術

愛情是一門學問，分手也講究藝術。當愛情雙方出現摩擦，以至於無法將感情維繫下去的時候，分手無疑是明智的選擇。儘管有些殘忍，但對雙方都是負責。正所謂「長痛不如短痛」，讓我們勇敢的衝出感情的雷區。

小雪的家人雖然反對她和男友交往，但決定權還是掌握在她自己手裡。

在兩年的交往中，她不得不承認以男友的經濟條件和家庭負擔很難給她一個幸福美滿的未來。恰在此時，一個更合適的人選出現了……

決定提出分手的那個晚上，她痛哭流涕的等待男友下班。男友急得跳腳的問她發生了什麼事，她仍舊只哭不答。

直到男友問到她是不是和家裡人吵架了，她才抽噎的點點頭，斷斷續續

的說，自己和家裡人鬧翻了，母親以死相逼，讓她在男友和家人中做出選擇。並且以母親的口吻向男友說道自己身邊的朋友都過著有房有車衣食無憂的生活，而自己年近三十卻還在談著清苦的戀愛……

男友自知無法讓小雪過上那樣的生活，沉默了很久終於痛苦的做出了退出的決定。

小雪搖頭哭訴著自己只愛男友一個人，同時也讓男友想出一個萬全之策，畢竟自己是家裡的獨生女，婚後必須跟父母生活在一起，該如何取捨呢？

無力解決這個問題的男友安慰小雪，長痛不如短痛。

他認為是自己造成了小雪和家人的矛盾，儘管最終沒有緣分和小雪在一起，但他仍在分手後以哥哥的身分關心幫助著小雪。

人生不如意者十之八九，談戀愛也是如此。哪能都是一見鍾情、一錘定音等美事。眼見愛情「美」況日下，分手在所難免，與其哭哭啼啼，左右為難，不如把分手當作最後的浪漫！

畢竟，每一段感情都是緣分，我們從中得到更多的應該是回味而不是怨恨。所以，為了讓曾經相愛的人記住的溫存多一點，記住的美好多一點，不妨使用一些小技巧：

1.　分手之前要向對方發出「訊號」。在確定與他分手之前，要有周詳的考慮，盡是給對方一些準備的訊號，讓他有充分的時間進行心理的適應並參與決定。單方面就宣布自己的決定，對他來說是不公平的。

2.　誠實告知分手的原因。既然曾經攜手走過人生路，對方就應該值得妳誠實對待。因此分手的原因，務必要誠實告知，才能將災害降到最低。好比說一個女人想跟男朋友分手，原因是她愛上了別人，這其實是人之常

情、防不勝防的事情；但如果她沒有誠實告知，又瞎掰了另一個理由去談分手，那麼這個女人所犯的錯，除了背叛之外、還有欺騙！也就是說，誠實或許傷人，但卻代表誠意，一種對情人的誠意，甚或可以說是一種「負責任」的表現！當然，真正的理由說出口，對被離棄的人來說也許是晴天霹靂，但至少能讓雙方看得更清楚，也不用擔心，往後還要背負一條欺騙的罪名。

3. 不說對方的壞話。提出分手時，當然還要拿捏說話的技巧，對事不對人，分手只是對妳和他關係的否定，而不是否定他本人。在誠實的前提下，謹記「不說對方的壞話」，不要去磨損對方的自我價值，不要舉證對方的罪狀，然後提出分手，縱然是個性不合導致分離，也要讓對方知道：「你很好，只是我們彼此不適合」。這是極重要的堅持，不論情感上誰虧欠了誰，說對方壞話都是最失格的表現。會讓旁人給妳負面評價，更讓妳們曾有的戀情變得相當不值。記住，越到分手的時候越要肯定他的好，還要對他周圍的人肯定他的好。一個在分手時還想著保全男人面子的女人，對任何一個男人來說都是寶。

分手時不該說的話

曾經相愛的兩個人，一方提出分手，另一方會痛苦是肯定了。但是，不管有多痛，分手時，妳都不要和曾經愛妳的人和妳愛的說狠話。妳好好想想，這個世界上，能傷害到妳的人，一定是妳愛的人；能讓妳受傷的人，一定是愛妳的人。不然，他怎麼有機會在妳心上刻下傷痕？他怎麼有資格讓妳在情海浮沉？

許多人分手後會發生糾紛和情殺傷害，都是因為分手時過度傷害了對方的自尊心，以致遭到報復。譬如說：跟他講新的對象有多好、批評對方的

缺點、說重話攻擊對方、辱罵對方……傷害了對方的自尊，那是分手最惡劣的行為。

因此，在分手時，女性千萬不要說這樣的話：

1.「你是一個好男人……」

言外之意 —— 卻沒有能力留住一個女人。

聰明的男人認為這句讚美肯定了他的人品之餘否定了他的愛的能力，對他來說等於羞辱。

2.「你不是一個適合做老公的男人……」

言外之意 —— 當初跟你在一起，我就沒打算嫁給你。

他以為妳只是玩玩而已，妳以往再多的付出都因這句話轉眼成雲煙。

3.「我覺得跟你在一起很沒有安全感……」

言外之意 —— 我遇到了比你更能給我安全感的男人。

他終於明白了，原來在妳們交流的過程中，妳從未停止考查其他男人能否給妳帶來安全感。

4.「你不覺得我們那方面不太和諧嗎？」

言外之意 —— 很抱歉，你從未在性愛中滿足過我。

他會極其憤怒！質疑一個男人的性能力是對他致命的侮辱。妳為什麼不換個理由敷衍他呢？

5.「我身邊所有人都反對我跟你在一起……」

言外之意 —— 連我外婆養的狗都比你重要！

他終於認清了自己在妳心中排在最後一位，推他出局的不是妳身邊所有人，而是妳根本就瞧不起他。

分手時不該問的話

分手，意味著妳們的愛情已經結束，即便妳還有多少的不捨，此時的妳也必須接受殘酷的事實。如果妳還執著的要向對方發出一些質疑，那只會讓妳顯得有些狼狽。

在分手時，以下幾個問題不要問對方：

1. 不要問他：為什麼會分手？

既然已經分手，一切已經沒有機會挽回，就不要再問為什麼。如果妳不斷的詢問原因，他會更加覺得離開妳是對的，為什麼？因為妳很可憐。

2. 不要問他：還有沒有機會可以破鏡重圓？

這種問題只會帶給妳更深的傷害。

3. 不要問他：還記不記得曾經的快樂時光？

如果他已經離開妳，就是因為他已經忘卻了曾經的時光，即使記起也是在分手後很久的事，而絕不會是分手時。

4. 不要問他：我哪裡比不上她？

他會說，她的確比妳好，雖然他可能會後悔，但絕不是在分手時。

6. 不要問他：不要問他：我們以後還會見面嗎？

愛就是愛，不愛就是不愛。分手就應該分得徹徹底底，既然大家已經成為平行線，那就最好不要再有交點，以免以後見面還會尷尬。所以，妳問出

這樣的問題後，獲得的真實答案只會是「最好以後我們還是不要見面了。」

7. 不要問他：為什麼自己能夠拒絕個別男人的誘惑苦苦堅持真愛，而他卻不能？

他會說他更喜歡現實點的東西，妳也該知道什麼叫現實點的東西。

8. 不要問他：為什麼拋棄當初共同的理想？

任何一個夢想都是美好的，但又是難以實現的，它始終還是帶有一點虛幻的色彩。他會說理想本來就是很虛無。

9. 不要問他：還可不可以做個朋友？

那都是自欺欺人的話語，妳的心已經被劇烈的割傷，何必還要掩飾什麼，誰都知道妳們不可能再成為普通朋友，不要抱有什麼幻想了。

10. 不要問他：妳在他心裡占據什麼樣的位子？

他會說他會把那份愛珍藏在內心的最深處，說白了，就是再也不願翻開的記憶，不是嗎？

「鬥嘴」也是一種溝通方式

戀人之間，打是情、罵是愛，鬥嘴只是示愛的一種活潑而隨意的方式，不會因鬥嘴而鬥氣，相反的還會卻越鬥越親密。這種鬥嘴從形式上看和吵架很相似。妳一言我一語；妳奚落我，我挖苦妳；毫不相讓。但與吵架根本不同的是：鬥嘴時雙方都是以輕鬆、歡快的態度說出那些尖刻的言詞，有了這層感情的保護膜，鬥嘴就成了一種只有刺激性、愉悅性卻無危險性的「軟摩擦」，成了表現親密與嬌嗔的最好方式。

丈夫深夜歸來，妻子情緒不佳。

丈夫說：「老婆，給我做一碗蛋炒飯。」

妻子說：「什麼蛋炒飯，是飯炒蛋，你說是飯多還是蛋多？」

丈夫說：「管他蛋多還是飯多呢，半夜三更的，別吵了！」

妻子說：「什麼半夜三更，是三更半夜！」

丈夫說：「妳這是怎麼了？成心和我過不去，收拾妳的東西回娘家去吧！」

妻子說：「回就回。」妻子轉身進了臥室，好半天不出來，丈夫悄悄的過去看個究竟，妻子在床上攤開了一個大行李箱。看見丈夫進來，妻子流著淚說：「老公，請你躺在行李箱裡吧，我要帶走我的東西……」

丈夫禁不住啞然失笑。這真是一對高明的夫妻。

鬥嘴，其實是拉近雙方關係的黏合劑，及時消除彼此隔閡的潤滑劑，也是加速感情發展的催化劑。

相愛至深的愛人之間，雖然彼此深深依戀，但是雙方都有自己的性格，難免發生碰撞摩擦，要讓這種碰撞擦出愛的火花，而不是變成爭吵的熊熊怒火，這是愛情最大的學問之一。

用「鬥嘴」調劑愛情生活

戀人之間每每發生的「鬥嘴」，看似尖銳其實柔和，其實要比直抒胸臆式的甜言蜜語有更大的展示情人間感情個性的空間。所以戀人之間頗喜歡這種語言遊戲，在這種輕鬆浪漫的遊戲中加深了解，鬥嘴調劑著愛情生活，使之更加豐富多彩。

作家玄小佛在她的短篇小說《落夢》中就描寫了戴成豪和谷湄兩位戀人間的一段「鬥嘴」——

「我真不懂，妳怎麼不能變得溫柔點。」

「我也真不懂，你怎麼不能變得溫和點。」

「好了……妳缺乏柔，我缺乏和，綜合的說，我們的空氣一直缺少了柔和這玩意兒。」

「需要製造嗎？」

「妳看呢？」

「隨便。」

「以後妳能溫柔點就多溫柔點。」

「你能溫和也請溫和些。」

「認識四年，我們吵了四年。」

「罪魁是戴成豪。」

「谷湄也有份。」

「起碼你比較該死，比較混蛋。」

不難看出，這對戀人彼此依賴、深深相愛，「鬥嘴」是他們調節氣氛的工具。表面上，兩人針鋒相對互不相讓，但鬥嘴的背後，是彼此間足夠的理解與寬容。戀人之間喜歡「鬥嘴」，不過是一種頗具情趣的語言遊戲而已。況且，這種「鬥嘴」並非真要解決什麼根本性的分歧，而只是借助語言的外殼來激發兩顆心靈的碰撞，往往碰撞得越是激烈，心中的愛意反而更濃。這其中的奧妙，當事人的體會肯定是更深。

注意「鬥嘴」時的分寸

　　戀人之間，吵架鬥嘴的情況經常會發生。但是，也要有一定的原則和分寸，女性們一定要注意。

1.　不要刺傷對方的自尊。鬥嘴時，不能對他進行冷嘲熱諷，不要揭他的「傷疤」。如果傷了對方的自尊，鬥嘴就會變成爭吵。比如妳說：「你不給我買，沒關係啦。你才不是因為顏色不適合才不買，而是因為你小氣才不買！」這種話只會激怒對方，沒有一個男人能夠容忍冷嘲熱諷，所以妳不如大度一些：「不要緊，謝謝你的提醒，不然就花冤枉錢了。」聽了這樣的話，他一定在心裡讚賞妳是個明白事理的人。

2.　看對方的心情。鬥嘴因為是唇槍舌劍的交鋒，需要有一個寬鬆的環境、充分的心靈餘裕，才能享受它的快樂。因此鬥嘴時要特別注意戀人當時的心境。大家都有這樣的體驗，心情愉快時，可以隨便耍嘴皮、開玩笑。但當妳的戀人為某件事愁眉不展或心情不好時，若妳頻頻耍嘴皮子，後果可想而知。這樣，鬥嘴的味道就會變得苦澀了。

　　總之，戀人爭吵只要掌握好了度，就不會傷及感情，甚至還會增進彼此的情感。

女人也要學會對男人說情話

　　戀愛中，女人總是習慣了聽男人的甜言蜜語，卻不曾對男人說過什麼情話。其實，男人也有情感需求，儘管沒女人那麼多，但他們也很想聽到女人的甜言蜜語，這或許就是人的天性。當女人一味的要求男人對你信誓旦旦，海誓山盟的時候，你是否對男人做出了承諾？他們也是人，他們也希望聽到

第七章　甜言蜜語──聰明的女人這樣談情說愛

妳的甜言蜜語！

男友也喜歡甜言蜜語

愛情需要真心相待，但是偶爾也需要一些小小的調劑，對妳愛的男友說一些情話，會使妳們的愛情更緊更黏。但如今，許多都市愛侶在繁雜的生活壓力下，漸漸失去了自有人類開始就有的這種最簡單的表達愛的能力，成了「情話啞巴」。

離婚手續終於辦完了，高亞明如釋重負的輕嘆了口氣，舒雅的心卻一下子痛了起來。舒雅問他：「終於解脫了是嗎？」語氣裡滿是辛酸。高亞明苦笑著說：「妳看，妳還是這樣。」舒雅的眼淚不爭氣的流了下來。

離婚的事在一週內匆匆解決，高亞明如此快的做事效率給舒雅一個感覺：他在外面有了女人。想到這裡，舒雅眼淚流了出來，但她並沒有過多的爭取復合。

高亞明在一家金融公司工作，薪水很高，壓力也不小。他經常加班，很晚回家，沒多少時間和舒雅在一起。和他同一個公司的張鵬，經常帶著老婆出去玩，舒雅十分羨慕。她曾多次跟老公說起自己的感受，剛開始，高亞明還用「以後多帶妳出去玩」來搪塞，後來乾脆就置之不理了。

離婚後，他們之間變得坦然了不少，舒雅也突然發覺，高亞明也不像以前那麼忙了，他有充足的休閒時間。

半年後的一天，高亞明給舒雅打電話，他說有了理想的伴侶，想在結婚前跟她吃頓飯。舒雅心裡忽然難過起來，卻笑著說：「『接班人』找得還挺快，要不然帶上那位，我也欣賞一下。」

那天，舒雅特意去買了件新外套，而且還精心的打扮了一番，她可不

想輸給高亞明的「理想伴侶」。可是高亞明是一個人來的，看起來成熟穩重了不少。在一家以前常去的飯店，他們又坐在了一起，舒雅忽然有種戀愛的感覺。

高亞明點了瓶酒，把酒杯倒滿，喝了兩口。看著舒雅，接著說：「小雅，我沒有外遇，從來沒有過，妳不知道以前我是多麼愛妳。」

舒雅問他：「沒有外遇你為什麼和我離婚？還跟別人說受不了我。是我太醜了，還是嫌我錢賺得少？」

他苦笑道：「和妳直說吧，我愛妳，可是受不了妳從來不給我一兩句讚美或鼓勵的話。我每天工作那麼累，回來後妳還要說我比不上這個比不上那個，我心裡憋屈。」

從這個事例中可以看出：男人和女人一樣，也愛聽甜言蜜語。不會說情話的女人，生活是暗淡無光的。

在現實生活中，男人身為家庭或者說未來家庭的保護神，除了承受著社會、家庭、愛情等方面的壓力，還要不時迎接自尊給他們帶來的挑戰。當一個男人不管不顧的陷入愛情的時候，就是他最脆弱的時候。在這個時候，女人一句美言就能讓他備感關懷。所以，身為一個女人，妳要學會適時的把自己的甜言蜜語送給他，博得他的歡喜和寵愛。

令男人心花怒放的情話

戀愛中，有一種東西比花還美、比蜜還甜。這種東西叫「情話」。

情話是古今中外婚戀生活中最唯美、最富詩意的一部分。正是因為它的存在，愛情才變得甜美。

說情話是一門技巧，不但是感情間的潤滑劑，也是生活樂趣的調劑。

第七章 甜言蜜語—聰明的女人這樣談情說愛

情話，是表達愛意最直接的方式。由真愛而引出的情話，往往充滿智慧和樂趣。有時候，簡簡單單一句情話就讓妳的男友心花怒放。以下幾句情話，懂愛的女人一定要學會。

1. 我愛你

是的，男人也愛聽妳說我愛你，雖然他們自己並不愛說。但他愛聽的理由其實和妳一樣。所以請說，而且用主動語態說，而不是說：我也愛你。

2. 你怎麼什麼都懂啊

喜歡聽讚美的話是人的天性，男人也是如此。哪個男人不喜歡在心愛的女人面前有良好的表現，他們努力讓自己很出色，但是卻少有女人誇獎和讚揚，不要那麼吝嗇，即便他沒有妳想的那麼出色。

其實，很多讚美的話都是廢話，誰不知道自己的本事有多大，可是往往這樣的廢話會成為男人的興奮劑，此類讚美是一種動力和承認，沒有男人不喜歡。

3. 你真大方

在當今這個物質社會裡，慷慨大方的男人相對還是不多的。如果他為妳買買了一份價格不菲的禮物，這說明他非常在意妳，而妳在接受禮物的時候也不妨誇他一句「你真大方」。

4. 你的嘴唇好性感

每個人的性感標準也不一樣，如果妳這樣說，他一定會很高興。嘴唇薄透著堅毅和克制，嘴唇厚代表多情和溫柔，嘴唇不薄不厚就是無可挑剔了，妳怎麼誇他都不為過。可是很少有女人注意男人的嘴唇，男人也很少把嘴唇

當作炫耀的資本，所以只要妳誇男人的嘴唇性感，他們仍舊會照單全收。

5. 你真幽默

有幽默感的男人是十分有魅力的，稱讚一個男人有幽默感，絕對比誇他長得帥、大方慷慨來得有分量。所以，如果妳誇一個富有幽默感的男人「你這個人真逗！」或「你真幽默！」，他們一定很高興。

第七章　甜言蜜語—聰明的女人這樣談情說愛

第八章　家庭簡說 ——
聰明的女人用言語營造家庭的溫馨

　　家是人生的避風港，如何使這個避風港風平浪靜，需要家庭中每一個成員尤其是夫妻雙方的共同努力。如果在家裡說話不注意，溫馨的港灣一樣會變成唇槍舌劍的戰場。所以，女性朋友在家裡同樣要注意說話的方式和技巧，這樣才能夠使家變得更加溫暖和幸福。

愛嘮叨的女人最不幸

愛嘮叨是女人的天性，雖然嘮叨有時也是愛的一種體現，但多數男人不買帳，甚至對此有些反感。

心理學家曾對 1500 多對夫婦作過詳細的研究。結果顯示，男人們都把嘮叨、挑剔列在女性缺點的首位。嘮叨、挑剔給家庭生活帶來太多的傷害和不幸。

嘮叨，字面釋義是指重複或圍繞一個道理說差不多的話。如果將這兩個字重疊一下 —— 嘮嘮叨叨，便將嘮叨升級為喋喋不休。嘮叨，就是一件事說很多次。明明不管用，還是要說。如此可以看出，嘮叨是很失敗的行為，對於婚姻來說更是一種噩夢。試想當疲憊的丈夫回到家裡，便陷入毫無頭緒的抱怨和呻吟中，這時他最想做的，就是蒙頭衝出家門去。

林肯一生的大悲劇，是他的婚姻，而不是他的被刺殺。23 年婚姻中的每一天，林肯夫人嘮叨、騷擾著他，使他不得安寧。她老是抱怨這，抱怨那，老是批評她的丈夫；他的一切從來就沒有對的。她抱怨他走路沒有彈性，姿態不夠優雅；她模仿他走路的樣子取笑他。他的兩隻大耳朵成直角的長在頭上的樣子，她不喜歡。她甚至還說他鼻子不直，嘴唇太突出，手和腳太大，而頭又太小……

這樣的嘮叨、咒罵、發脾氣，是否就改變了林肯呢？從某一方面林肯的確有所改變，他盡量避免和她在一起。每個星期六是與家人共度週末的好時光，但他都找藉口不回家，寧願住旅館，而不願意回家去聽太太的嘮叨和受她暴躁脾氣的折磨。

這些就是林肯夫人嘮叨所得到的後果。由此可見，一個嘮叨的女人，對

整個家庭來說是一場噩夢。一個女人，一旦她染上嘮叨的毛病，就會使男人退避三舍。

停止嘮叨，別讓愛情走進墳墓

生活中，眾多的家庭摩擦雖然起因各異，但其中的導火索之一就是女人的嘮叨。

心理學家指出：嘮叨是女性普遍存在著的不遵從理性的個性特質的一種表現，但是男人們不是了解人性的心理學家，也不是寬恕一切的神父，所以，男人們很難承受女人的嘮叨的，嘮叨很可能成為他們在情感上分離的重要因素。

王華和萱萱曾是人們羨慕的一對情侶，但自從他們結束戀愛馬拉松，走進婚姻後，仿佛一切都改變了。結婚以後，萱萱的手中就拿起一把無形的尺，只要見到丈夫就必須要量一量。丈夫洗衣服時，她會說：「你看看，這領子，這袖口，你連衣服都洗不乾淨，還能做什麼？」丈夫做飯，她會說：「哎呀，怎麼不是太鹹就是太淡，讓人怎麼吃呀？」丈夫做家事，她會說：「怎麼這麼笨，地也擦不乾淨。」丈夫做事情，她更是牢騷滿腹：「看你，連話都不會說，讓人怎麼信任你呢？」諸如此類的家庭噪音不絕於耳。

剛開始的時候，王華常常是黑著臉不吭聲，時間久了，他就開始和她頂嘴。他會說：「嫌我洗衣服不乾淨，妳自己洗。」然後把衣服往那一扔，摔門而走。他還會說：「我做飯不好吃，以後妳做，我還懶得做呢。」有時候，他也會大發雷霆，和她大吵一通，然後好幾天兩人誰也不理誰。

過幾天，兩人和好了，但是萱萱仍然改不了自己的習慣，仍然會在他做事的時候嘮叨不止，日子就這樣在吵吵鬧鬧中過了幾年。終於有一天，萱萱

255

又在嘮叨他碗洗得不乾淨時，他再也無法忍受，把所有的碗都摔在了地上，大聲吼道：「妳煩不煩，看我不順眼，乾脆離婚算了，看誰順眼跟誰過去。」

萱萱萬萬沒有想到王華會提到離婚兩個字，她頓時淚如雨下：「我說你，還不是為了你好？換了別人我還懶得說呢！要離婚，好，現在就離！」結果，王華甩門而去。後來，萱萱在朋友的勸說下，明白了一個道理，那就是自己對丈夫不能太苛刻了。其實，衣服有一件兩件洗不乾淨是常有的事；丈夫不是大廚，偶爾鹽放多放少更是小事一件；家事誰都可能出點紕漏；一個人偶爾說錯一兩句話也是在所難免。而自己不斷的嘮叨把這些常人都有的小毛病加以無限的放大，而且還養成了習慣。正是因為她對丈夫的挑剔，才使得丈夫與自己越走越遠。

可見，嘮叨的女人真是讓男人抓狂，所以我們不得不時時警醒自己，永遠不要做一個嘮叨的女人，因為嘮叨並不能讓妳更受關注。為了家庭的和諧，女人們還是得學會適可而止吧。千萬不要因為無休止的嘮叨而失去對自己深愛男人的吸引力和男人的耐心。

別讓嘮叨成為女人的代名詞

有這麼一個故事：

劉強剛結婚三年，就完全嘗到了女人嘮叨的巨大「威力」。他是個國中語文老師，平常愛寫點文章，往各家報紙雜誌投稿。寫文章，最需要的當然是安靜的環境，可是往往他剛坐下來，妻子的嘮叨聲就不絕於耳，像只亂螫亂爬的小蜜蜂，天天擾得他心煩意亂，文章也寫不下去了。

然後他想了一招。他知道妻子早上不愛早起，於是就早早的爬起來，躡手躡腳走出臥室，來到客廳，打開電腦開始寫作。那是他一天中唯一安詳的

時候，唯一沒有嘮叨聲亂耳的時候。他幾乎每天都祈禱上帝，讓妻子長時間熟睡下去。

可是，還沒等他打完多少字，隔壁就傳來了妻子的嘮叨：「天天晚睡早起，寫什麼驚世之作呢？少了你，文壇也不會散夥。」他的火氣也來了，說：「妳能不能消停一次？能不能少說幾句？我早晚要被妳的嘮叨聲折磨死！」說著，劉強就啪的一聲關上了電腦，沒吃飯就上班去了。

可見，女人的嘮叨是美滿家庭的腐蝕劑，是破壞和諧樂章的雜音，也是破壞家庭安定、損傷夫妻感情、拆散快樂家庭的罪魁禍首。嘮叨過多的結局往往是事與願違，越想透過嘮叨來解決問題，越想透過嘮叨來提醒自己老公注意，就越容易使老公反感。那麼，女人該如何克制嘮叨，讓家庭的生活環境變得更加愉悅和溫馨呢？

1. 同一件事不要重複的說。如果妳必須很不耐煩提醒妳的丈夫六七次，說他曾經答應過要去洗衣服，而他現在大概不會去洗了，為什麼妳還要浪費口舌？嘮叨只不過使他更想拒絕，並下定決心絕不屈服而已。

2. 說話言簡意賅。托爾斯泰說道：「人的智慧越是深奧，其表達想法的語言就越簡單。」無數事實也證明，那些真正打動人心的語言往往並不是長篇大論，而是那些言簡意賅卻能直指人心的話。身為女人，我們在說話之前一定要明確想說什麼，要達到什麼樣的目的，不要隨心所欲的長篇大論。

3. 控制好自己的情緒。不愉快的事情是最容易讓女人嘮叨的，她們總是不厭其煩的訴說著自己的不快和鬱悶。當妳的丈夫心情也不好的時候，就不要在他面前嘮叨個沒完，那樣只會引來爭吵。想辦法控制自己的情緒，或者把壞情緒透過另外的途徑排解出去，等到雙方都冷靜下來時，

257

再把事情拿出來仔細討論，討論的時候應該心平氣和，保持理智，不能使用過激的語言。

4. 培養自己的幽默感。用幽默的方式對待事情，會讓妳的心情舒暢。生活中，很多事情是沒必要生氣的，與其為了一些雞毛蒜皮的小事緊繃著臉，把甜蜜轉變成相互指責的怨恨，不如以幽默的方式待之，這會讓白領麗人每一天都保持心情舒暢。

家不是吵架的地方

　　天下沒有不吵架的夫妻，關鍵是會吵或不會吵，聰明的女人善於掌握吵架的尺度，一旦發現吵架升級，火藥味濃烈，就會馬上停止，想辦法緩和矛盾。

　　芸菲是某航空公司的空姐，她先生是個有名的律師，夫妻倆整天都各自忙碌著。兩人好不容易約好結婚 2 周年紀念日去外地度假，但就在臨行前一天，芸菲卻接到臨時換班的電話，兩人精心準備的出遊計畫因此被耽擱了。當天晚上，先生為此大發雷霆，兩人吵了一架。一晚上誰也沒理誰。

　　第二天，從不早起的芸菲破天荒的早早起了床，準備好行李後，又跑到超市買回丈夫最愛吃的叉燒包，見到素有早起習慣的先生還在呼呼大睡，知道他還在生氣，就給他寫了一張留言條：「老公，這是我結婚 2 年來第一次給妳買早點，希望你喜歡，謝謝你給我一次表現的機會！真的很抱歉，人在職場，身不由己，我也很無奈。吻你！」然後，提著行李。輕輕的出了門……半小時後，在開往機場的計程車上，芸菲接到了先生打來的電話：「老婆，謝謝妳的早餐。祝一路順風，早點回家，我等妳！」

　　妻子用暖人心的行動和語言，真誠向丈夫道歉，矛盾迎刃而解。

有句話說得好：夫妻吵架背靠背，誰先轉身是「天使」。僵持中開口說第一句話，表示服輸丟掉的那點面子，其實並不重要，重要的是，大千世界，芸芸眾生，兩個人有緣廝守在一起，平淡而真實的生活在容忍和寬容中。所以，婚姻不怕吵架，因為，吵架也是一門學問和藝術，但其中的精髓，在於如何處理吵架的過程和吵架後如何圓滿收場。

夫妻吵架的藝術

家是講愛的地方，不是講理的地方。夫妻之間沒有什麼深仇大恨，但是朝夕相處中，吵架是難免的。生活中遇到不快，吵一架，也算是一種發洩，一種交流。但怎麼把吵架吵得不傷人，吵得有滋味，是一門學問。

一位家庭心理學家說得好：夫妻吵架大都沒有結果，誰是誰非，不可能明明白白，有時只不過是做某一個選擇而已。所以，夫妻吵架並不可怕，關鍵在於雙方要懂一些吵架的藝術，使愛情的紐帶越繫越緊，能經受住任何的衝擊。

從前，有對夫妻，常常鬥嘴，互相不服氣，一天，兩人又爭起來了。丈夫說先有男人後有女人，妻子說先有女人後有男人，爭了半天，誰也說服不了誰。

丈夫急了就引經據典說：「天地乾坤，乾為男，坤為女，可見男人在先，女人在後。」

妻子聽了後說：「常言說：『陰陽四時』，陰是女，陽是男，可見女人在先，男人在後。」

丈夫又說：「男女老幼，男前女後。」

妻子對說：「老婆漢子，老婆前，漢子後。」丈夫說：

丈夫說：「夫妻夫妻，夫前妻後。」

妻子說：「母子母子，母前子後。」

丈夫說：「公母。」

妻子說：「雌雄。」

丈夫說：「男。」

妻子說：「女。」

爭到這裡，兩人大為生氣，就決定去找官府評理，兩人出了門，丈夫搶先一步走在前面，妻子見了便飛步趕到前頭，二人你搶我奪，由走變成跑，越跑越快，不一刻，便走出了十公里，累得汗如雨下，氣喘如牛，兩人跌坐在路邊，妻子罵道：「蠢漢子，把我累死了。」丈夫回答說：「笨婆娘，我也不輕鬆。」

二人正要繼續鬥嘴，抬頭一看，路邊田裡一男一女並肩鋤地，有說有笑，讓人羨慕。丈夫不覺長嘆一聲：「看看人家那夫妻。」

妻子聽了後又說：「看人家那老婆漢子！」

丈夫改口說：「看人家那兩口子！」

妻子若有所感的說：「看我們這兩口子！」

兩人相視一笑，站起來，一瘸一拐的互助攙扶著回家，進門後，丈夫說：「我想好了一個對子，叫『一扇門，兩間屋，關著妳我。』」

妻子想了想說：「這有何難？『兩口子，一顆心，爭啥先後！』」

爭吵也是夫妻間的一種溝通方式，關鍵是我們如何學會爭吵。破壞性的爭吵會損害夫妻關係，損害自己的利益。積極正面的爭吵不但不會破壞感情，還會讓夫妻變得越來越親密。

正所謂俗話說：「誰家的煙囪都冒煙。」即使是最恩愛的夫妻，相互間也難免發生爭吵。一般口角，吵過之後也就完了，但是，如果爭吵起來不加控制就可能激化矛盾，引出意想不到的壞結果，所以，夫妻爭吵有必要控制好「度」，掌握一些結束爭吵的祕笈是婚姻生活中的必修課。

吵架也是一門學問

對絕大多數夫妻來說，一輩子不吵架是不可能的事。但同樣是吵架，有的越吵感情越牢固，有的卻只能以分手收場。其中的區別就在於，妳是否真正掌握了吵架的藝術？

科學家的研究顯示，決定吵架後果的關鍵，在於吵架的方式：何時、何地、何種語氣、用了怎樣的措辭、雙方是否都正確的理解了對方的怨言？如果雙方缺乏吵架的技巧，那麼最終很可能會以離婚作結；如果夫妻雙方掌握了吵架的藝術，那麼吵架很可能會改進雙方的關係。所以說，「夫妻吵架」這門學問，是不少現代人需要學習的「必修課」。

1. 不說髒話

說髒話是夫妻之間的百禍之源，夫妻之間爭吵，切忌出言不遜。罵人之所以使人氣惱，是因為罵人的話最難聽，使用的都是侮辱人格的語言，既損失對方的自尊，也毒害了子女的心靈。

2. 不翻舊帳

夫妻吵架只說當時、當次的問題，不要把陳年舊事都翻騰出來，過去的事就讓它過去。如果把爭吵集中在現在的問題上，事情就好辦多了，所以夫妻爭吵要就事論事，一旦發現對方有擴大事端的傾向，則可叫停。

3. 吵架只是兩個人的事

吵架時，有些女人為了證實自己是對的，喜歡投訴局外的第三者，希望別人會支持他。而為了爭取較多的同情，就必須不斷的提到丈夫的不是。這種在第三者前控訴丈夫的習慣對夫妻之間的感情破壞性極大，妳必須竭力避免，否則受害的還是自己。

「會」吵架的女人只希望夫妻兩人能面對面的處理彼此之間的衝突，不願在父母、朋友、同事面前吵，如此兩個人感情復原的可能性就可以提高。

4. 不要把「離婚」兩字掛在嘴邊

爭吵總是令人失去理智的，當怒火將妳點燃的時候，可能衝動得再也不想跟這個人在一起，離婚二字衝口而出，但是等冷靜下來之後，妳知道那不是妳真正的想法。但總是這樣將離婚掛在嘴邊，漸漸會使得雙方去真正考慮是否要離婚，到「狼真的來了」那天，就要後悔莫及了。無論怎樣爭吵，都不要質疑妳們的婚姻，所有的矛盾都無關婚姻。

5. 主動認錯

兩夫妻在吵架之後，就會誰也不搭理誰，屋子裡冷冷清清，沒有一點家庭的溫暖，僵局一下持續好幾天。如果妳意識到發生矛盾的主要責任在自己方面，就應主動的向對方認錯，請求諒解。這樣才可以打破「冷戰」。

讚美成就好男人

每一個成功男人的背後，都站著一個偉大的女性。這個偉大的女性除了與男人同甘共苦、傾情奉獻等，當然包括對男人的讚美。

人都有喜聽好話的天性，男人自然不例外。男性比女性更愛慕虛榮，所以女人應該學會讚美自己的男人。

可令人遺憾的是有的女人不懂得這個道理，總是對自己的老公諸多挑剔和抱怨，甚至是挖苦。很多男人在人前是頂天立地的硬漢，人後卻像個虛弱疲倦的孩子。一個女人如果老說自己的男人無能，男人可能要不是一蹶不振，不然就是萬念俱灰中去尋找一個能激起他新希望的女人。

筱麗和雅芳是一對好朋友，她們都結婚並擁有了各自的家庭，但不同的是，兩個人對待自己老公的態度卻截然相反。

筱麗的丈夫是科學研究員。按理說，這是一個讓人羨慕的職業，可是筱麗總是成天在眾人面前數落丈夫：「滿屋子都是書，能當飯吃？整日裡抱著書本像真的一樣，還不是老虎戴眼鏡。那天他心血來潮，說是修理電視機，結果呢？修得不僅聲音沒有，連圖像也不見了。難得下一次廚房，炒出的雞蛋是糊的……」旁人哈哈大笑，這讓筱麗越說越帶勁，更是將丈夫的所有缺點和失態暴露無遺。從此，丈夫在別人的心目中，成了一個取笑的對象。結果，丈夫的臉越來越陰沉，情緒越來越低落。

雅芳就截然不同。丈夫幾年前還在賣報紙，當他發現經銷書籍很有發展前景，就開了一家書店，生意果然做得很好。面對別人的稱讚，雅芳總是自豪的說：「以前，我真不知道他會這麼能幹，其實，他過去只是沒有找到發展自己才華的機遇而已。現在可好了，他在這個行業裡如魚得水，我真佩服他行情掌握得那麼準，捕捉的資訊那麼多，對讀者的需求掌握得那麼好，進的書總是好銷，總是供不應求……」毫無疑問，雅芳的誇獎，給大家樹立了丈夫的良好形象，從而也激勵著丈夫把書店的生意越做越興旺。

在任何時候，妻子的誇獎都是對丈夫最好的激勵。每個男人的成功都離

不開妻子真誠的讚美和激勵，這是很值得妻子去嘗試的行為，而且一定能使自己心愛男人那潛藏在內心底下的能力充分發揮出來。

好男人是誇出來的

很多男人都不喜歡做家事，女人有時氣不得又罵不得，不知道應該如何才好？其實，在做家事的事情上，女人不該武鬥，應該智取。

做不好家事是男人慣用的偷懶伎倆，他們就像大孩子，時不時會試探妳的耐心和承受能力，妳必須相信他並且不斷真誠的鼓勵他，他才會做得越來越好。

小敏和老公結婚已經兩年了，可是老公很懶，家事不得不由小敏獨自承擔。其實如果真讓小敏做家事也沒什麼，可問題是小敏的工作越來越忙，真是有點吃不消。和老公說過多少次了，他就是不做。因為他從小在家裡嬌養慣了，雖然都結婚了，還是四體不勤，五穀不分，兩人為此吵過很多次。有一天，小敏從一本雜誌上看到一個妻子為了讓丈夫做家事，就採取讚美的方法來激發丈夫做家事的熱情，後來，那個丈夫還真的變得比以前勤快了許多。小敏一想，老公也是個愛聽讚美話的人，於是她也想用這個方法達到讓老公做家事的目的。

有一天，小敏故意請了幾個閨中密友到家裡來吃飯，並當著朋友的面誇老公做飯的手藝很好，朋友聽了都說要小敏的老公今天一定多做些好吃的。聽了小敏的誇獎，她老公的心裡可不好受，因為他什麼都不會，如果待會兒做出來的飯很難吃，不是很沒面子嗎，可是當著幾個朋友的面，他也只有乾笑著說好。小敏知道老公的底細，所以就對朋友說，大家等一會兒，我得給老公去打下手。說完就和老公去廚房做飯了。

到了廚房，老公一個勁的埋怨小敏，可小敏卻說自己這是為了老公好，如果朋友知道他連飯都不會做，還不笑話他。聽小敏這麼說，老公也不好再說什麼。於是，小敏掌廚，老公打下手，但是每端出一個菜，小敏都說這是老公的傑作，讓大家多嘗嘗。朋友也紛紛誇獎菜做得好吃。

破天荒，那天吃完飯後，老公主動的去洗了碗，這可是小敏以前要求了無數遍他卻置之不理的呀。小敏知道自己的「讚美」發生了作用。

從那以後，小敏經常約幾個朋友到家裡吃飯，而這時，老公總是會到廚房去，由開始的幫忙，慢慢的變成了掌勺。

後來，老公終於開始主動下廚了，而小敏，也從家事事中解放出來。

其實，小敏老公的變化，歸功於小敏在那樣一個特定場合的讚美，因為小敏的老公不想讓朋友知道自己連飯都不會做，不想被別人笑話，所以，次數多了，他就有意無意的學著去做飯，小敏的目的也終於達到了，兩個人開開心心的生活著，再也沒有了從前因為做家事而不斷的爭吵了。

人們都說女人是用耳朵來生活的，讚美是女人生命中的陽光。其實，男人也一樣，他們一樣喜歡聽到他人對自己的肯定和讚美，這會讓他們有一種價值感，並由此充滿自信。可以說，恰到好處的讚美是打在男人身上的一劑強心劑。

女人要學會用自己的口頭功夫，誇讚與表揚能給予男人最大的成就感，如果妳一直都批評他做的家事不好，總有一天他會厭煩的，到頭來還是妳把事情往自己身上攬。但是如果妳多多表揚，適當的提建議，像釣魚一樣收放自如，妳的男人就會盡量把事情做得更好，身為一個女人，妳也就不必這麼累了。俗話說：聰明的女人多說話，愚蠢的女人多做事。當然這很片面，但是不能說完全沒有道理。

好男人是誇出來的，只有毫不吝惜的讚美他，讓他深刻感受到妳的愛意與體貼，讓他在妳的讚美中覺醒，那麼，婚姻才會更堅固、更美滿。

求求你表揚我

有位哲學家告訴男人：只要懂得稱讚老婆的舊衣漂亮，她就不會吵著要買新衣，吻一下妻子的眼睛，她就會變成瞎子，吻一下妻子的嘴唇，她就會變成啞巴。同樣如此。聰明的女人，只要妳懂得稱讚老公的才幹，他就會更賣力的為妳工作。

有一天，兩個獵人一起上山打獵，各打了一隻老鷹。甲回家後，妻子很高興，稱讚他很能幹，連飛的很高的鷹都能打到。乙則完全不同，回家後妻子埋怨他無能沒本事，從早到晚只打了一隻鷹。結果第二天出現了完全相反的情況：甲想打了一隻鷹算什麼，我還要打更多的獵物給妻子看看，於是幹勁十足的上了山。乙則情緒低落，上山後懶洋洋的睡大覺，他要讓妻子知道，鷹並不是那麼好打的，搞不好連一隻還打不到呢，傍晚時兩手空空回了家。

從這個故事中我們可以得出，對男人的讚美是多麼必要。身為女性，不要對男人的要求過於苛刻，過分挑剔，更不要拿別的男人和他人來比較，應當溫柔的鼓勵他、讚賞他，為他打氣加油，努力尋找他身上的亮點。當他把一件很平常的事情做得非常圓滿，當他向他的夢想邁出了小小的一步，妳就應該馬上開始讚美他，這個時候妳的讚美不僅僅是一種肯定，而是在向他注射自信。

男人為了事業，為了家庭常年打拚，再多的苦和累，他們默默承受，再多的委屈和辛酸，他們深埋心底。在他拖著疲憊的步伐回到家時，真誠的

對她說一聲：「你辛苦了！」這會讓他感到溫暖和幸福，讓他的疲勞消失殆盡，短短的一句話表達的是妳對他的理解和尊重，還有對他深深的愛和濃濃的情。

身為女人，如果妳能對他少一些埋怨多一些問候，在他失意的時候少一些挖苦多一些讚美，那麼妳獲得的將是極大的感激和深深的愛戀。

對一個男人的讚美會改變他以後的人生觀和整個處世方法，他會感到他有義務和熱情去更努力的工作，為家庭、為了妻子、為了兩人以後的美麗人生而努力獲得更大的成功。

總之，聰明的女人應該學會用欣賞的目光和讚美的話語去開發男人的智慧和潛力。即便他很普通、很平凡，但如果妳用伯樂一樣的慧眼去發現他不為人知的亮點，用自己的熱情和愛去為他鼓鼓掌、捧捧場，那麼拴住男人的心就不是什麼難事了！

跟婆婆講話的藝術

俗話說：「多年的媳婦熬成婆」，婆媳之間的關係，向來是亞洲人家庭關係中一個不可缺少的主題。

婚姻中的女人自古就怕婆媳關係，可以說，婆媳關係直接影響這婚姻幸福及家庭的和睦，「婆媳關係」是僅次於第三者的破壞夫妻感情的心理「殺手」。

一個美滿的家庭，婆媳相處融洽是很重要的，婆媳相處雖然有很大的難度，但只要妳能掌握說話的技巧，婆媳之間也能和諧相處的。

「媽，晚上我們去餐廳吃，不浪費錢的，知道媽心疼我，為了給我省錢，

第八章　家庭簡說—聰明的女人用言語營造家庭的溫馨

媽最好了⋯⋯」這一通「肉麻」的電話是李嫣打給自己的婆婆的。

李嫣結婚 4 年了，一直跟公婆住在一起，但從沒吵過架，她將原因歸結到了「說話藝術」上。「我跟婆婆打電話，有時候同事都覺得肉麻，其實我覺得這沒什麼不好，因為我婆婆就喜歡我撒嬌乖巧的樣子。」李嫣說，「我們可以跟自己的母親撒嬌，為什麼不能跟婆婆撒嬌呢，這樣，她會覺得我沒有把她當外人，因為我把最真實的一面都表現出來了，兩人會更親近。」

由此可見，說話是門藝術，兒媳婦和婆婆說話更是一門藝術，聰明的女人懂得掌握這門藝術，融洽的處理婆媳關係。

婆媳相處在於溝通

常言道：「家家有本難念的經」，其中一本就叫「婆媳經」。在家庭中，兩代人之間的矛盾和衝突，最明顯和最常見的，是出現在婆媳關係上。

由於兩代人的思想代溝，加上雙方的不同生活背景，在同一屋簷下生活難免出現摩擦。如何處理這些小摩擦則是一門學問，處理得好會增進婆媳關係，處理不好則會雞犬不寧。

王娜生完孩子半個月了，最痛苦的就是婆婆天天抱著孩子，只有餵奶的時候才會抱過來給她，她覺得自己好像就是頭母牛，餵完孩子就沒什麼事了。王娜終於公開抗議了，婆婆說：「是為了讓妳多休息。」

王娜說：「多休息也不能這麼專制，總是不讓我抱，畢竟我是他媽。」

婆婆理直氣壯的說：「我是他奶奶。」

「孩子是我生的。」

「是妳生的沒錯，但孩子不跟妳姓。」

⋯⋯

婆媳的戰爭就這樣爆發了。

為什麼會出現這種局面呢？原因就是婆媳之間沒有良好的溝通。

有人說，家庭關係中，最難處理的是婆媳關係，似乎她們就是天生的冤家。但是，有一些會說話的女人，就可以把這對矛盾處理了。

劉穎和老公結婚後，與婆婆分開住，每逢週末便會去婆婆家。劉穎的老公在家裡是獨生子，母親特別寵愛，常常掛念兒子，又有一些老觀念，認為家事是女人的工作，女人照顧男人天經地義。

有個週末，劉穎和老公又回婆婆家，婆婆當著劉穎的面說，一週不見，兒子又瘦了，問是不是家事事做多了，吃得不好等等。劉穎的老公不知道怎麼回答。婆婆的意思很明顯，是責怪媳婦沒盡到女人的責任把男人照顧好。面對婆婆的無理責難，劉穎並沒有反駁，而是接過話題說：「媽，這段時間公司加班，沒有好好照顧他，都怪我。從明天起，我給他多加強營養，也許要不了多久他就會胖起來。」第二個週日，兩人一回到家，劉穎就拉著婆婆的手對婆婆說：「媽，這一週我給他弄了五頓肉、一頓魚，還燉了回雞，雞蛋、牛奶每天早晨不斷。但他好像還是沒有長胖，媽媽，您可有什麼好法子？」婆婆被劉穎的話感動了，趕忙說：「他就是這個樣，吃什麼都沒用，這大概是祖傳的原因，人人都瘦得像隻猴子，妳看他爸不也這樣。」說得全家捧腹大笑。

看來，婆媳之間也不是那麼難相處。聰明的女人總能掌握良好的說話藝術，巧妙的處理婆媳矛盾。

女人何苦為難女人

婆媳之間的關係是很難處理的，不是妳在背後罵我，就是我在背後說

妳，好像婆媳天生就是水火不容的冤家對頭。婆媳之間就真這麼難以相處、甚至水火不容嗎？其實不然，只要妳掌握一些說話技巧，就會輕鬆搞定妳的「麻辣婆婆」！

1. 讚美婆婆。在左鄰右舍及親戚朋友間多講自己婆婆的優點，多從內心深處讚揚妳的婆婆，多講婆婆對妳的好。利用「哪個人後無人說，哪個人前不說人」的大眾傳媒心理，讓婆婆明白她對妳的好妳是知道的，婆婆也會從內心裡感激並接受妳的。換言之讓婆婆心裡產生一種成就感。

2. 避免爭吵。婆婆與妳這一代肯定存在一定的代溝，剛溝通起來的話有些不愉快的事產生也在所難免，婆媳之間一旦發生摩擦，不管孰是孰非，作媳婦的一定要先忍讓，萬不可針鋒相對。在與婆婆的交談中，妳不可爭強好勝，妳要顯得謙虛並有耐心，盡量不與婆婆爭論什麼，通情達理最重要，無論婆婆對錯，不要當面去指責她，如果確實是婆婆的不對，事後再委婉的告訴她妳的看法。一個聰明的媳婦應該知道婆婆對什麼話題感興趣，要盡量避開敏感或者容易產生爭論的話題。

3. 相互諒解。婆媳長年生活在一起，難免會發生一些不協調的事情，這時就更需要雙方相互諒解。所謂「諒解」，就是站在對方的立場去考慮問題。如果婆媳雙方在相處中都能設身處地為對方著想，相互諒解，婆媳非但不會出現大的矛盾，而且還會發展得如同親子關係那樣密切。

4. 不要向外人「傳話」。如果妳對婆婆平日有了意見，切忌向鄰居、同事或朋友亂講。民間有這樣一句俗語：「捎東西越捎越少，捎話越捎越多」。說的就是「傳話」在人際關係中的不良作用。婆媳失和，妳向親朋鄰里訴說，傳來傳去，面目全非，只會加劇矛盾。身為媳婦的妳，應引以為訓。

5. 學著在婆婆面前撒嬌。在婆婆面前沒必要強的像盾牌一樣，眼裡容不得一點沙，要重視大事糊塗小事，這樣婆婆會因為妳的糊塗而擔心妳，更因為妳有主見而佩服妳。

6. 留點時間聽婆婆嘮叨。住在同一屋簷下，敬而遠之是不行的，那就乾脆橫下心，沒事哄哄她，有時間的話就聽她說兩句。俗話說：「樹老根多，人老話多。」她愛嘮叨，就讓她嘮叨吧，一邊聽一邊隨聲附和兩句。要明白，做到做不到是次要的，說到則是必需的。

7. 不要在婆婆面前數落老公的不是。老公是婆婆生的，妳說了老公一大堆的不是，也等於是在說婆婆教育的失敗，這樣婆婆心裡會很不舒服，天長日久問題就來了。

教育孩子也要講究語言藝術

　　英國心理學家認為，語言是成年人與孩子溝通的重要途徑。而如何能與自己的孩子暢通無阻的溝通交流，是每個家庭、每位家長所熱心關注的問題。無數的父母為此煩惱，無數的家裡充滿呵斥和吵嚷聲，可是問題卻解決不了。其實，不是孩子不聽話，而是父母沒有掌握與孩子有效溝通的語言技巧。做一個稱職的家長，首先要學的第一課就是 —— 學會與孩子說話。

　　教育專家曾指出：好媽媽勝過好老師。家庭是孩子最基本的生活和教育單位，媽媽是這個教育單位裡的老師。一言一行，一舉一動，都有可能影響孩子的成長。因此媽媽與孩子的溝通至關重要。

第八章　家庭簡說—聰明的女人用言語營造家庭的溫馨

學會和孩子溝通

　　趙女士搬了新家，看著剛裝飾好的新房，心裡別提有多高興了。晚上，她和老公都要加班，只好讓女兒自己在家。

　　可是當她回到家後，卻發現潔白的牆壁上被女兒畫得亂七八糟，還寫上了「爸爸媽媽我愛你們！」幾個大字，她正想批評女兒，女兒興奮的跑過來對她說：「媽媽，妳看我畫得好嗎？」

　　一瞬間，趙女士放棄了訓斥女兒的想法，她和藹的對女兒說：「妳畫得非常好，謝謝妳。爸爸媽媽也同樣愛妳。不過，妳看這潔白的牆壁，被妳畫上了畫，寫上了字，就像別人在妳白白的小臉上寫字一樣，妳會高興嗎？所以說牆壁也會十分難受的。以後記住不要在牆上畫畫，應該在紙上畫，最好是在自己的圖畫本上畫，那樣多好啊！」

　　女兒看看被自己畫得亂七八糟的牆壁，又摸摸自己的臉，羞愧的對媽媽說：「媽媽我錯了。」「嗯，這才是媽媽的乖寶貝。我知道妳不是故意的，所以媽媽不怪妳。不過星期天要和爸爸媽媽一起給牆壁洗臉，好嗎？」「好啊，我要給牆壁洗臉，讓它乾乾淨淨的。」女兒拍著小手說。

　　故事中的趙女士是一個聰明的媽媽，她十分懂得與自己的女兒溝通。然而，在我們周遭，有許多母親喜歡用成人的思維方式來看待孩子的行為，喜歡用命令的方式和孩子講話，這是不正確的。

　　長期以來，傳統給予家長太多的權力，習慣於居高臨下，高高在上，總認為句句是真理，認為孩子的腦海裡還是一張白紙，什麼都不懂，所以任憑父母在上面塗抹和勾畫。但事實上孩子也該有思想的權利，有人格和尊嚴上的平等。他們希望父母能夠給予他們和成人一樣的尊重和平等。父母只有平等對待孩子，走進孩子的心靈，做孩子心靈的朋友，用童心對童心，與孩子

平等交流和對話，孩子才有可能感受到平等和尊重，才會聽父母的話。

當家長不容易，當一個成功的家長更不容易。試問天下父母，孩子不聽話時，妳會怎麼辦？惱羞成怒？歇斯底里？甚至拳腳相向……

是這樣的嗎？難道就沒有更好的解決辦法了嗎？

其實，要想孩子聽話的方法很簡單，只有會說，孩子才肯聽。以下是幾點建議：

1. 製造和諧的談話氣氛

有些母親平時和孩子的思想交流非常少，發生了問題之後就嚴厲訓斥，久而久之，感情距離漸漸拉大，或者是在孩子不順自己的心時，大發牌氣，使孩子產生了叛逆心理，不聽話。所以，與孩子交談時，首先要製造一種和諧的氣氛，說句笑話，講點令人高興的事情，拉近了感情距離，效果就會好得多。

2. 充分理解孩子

保證成功溝通最關鍵的要素就是理解孩子。真正的理解要求妳能設身處地的為孩子著想。如果妳與子女之間不能相互理解，每個人都固執的從自己的角度出發，那麼溝通就無法實現。

妳理解孩子，得到的回報是孩子對妳的理解。而在相互理解基礎上的溝通，不僅能達到充分的溝通效果，而且最容易讓孩子養成理解他人的習慣。學會理解他人是非常重要的。如果孩子長大後不能理解他人，不能與他人達成良好的合作關係，那麼即使他有三頭六臂，也不能順利的做好每件事情，只會為自己設下無法逾越的障礙。

3. 心平氣和，控制情緒

溝通不是吵架，需要平心靜氣。沒有誰會喜歡談話一方怒氣衝衝、言辭激烈，孩子也是一樣。如果妳很衝動，不但會破壞溝通氣氛，同時也在關閉孩子與妳談話的大門。結果很可能是不歡而散，並從此在孩子心中埋下叛逆的種子。所以，在與孩子溝通談心時，妳一定要控制住自己的情緒，不要隨意的火冒三丈，大喊大叫。

4. 用孩子聽得懂的語言

有的孩子似乎總是不聽話，許多日常生活中的基本道理，不論是輕言細語還是聲色俱屬的說上多少遍，他們就是不肯聽。事實上，如果妳仔細觀察就會發現：不是孩子不聽話，而是妳不會說孩子能聽懂的話。跟孩子講明白道理可不是一件容易的事，其中大有學問，因為道理是深奧的，孩子的理解能力又是不強的。因此，給孩子講道理，妳要從孩子的思維特點出發。孩子的思維以形象為主，抽象概括能力較差，他們對某種道理的理解，往往要透過對具體事物形象的概括來實現。所以要使孩子理解道理，最好是恰當的運用通俗易懂的語言。

傾聽孩子內心的聲音

在與孩子的溝通中，妳要非常注意的一點就是要善於傾聽。傾聽是溝通的前提。只有傾聽孩子的心裡話，知道孩子想什麼，關注什麼和需要什麼，才能有針對性的給予孩子關心和幫助，也會使以後的溝通變得更加容易。

威洋的母親最近聲帶發炎，痛得要命，醫生囑咐她一週內不要講話，這可憋壞了平時愛說話的她。但是，她卻發現，這段時間，自己跟兒子的關係卻奇蹟般的融洽了起來。

看過醫生的當天，威洋回家一進門：「媽媽，我再也不想去幼稚園了，老師笑話我！」

如果平時聽到兒子這麼說，母親肯定先怪罪孩子調皮，聲音比兒子的還大。但是由於不能說話，她只好忍住了，什麼都沒有講。

氣呼呼的兒子來到母親的身邊，傷心的哭了起來：「媽媽，今天老師讓我們組裝玩具，我把小馬的耳朵給小驢安上了，老師就笑話我，小朋友們也都笑我。」

母親依然沒有說話，而是把傷心的兒子摟在了懷裡。兒子沉默了幾分鐘，從母親懷裡站了起來，平靜的說：「媽媽，我去玩了，我沒事了。」然後就高高興興的走了。

這次聲帶發炎，無意中讓威洋的母親體會到了傾聽對於和諧親子關係的奇妙功用。

妳要真實了解孩子的感受，就要進行有效的傾聽。聽孩子說話對一個母親來說並不困難，但是要做到認真聆聽孩子說話，並把孩子的話放在心上，就不那麼容易了。有的媽媽常常抱怨說，「我是想聽孩子說話的，可是，我的孩子從來不想跟我談。」幾乎每一位母親都有類似的體驗，在向孩子問了一大串問題之後，得到的回答往往只是簡單的「是」或者「不是」。孩子不願多談，為什麼會出現這種情況呢？仔細想一下，其實原因並不在孩子，而在自己，是妳沒有認真的和誠心的聆聽孩子談話的結果。

許多時候，孩子有強烈的向妳表達內心情感的渴求。其實，此時孩子所追求的並不是來自妳的指導、教誨，更不願意聽到來自妳的訓斥、譏諷，而是需要有人傾聽他們訴說，有人理解他們內心的感覺，所以，此時妳應採取的最好的方式就是傾聽，而且是反應式的傾聽，即給予及時的安撫和理解。

如果做好這點，孩子一定會急切的渴望與妳溝通，渴望讓妳分享他們內心的喜怒哀樂，並樂於接受妳的引導。

用提醒代替責罵

在教育孩子的過程中，有一些家長常常會失去耐性，心中猛然冒出一股無名火，動輒對孩子破口大罵，似乎只有這樣才能表現出自己是父母的地位。其實這種做法是完全錯誤的。

生活中，還有些家長批評孩子時表情嚴肅，聲音很大，以為嗓門越大，孩子越會記憶深刻，效果也就會越好。其實，這也是家庭教育的誤區，這樣不僅不能收到預期效果，還有可能引起孩子的叛逆心理，結果是事與願違。

對此，專家指出：當孩子犯錯誤時，用提醒代替責怪，孩子會聽得更認真，教育的效果也就會越好。

小彬的數學作業經常出錯。今天有一道題他又做錯了。

題目是這樣的：「甲有 7 支筆，比乙多 2 支，問乙有幾支筆？」

小彬是這樣答的：7+2=9　答：乙有 9 支筆。

媽媽一看就生氣了：「我講過多少遍了，你怎麼這麼笨！甲的筆比乙的多，而你的答案卻是乙的比甲的多。這道題應該用減法，而你卻用加法。改過來！」

小彬膽怯的看著媽媽，抓過作業本起都沒想，就按照媽媽說得改了過來。

在這個案例中，小彬的媽媽輔導孩子學習的態度和方法是有缺陷的。在一定程度上，可能正是導致孩子學習不認真、不善於動腦筋的緣由。

事實上，孩子需要思考，而母親的怒吼卻恰恰把他引向了害怕、委屈、

憤怒和抗拒，他的精神完全被這些負面情緒所占據，還怎麼能夠靜下心來思考？憤怒損耗能量，當妳發怒的時候，妳自己已經不可能靜下心來給他講題，而妳的憤怒又點燃了他的憤怒，結果雙方都是既傷身，又傷心，最後不歡而散，學習草草結束。

可見，當妳用指責的口氣批評孩子時，孩子一定會產生抵觸情緒，結果事與願違。那麼，為什麼不能換一種方式？「我剛剛講的內容，你怎麼又做錯了？是不是剛才我沒有講清楚？」實際上，孩子忘了，很多時候就有家長的原因，說不定確實是妳沒講清楚。或者，孩子是不是不感興趣？是不是太累了？是不是理解錯了？原因肯定是有的，需要妳和孩子一起找出來，一起去解決。

生活中，有很多母親以自己現在的程度去要求孩子，以為孩子應該什麼都懂。其實，解決問題才是主要的，指責不僅解決不了問題，還會把問題搞得更複雜，更糟糕，得不償失。

孩子在成長中會犯很多錯誤，這些錯誤都是無意識或者無法自控的。在這種情況下，身為母親，不要過多的責怪孩子，只要提醒他怎麼做是不對的就可以了。

魅力女人會說話
長得漂亮不如把話說得漂亮

作　　者：俞姿婷，潘鴻生

發 行 人：黃振庭

出 版 者：崧燁文化事業有限公司

發 行 者：崧燁文化事業有限公司

E-mail：sonbookservice@gmail.com

粉 絲 頁：https://www.facebook.com/
　　　　　sonbookss/

網　　址：https://sonbook.net/

地　　址：台北市中正區重慶南路一段六十一號八
　　　　　樓 815 室

Rm. 815, 8F., No.61, Sec. 1, Chongqing S. Rd.,
Zhongzheng Dist., Taipei City 100, Taiwan

電　　話：(02)2370-3310

傳　　真：(02)2388-1990

印　　刷：京峯彩色印刷有限公司（京峰數位）

律師顧問：廣華律師事務所 張珮琦律師

國家圖書館出版品預行編目資料

魅力女人會說話：長得漂亮不如把
話說得漂亮 / 俞姿婷，潘鴻生著 . --
第一版 . -- 臺北市：崧燁文化事業
有限公司 , 2022.03
　　面；　　公分
POD 版
ISBN 978-626-332-152-6(平裝)
1.CST: 說話藝術 2.CST: 人際傳播
3.CST: 溝通技巧
192.32　　111002334

電子書購買

臉書

定　　價：375 元

發行日期：2022 年 03 月第一版

◎本書以 POD 印製